Petra Paffenholz

# BUCH-BINDEN FÜR KINDER

Haupt
GESTALTEN

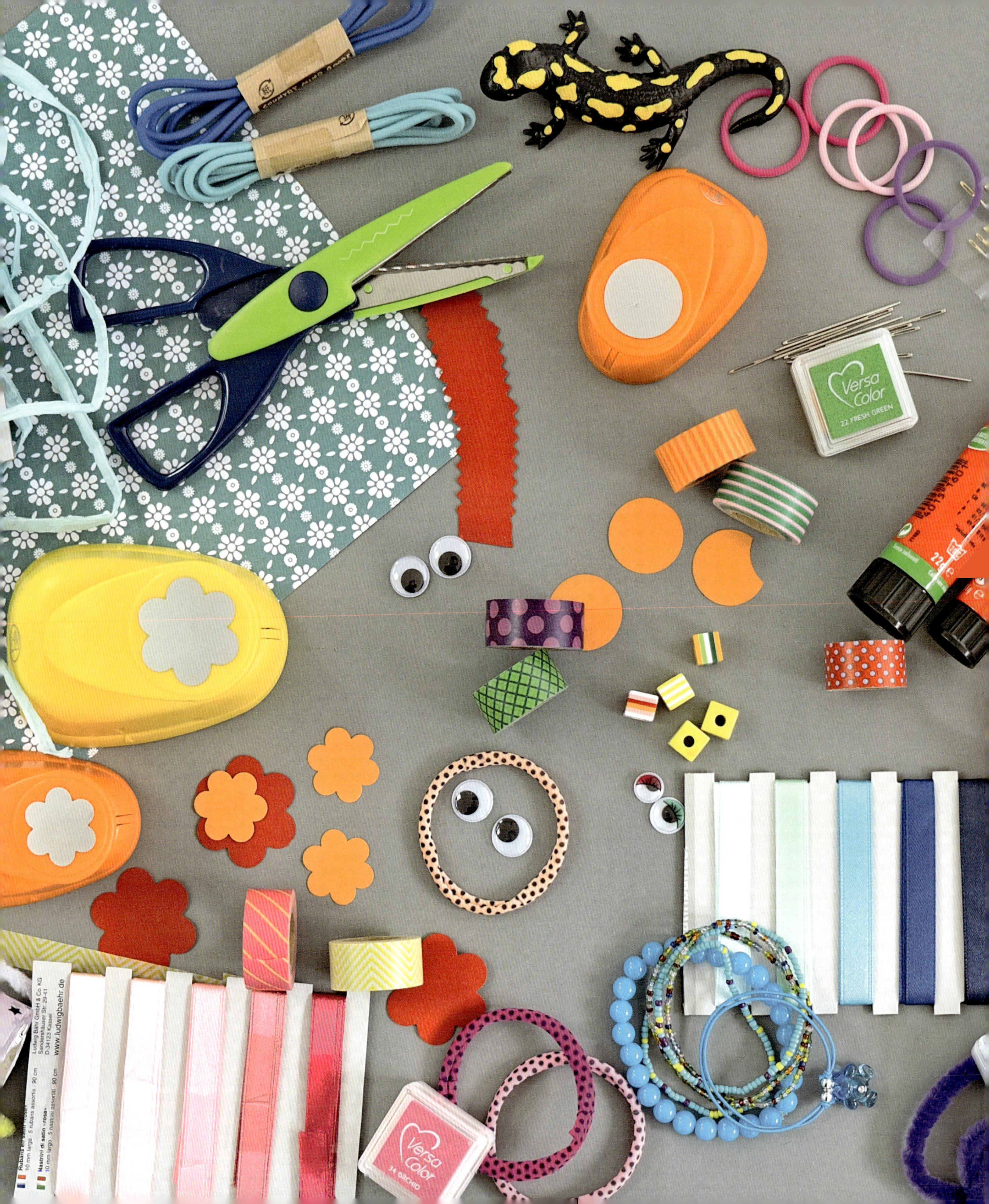
Versa Color
22 FRESH GREEN
Versa Color
www.ludwigbaehr.de

Petra Paffenholz

# BUCH-BINDEN FÜR KINDER

## VOM EINFACHEN BLITZBUCH ZUM SPIONAGEHEFT

Haupt Verlag

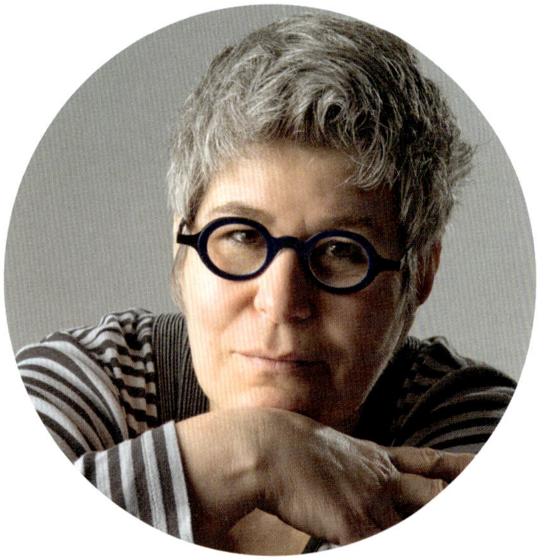

## ÜBER DIE AUTORIN

Nach dem Studium der Freien Kunst an der Werkkunsthochschule Köln (u. a. bei Daniel Spoerri, Stefan Wewerka und Eckard Alker) und einer Zusatzausbildung in Kunst- und Textilgestaltung für die Sekundarstufe I war Petra Paffenholz lange Jahre freiberuflich tätig. Sie arbeitete als Kostümbildnerin und Maskengestalterin im Film- und Theaterbereich, als Illustratorin von Kinder- und Schulbüchern sowie als Dozentin für unterschiedliche Kunst- und Kreativitätsprojekte an Schulen und anderen öffentlichen Einrichtungen.

www.petra-paffenholz.de

Gestaltung und Satz:
Michaela Müller, D-Bergisch Gladbach
Umschlaggestaltung:
Michaela Müller, D-Bergisch Gladbach
Fotografie und Illustrationen:
Petra Paffenholz, D-Köln
Lektorat: Melanie Schölzke, D-Stuttgart

1. Auflage 2018

Diese Publikation ist in der Deutschen Nationalbibliografie verzeichnet. Mehr Informationen dazu finden Sie unter http://dnb.dnb.de

ISBN 978-3-258-60173-1



Gedruckt in Tschechien.

FSC www.fsc.org
MIX
Papier aus verantwortungsvollen Quellen
FSC® C014138

Der Haupt Verlag wird vom Bundesamt für Kultur mit einem Strukturbeitrag für die Jahre 2021–2024 unterstützt.

# INHALT

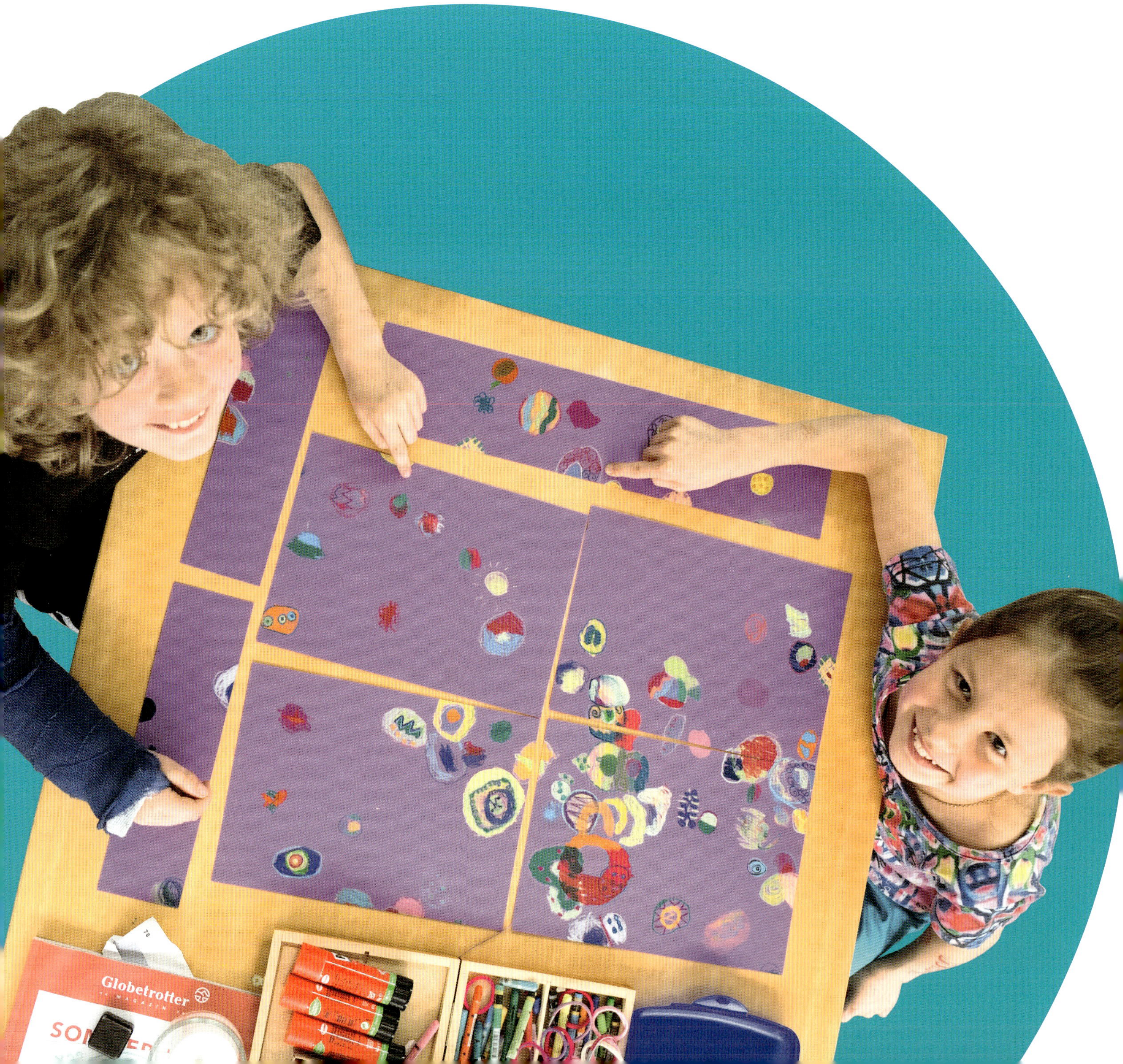
Globetrotter

# EIN PAAR WORTE VORAB

## MIT HERZ UND HAND BEGREIFEN, DIESE WORTE TREFFEN DAS THEMA DIESES BUCHS GENAU.

Wie mit wenigen Handgriffen aus einem einfachen Blatt Papier ein kleines Heft entsteht, ist genial und zauberhaft zugleich. Die Faszination für verschiedene Buchbindetechniken ergriff mich, sobald ich mein erstes Buch hergestellt hatte. Ab diesem Zeitpunkt konnte ich es einfach nicht mehr lassen.
Kinder für das Buchbinden zu begeistern und die Freude an der eigenen Kreativität zu wecken, ist mein Ziel mit diesem Buch. Mit den eigenen Händen tätig zu sein, bedeutet anfassen und begreifen im wörtlichen Sinn. Diese handfeste Realität ist eine sinnvolle Ergänzung zu der abstrakten digitalen Welt. Alle Sinne werden beim Handwerken angesprochen und das Ergebnis ist dinglich und existent. Mit den eigenen Händen etwas zu schaffen, macht zu Recht zufrieden und stolz.
Die Anleitungen sind in diesem Buch so konkret wie nötig, um die ersten Schritte leicht zu bewältigen. Dennoch sind sie so frei wie möglich, es bleibt genügend Spielraum für eigene Ideen.

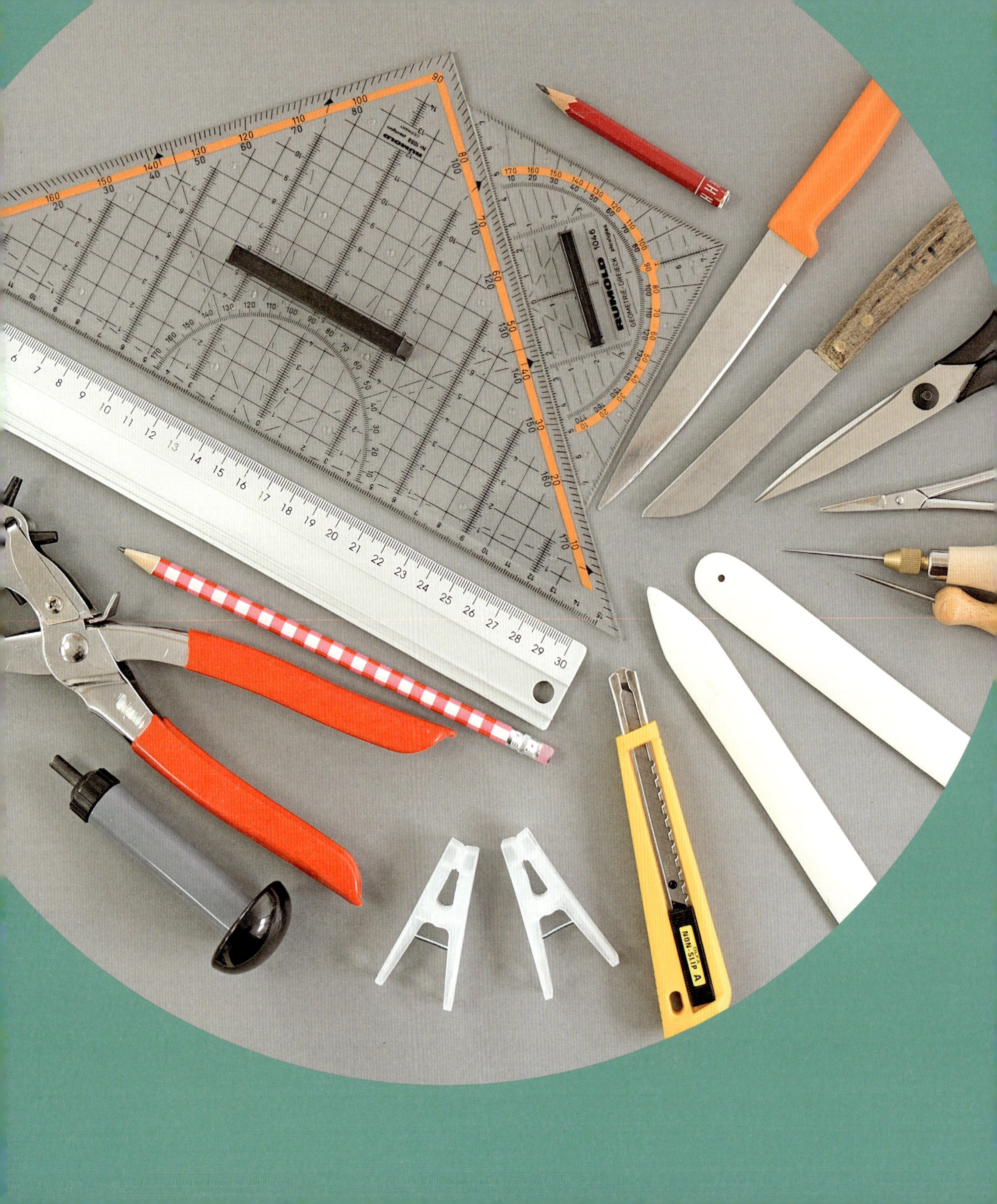
RUMOLD
GEOMETRIE-DREIECK

# NÜTZLICHES VON A BIS Z

## A

### ABSTRAHIEREN

Abstrahieren ist ein Fremdwort und bedeutet „abziehen", „wegnehmen". Das Wort wird oft auch für Bilder verwendet, bei denen vieles weggelassen ist. Auf den Bildern ist gerade noch das zu erkennen, was wirklich wichtig ist. Wenn du ein Tier oder einen Gegenstand malst oder zeichnest, muss dein Bild also überhaupt nicht genau das darstellen, was du siehst. Du brauchst nicht versuchen, eine Fotografie herzustellen. Oft ist es viel spannender, etwas zu „abstrahieren", denn bereits mit einer einfachen Linie lässt sich erkennen, was gemeint ist.

### AUSSCHNEIDEN

Mit dem Ausschneiden hast du in diesem Buch ganz oft zu tun. Ob du dann eine Schablone ausschneidest oder kleinere Papierstücke, ein Trick wird dir helfen, mit Schere und Papier fit und geübt umzugehen. Und das ist der Trick: Schneide zunächst die Form mit einer großen Schere grob entlang der Linie aus. Die schwierigen Stellen schneidest du erst im zweiten Schritt und nimmst dafür die kleine Schere (Silhouettenschere). Auf diese Weise kommst du leichter an die Linien heran.

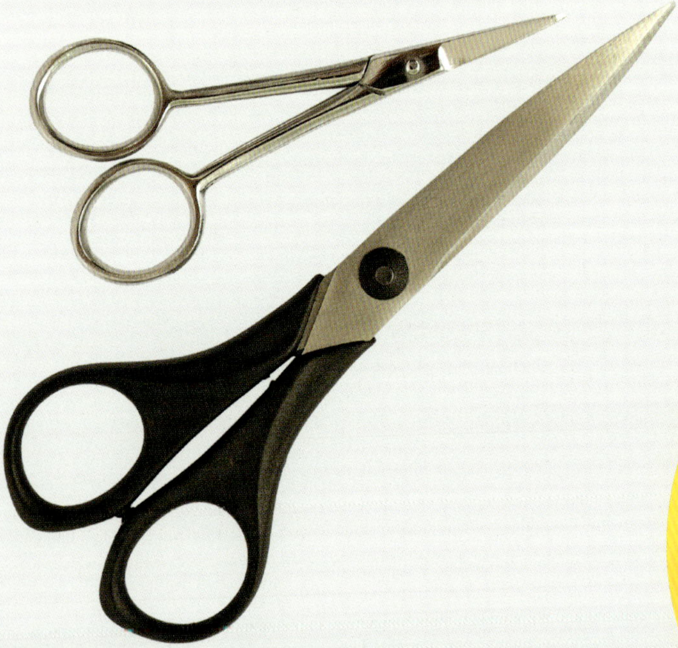

### AHLE UND PRICKELNADEL

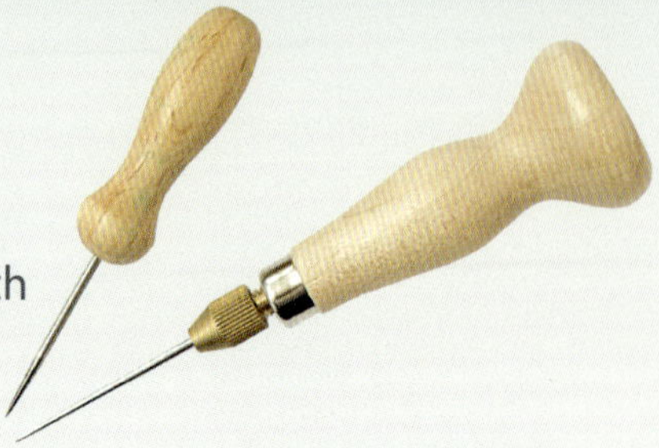

So eine Ahle ist wirklich sehr spitz, weshalb du auf deine Finger aufpassen solltest. Für die etwas kleinere Prickelnadel gilt dies ebenso. Trotzdem sind Ahle oder Prickelnadel unbedingt nötig, eines dieser Werkzeuge brauchst du für die Löcher der Hefte. Wie auf dem Foto zu sehen ist, stichst du für diese Löcher mit der Ahle beziehungsweise Prickelnadel senkrecht durch die Papierlagen und den Einband. Ein alter Katalog hilft dir, die Falte gut zu treffen. Die Spitze der Ahle oder Prickelnadel sicherst du mit einem Korken, wenn du das Werkzeug nicht brauchst.

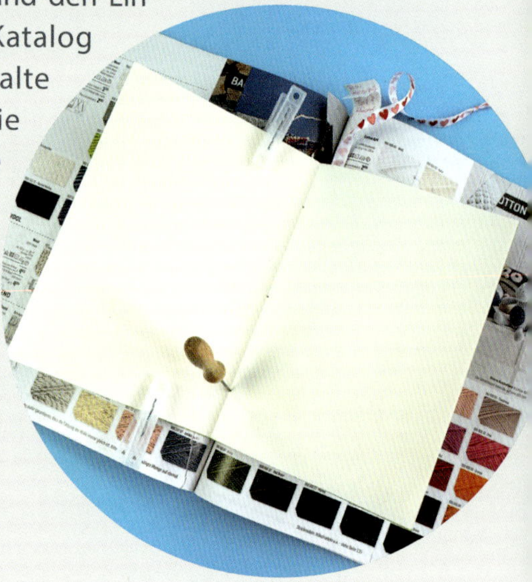

## B

### BERG UND TAL

Bei der Zickzackfaltung heißt der Knick oben „Bergfalte" und der Knick unten „Talfalte". Wenn du eine Zickzackfaltung verlängern möchtest, klebst du „Bergfalte" an „Bergfalte".

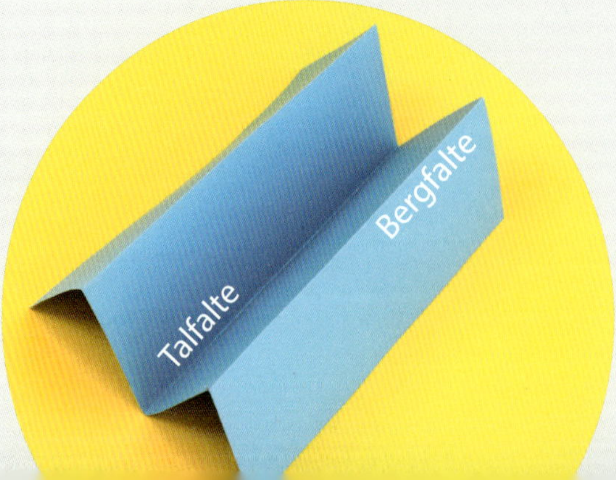

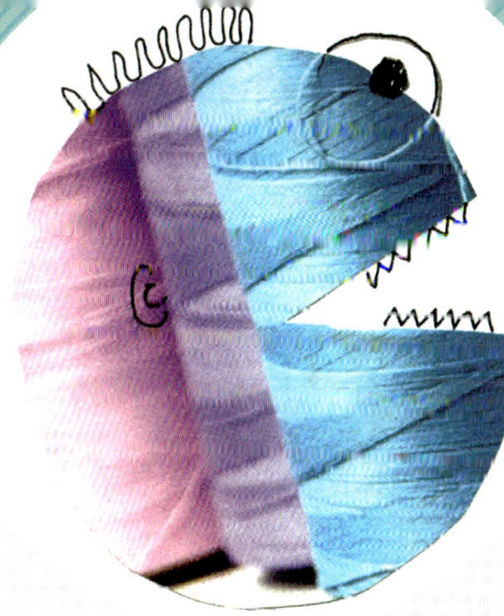

# C

## BUCH

Bücher gibt es in groß, klein, dick und dünn. Doch trotz ihrer Unterschiedlichkeit haben Bücher so einiges gemeinsam: Der Titel des Buchs steht in der Regel auf der Vorderseite des Einbands. Auf der Rückseite des Bucheinbands gibt es meistens einen kurzen Text. Dort, wo die Seiten befestigt sind, befindet sich der sogenannte Buchrücken. Ein Buch hat in der Regel mindestens 49 Seiten und einen stabilen, festen Einband. Die Festlegung in Sachen fester Einband stammt allerdings aus alten Zeiten, heute werden auch Taschenbücher mit biegsamem Umschlag als Bücher bezeichnet. Im Übrigen hat sich nicht nur dies geändert.

Bücher gibt es schon seit vielen Tausend Jahren in verschiedenen Formen. Früher konnte man Bücher nur von Hand herstellen, die ersten Bücher wurden sogar von Hand geschrieben. Der Buchbinder hat sie dann in Form gebracht. Seit Johannes Gutenberg um 1450 n. Chr. eine Maschine für den Buchdruck erfunden hatte, sind Bücher viel leichter herzustellen. Von da an konnten sich immer mehr Menschen Bücher leisten. Heute lesen wir zwar viele Texte am Computer, aber es macht immer wieder Spaß, ein Buch anzufassen und darin zu blättern.

Eine Welt ohne Bücher kann ich mir gar nicht vorstellen. Sicher wird es auch in Zukunft beides geben: Schön gestaltete Bücher und den Computer.

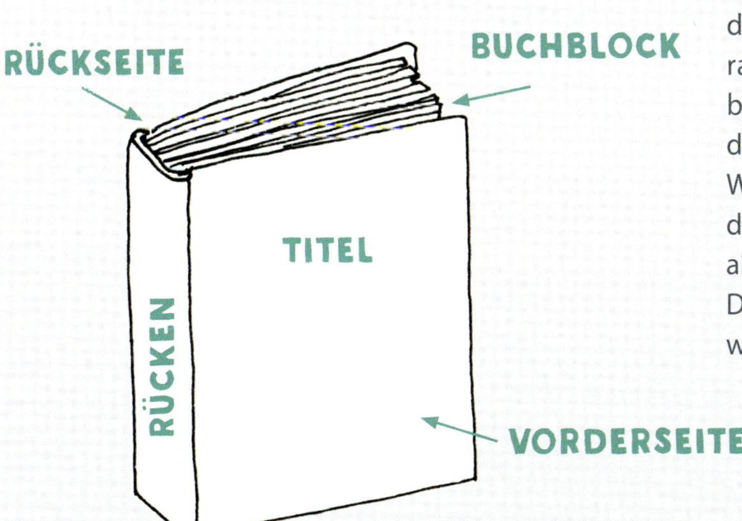


## COLLAGE

Das Gestalten mit Collagen ist eine Quelle unendlicher Möglichkeiten, um Einbände zu kreieren. Ganz frei kannst du hier Gefundenes aufkleben – aus Papierschnipseln, Washi Tape und vielem mehr kann etwas Neues und Unerwartetes entstehen. Collagen zu fertigen, das macht so viel Spaß, dass ich dich dafür begeistern möchte. Probiere Collagen unbedingt einmal aus. Es ist dabei völlig egal, ob du lieber Muster aus Kreisen zusammenstellst oder mit bunten Papieren Bilder erfindest. Das Ergebnis deiner Idee wird einmalig sein.

## CUTTER

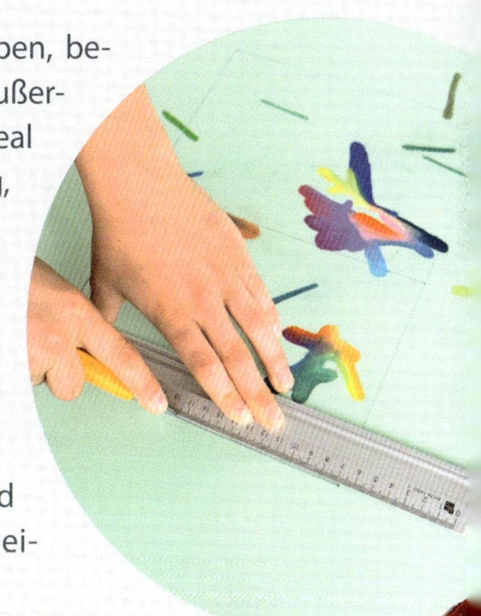

Willst du ganz gerade Schnitte haben, benutzt du am besten einen Cutter. Außerdem brauchst du noch ein Metalllineal mit einer Anti-Rutsch-Beschichtung, an diesem schneidest du dann mit dem Cutter entlang. Aus Sicherheitsgründen solltest du den Cutter immer mit einer Hand bedienen können. Denn dann kannst du die Klinge mit einer Hand rein- und rausschieben. Deine andere Hand bleibt am Lineal, während du schneidest.

Wenn die Klinge stumpf geworden ist, dann brich vorne an ihr einfach ein Stück ab, so wie das auf dem Bild gezeigt ist. Das nächste Stück der Klinge ist dann wieder scharf.

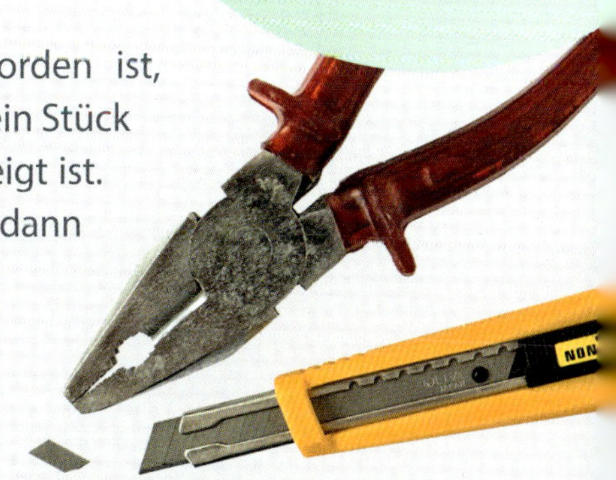

DIN A3
passt nicht ins Buch

# D

A3: 297 x 420 mm
A4: 210 x 297 mm
A5: 148 x 210 mm
A6: 105 x 148 mm
A7: 74 x 105 mm

DIN A4

DIN A5

DIN A6

DIN A7

## DIN-NORM

DIN steht für „Deutsches Institut für Normung". Verschiedene Gegenstände werden mit DIN-Normen gekennzeichnet, darunter auch die Größe von Papier. DIN A4 ist wohl das bekannteste Papierformat, es entspricht der Größe eines großen Schulhefts. Faltest du das DIN-A4-Papier einmal, so erhältst du das Format DIN A5. Das Format DIN A3 ist doppelt so groß wie ein DIN-A4-Blatt.

Fast alle Projekte in diesem Buch starten mit DIN A3 oder DIN A4.

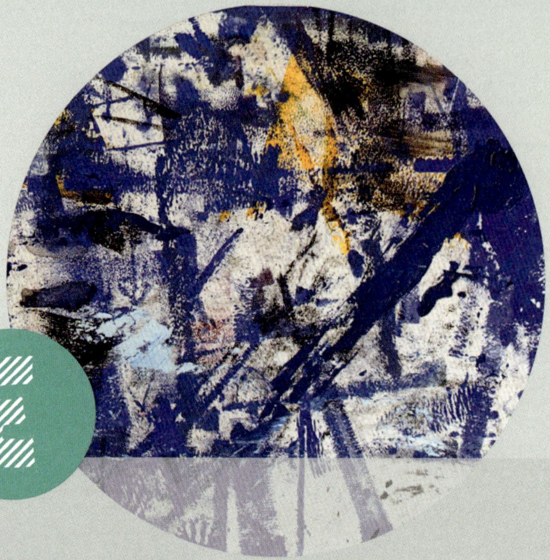

# E

## EXPERIMENTE

Schon wieder so ein Fremdwort – „Experimente". Wissenschaftler/-innen machen Experimente, um mit deren Hilfe etwas herauszufinden. Das heißt: Die Wissenschaftler/-innen probieren bei den Experimenten etwas aus, was vorher noch niemand probiert hat. Dabei entdecken sie oft ganz erstaunliche Sachen.

Mach auch du Experimente und probiere Neues aus. Bei dir ist das wie in der Wissenschaft: Je mehr du ausprobierst, desto mehr wirst du entdecken. Lass dir beim Ausprobieren und Entdecken auch von niemandem reinreden. Wenn du ein Bild auf deine Art malen willst und dabei die Farben verwendet möchtest, die du cool findest, dann tu es genauso, wie du es dir vorstellst. Fantasievoll denken, etwas anderes in alltäglichen Dingen sehen, bekannte Sachen mit Absicht ungewöhnlich verändern, dies alles ist bei Experimenten ausdrücklich erwünscht. Gehe mit Farben, Papier und Stiften frei um und lass deine Welt der Fantasie entstehen.

## FALZBEIN

Das Falzbein heißt so, weil es früher aus „Bein" hergestellt wurde. Wenn du jetzt allerdings denkst, dass das mit den Beinen zu tun hat, mit denen man läuft, dann befindest du dich auf dem Holzweg. „Bein" ist ein altes Wort und früher bezeichnete man Knochen allgemein als „Bein". Weil zu dieser Zeit Falzbeine aus Knochen („Bein") hergestellt wurden, hat das Falzbein seinen Namen erhalten und bis heute behalten – obwohl Falzbeine inzwischen manchmal aus Plastik gemacht sind, hat sich an ihrer Bezeichnung nichts verändert.

Mit einem Falzbein wird Papier bearbeitet, das Falzbein wird zum Falten und Knicken verwendet. Wenn du kein Falzbein hast, nimmst du einfach den Griff einer Schere und drückst damit das Papier flach. Bei dünnem Papier kannst du dafür einfach deinen Finger nehmen.

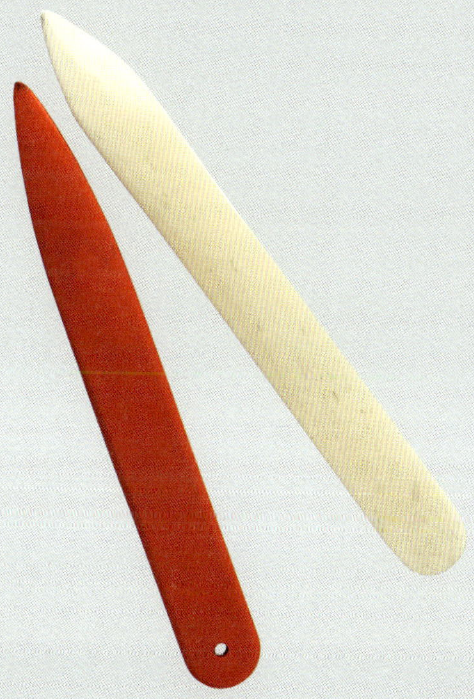

## FORMAT

Jedes Papier kann quer oder hoch liegen, also Quer- oder Hochformat haben. Achte bei den Projektanleitungen darauf, ob das Blatt mit der langen Kante (Querformat) vor dir liegt oder mit der kurzen (Hochformat). Dann erst beginnst du mit dem Falten.

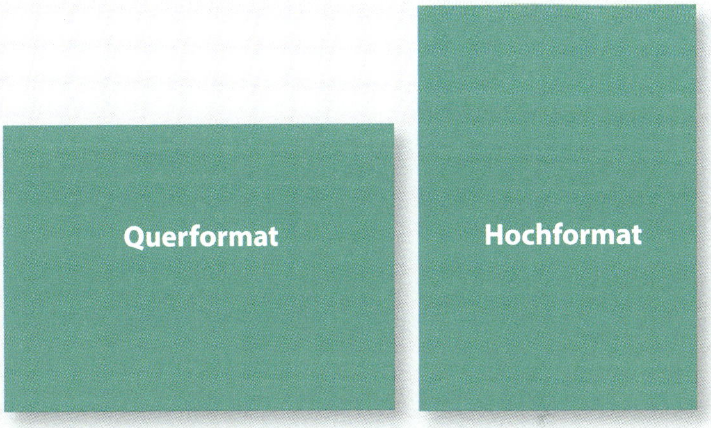


## GEODREIECK

Ein Geodreieck ist ein prima Hilfsmittel, weil du damit sicher und genau eine Mitte finden und nach rechts und links die gleichen Abstände ausmessen kannst. Besonders nützlich sind große Geodreiecke, die bis 30 cm ausmessen.

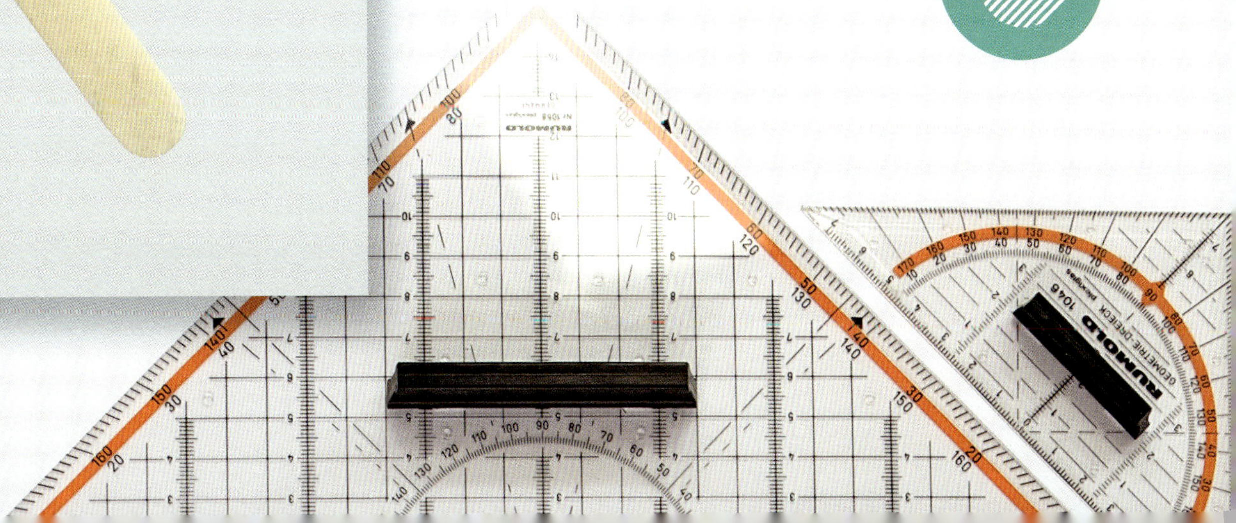

H

## HEFT

Bei einem Heft werden die Blätter mit einer ganz einfachen Bindung zusammengehalten. Daher leitet sich auch die Bezeichnung „Heft" ab, denn hier wird mit einem Faden zusammengenäht, das heißt „geheftet". Konkret nennt sich diese Heftung oder Bindung „Rückenstichheftung".

Beim Heftebinden musst du auf eines achten: Wenn du zu viele Blätter nimmst, lässt sich der Hefteinband nicht mehr schließen. Man bezeichnet dies als „schnabeln", weil sich die Seiten aufsperren wie der Schnabel eines jungen Vogels.

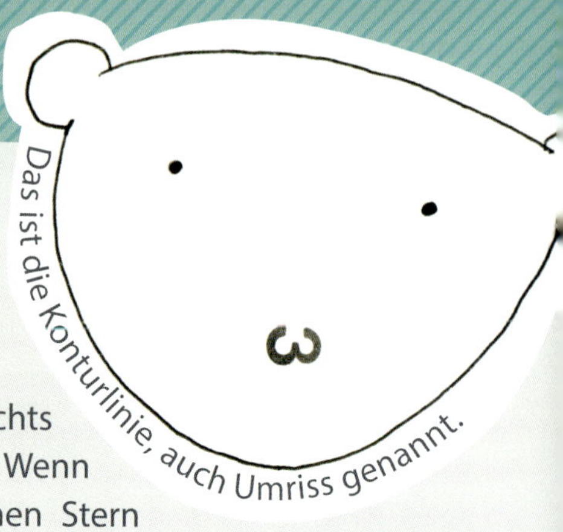


## KONTUR

Kontur bedeutet nichts anderes als Umriss. Wenn du zum Beispiel einen Stern zeichnest, dann ziehst du eine entsprechende Linie auf Papier und schon ist der Stern erkennbar. An der Konturlinie entlang kannst du eine Vorlage ausschneiden.

K

## KLEBEN

Beim Buchbinden wird üblicherweise mit Leim gearbeitet. Der Umgang damit ist aber wirklich abenteuerlich, weshalb ich in diesem Buch nach einer einfacheren Methode vorgehe: geklebt wird mit dem Klebestift.

Einige Dinge solltest du beim Kleben aber beachten, damit dein Ergebnis gut gelingt: Lege dir ein Schutzpapier unter dein Papier oder deinen Papierschnipsel, den du mit Klebstoff einschmieren möchtest. So verklebt deine Arbeitsfläche nämlich nicht – prima eignet sich zum Unterlegen eine alte Zeitung. Zudem solltest du auch bei deinem Buchprojekt Schutzpapier nehmen, wenn die Gefahr besteht, dass du unbeabsichtigt Teile zusammenkleben könntest. Lege dann etwas zwischen die Seiten und den Bereich, auf dem du den Klebstoff verteilst.

Mit dem Kleben beginnst du immer in der Mitte. Von der Mitte aus schiebst du den Klebestift nach außen und verteilst den Klebstoff auf dem Papier. So bleibt das Papier nämlich glatt liegen und du erwischst alle Papierkanten.

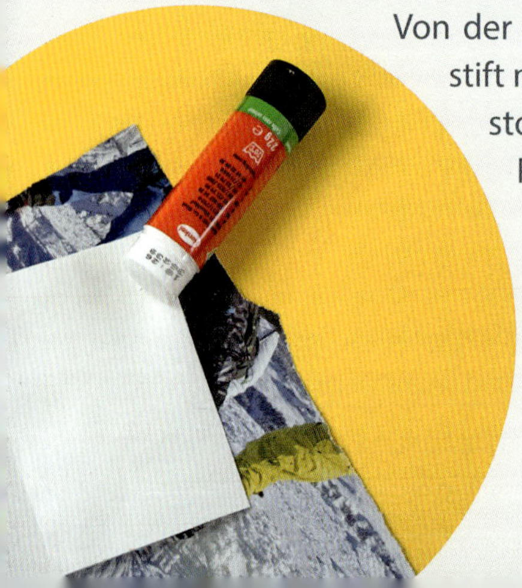

## KREUZKNOTEN

Wahrscheinlich kannst du schon einen Knoten machen und fragst dich, warum du diesen Kreuzknoten hier noch lernen sollst. Nun, der Kreuzknoten hält einfach besonders fest zusammen. Die Anleitung für ihn liest sich zuerst kompliziert, ist es aber gar nicht. Wenn du den Knoten einmal gemacht hast, weißt du, wie er geht. Außerdem gibt es ja noch Bilder dazu. Und so geht der Knoten: Zuerst das linke Fadenende um das rechte legen, dann das rechte Ende um das linke Fadenstück legen und fest zuziehen.

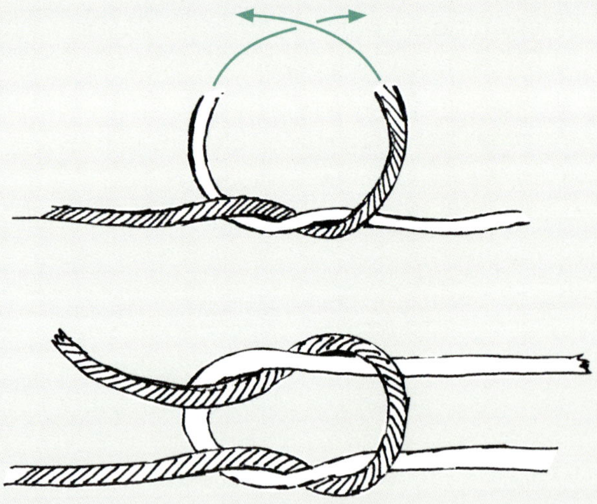

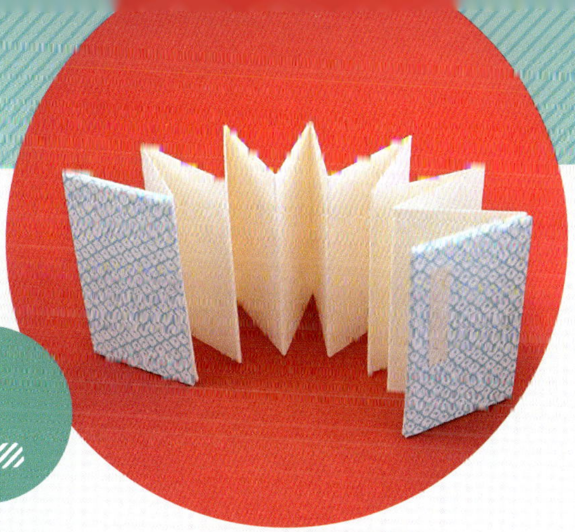

## MOTIVSUCHER

Ein Motivsucher ist ein Hilfsmittel, mit dem du leichter einen tollen Bildausschnitt finden kannst. Wenn du Einbände gestaltest, kann ein Motivsucher sehr nützlich sein. Wie durch ein Fenster schaust du dir zunächst die ausgewählten Bilder an und entscheidest, welches Motiv in welchem Ausschnitt dir am besten gefällt. Mit einem Bleistift oder Zauberstift zeichnest du an den inneren Kante des Motivsuchers Linien ein. An diesen entlang schneidest du das Bild dann aus.

In diesem Buch findest du Kopiervorlagen für einen rechteckigen Motivsucher (Seite 153) und einen runden (Seite 154). Kopiere die Motivsucher zuerst auf festes Papier. Schneide dann den inneren Teil aus, sodass ein Fenster entsteht.

## LEPORELLO

Ein Leporello ist ein Papierstreifen mit Schrift oder Bildern, der ziehharmonikaartig gefaltet ist. Die gefalteten Teile sind immer gleich groß und eines liegt auf dem anderen. Wenn ich es Faltbuch nenne, verstehst du sofort, was gemeint ist. So ein Leporello kann richtig lang werden, wenn du viele Zickzackfaltungen zusammenklebst.

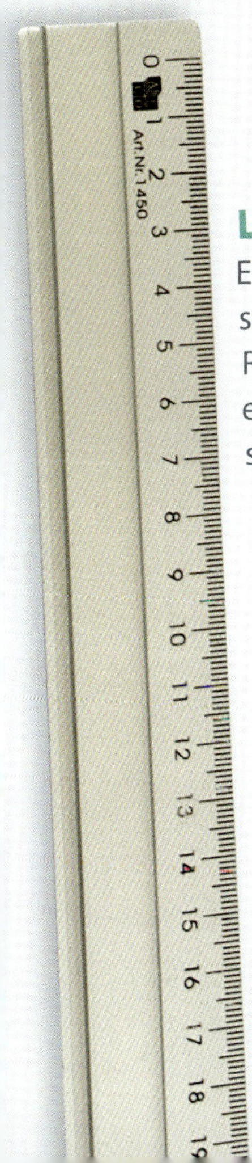

## LINEAL

Ein gutes Metalllineal sollte auf der Unterseite einen Gummibelag haben, der das Rutschen verhindert. Das hilft dir beim exakten Schneiden mit dem Cutter und es schützt dich auch vor Verletzungen.

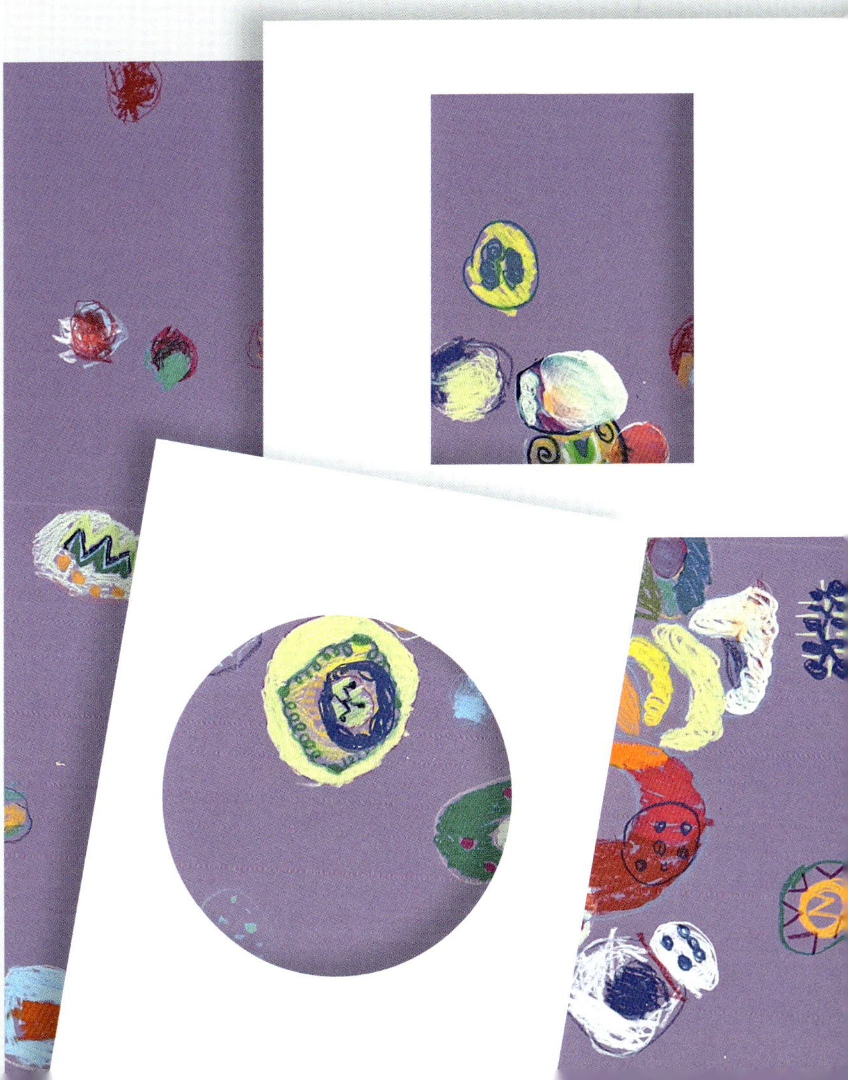

## NADELN

Es gibt richtige Buchbindenadeln, die sind für Profis. Für unsere Projekte sind stumpfe Stopfnadeln und verschiedene Sorten von Sticknadeln genau richtig.

## ORIGAMI

„Origami" kommt aus dem Japanischen und setzt sich aus zwei Wörtern zusammen: „oru", was für „falten" steht, und „kami", was „Papier" bedeutet. Beim Origami entstehen allein durch Falten von Papier Tiere und andere Objekte. Einen Papierflieger kennst du bestimmt. Auch das ist Origami. Auch bei der Buchgestaltung ist Falten wichtig. Wenn du viele Buchprojekte geschafft hast, wirst du am Ende auch ein Faltkünstler sein.

Am Anfang des Buchs zeige ich auf Seite 23 die Basisfaltungen in drei Schritten. Diese wiederholen sich immer in den unterschiedlichen Projekten.

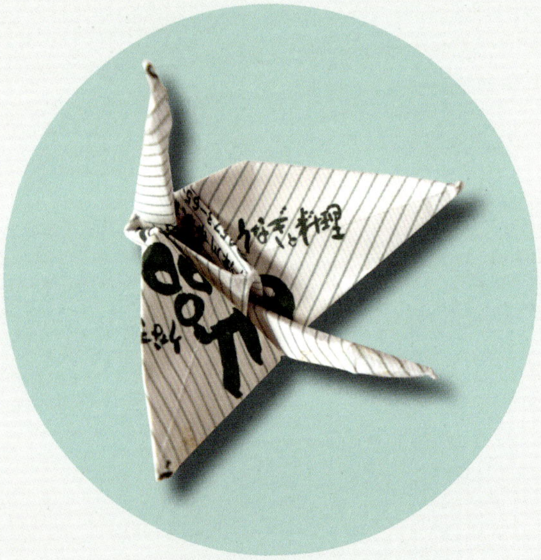

## PAPIER

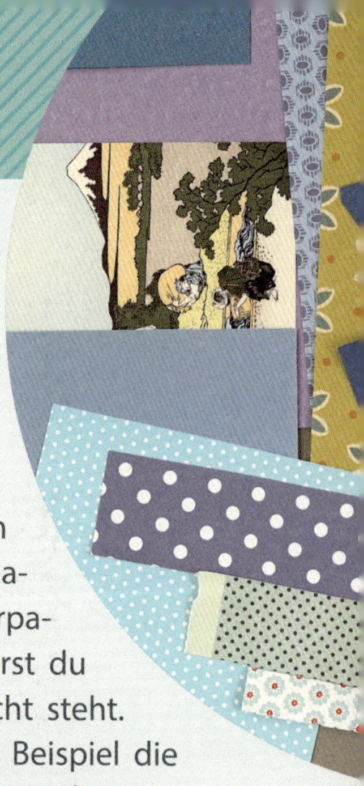

Papier ist unser Ding! Daher denke ich, es kann dir helfen, wenn du einiges darüber erfährst.

Papier wird gewogen und kann unterschiedlich schwer sein. Man bezeichnet das als die „Grammatur". Wenn du dir einmal eine Verpackung von Papier anschaust, wirst du entdecken, dass dort das Gewicht steht.

Wenn du auf Kopierpapier zum Beispiel die Angabe 90 g/m² findest, so bedeutet dies:

Ein Quadratmeter dieses Papiers wiegt 90 Gramm.

Bei den Projekten in diesem Buch ist es wichtig, dass du das passende Papier nimmst. Ein zu dünnes Einbandpapier kann dein Heft nicht schützen. Ein zu festes und zu schweres Papier eignet sich umgekehrt nicht für den Innenteil, weil es sich nicht gut falten lässt. Doch wie lässt sich fest und dünn in Sachen Papier überhaupt bestimmen?

Als „dünnes" Papier bezeichne ich Papier zwischen 70 g/m² und 120 g/m². Es lässt sich gut für die Innenseiten von Heften verwenden.

Als „festes" Papier bezeichne ich ein Papier um die 200 g/m². Es eignet sich zum Drucken und lässt sich gleichzeitig gut ausschneiden. Daher ist es auch zum Anfertigen der Schablonen prima geeignet, die du für manche Projekte in diesem Buch brauchst. Die Kopiervorlagen für die Schablonen sind ab Seite 152 zu finden. Doch jetzt zurück zum Papier, denn neben dem Gewicht hat Papier noch eine weitere Eigenschaft – Papier hat auch eine Laufrichtung.

Laufrichtung des Papiers bedeutet: Die Fasern, aus denen das Papier besteht, haben sich bei der Herstellung alle in der gleichen Richtung angeordnet. Wenn du Papier faltest oder reißt, merkst du das. In Laufrichtung lässt es sich mit dem Papier viel besser arbeiten, quer zur Laufrichtung verhält sich das Papier oft sperrig. Probiere es mit einer alten Tages-

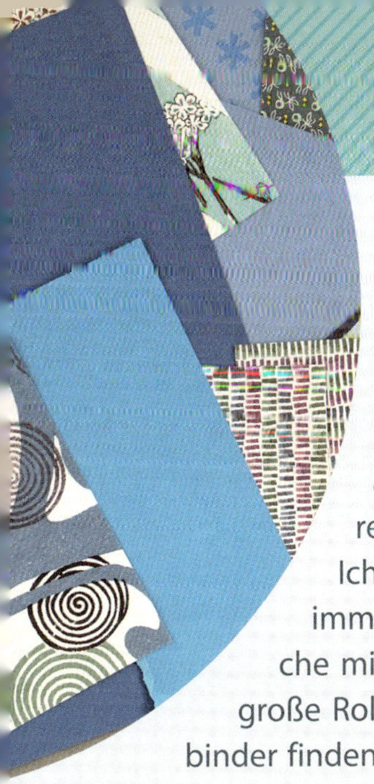

zeitung einfach mal selbst aus: Reißt du das Papier entgegen der Laufrichtung, zerfetzt das Papier. Mit der Laufrichtung lässt es sich besser bearbeiten und dabei auch gerade reißen.
Ich beachte die Laufrichtung nicht immer, muss ich gestehen, und suche mir Papier aus, bei dem das keine große Rolle spielt. Aber so richtige Buchbinder finden die Laufrichtung wirklich wichtig. Die gute Sache: Alle Projekte in diesem Buch kannst du ohne das Wissen rund um die Laufrichtung schaffen.

## PRÄGEN

Beim Prägen geht es darum, eine Vertiefung zu erzeugen, wobei diese Vertiefung eher flach sein sollte. Man kann statt Vertiefung auch von einer Rille sprechen. Um eine Rille zu erhalten, drückst du mit dem Falzbein in das Papier. Halte das Falzbein dafür halb schräg und ziehe es mit Druck an einem Lineal entlang. Es geht darum, dass sich das Papier an der Rille gut falten lässt.
Wenn du auf einer Vorlage eine gestrichelte Linie siehst, bedeutet das: An dieser Stelle wird das Papier gefalzt und geknickt. Hier vorher eine Rille zu machen – also das Papier zu prägen –, kann bei festerem Papier das Falzen und Knicken erheblich erleichtern.

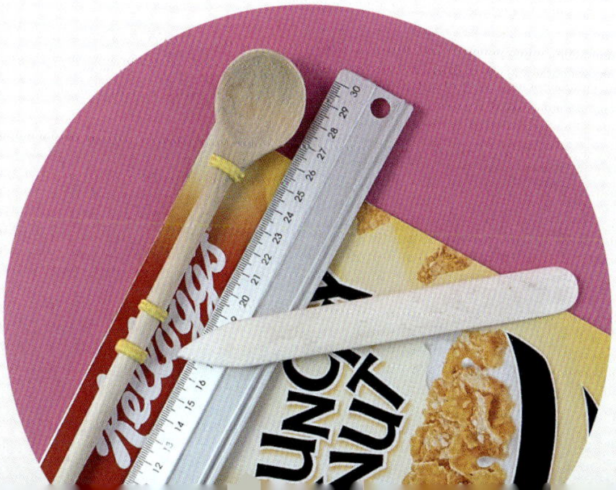


## PAPIERBOHRER UND LOCHZANGE

Diese beiden Werkzeuge sind sehr nützlich. Du brauchst sie für einige Projekte. Mit der Lochzange (Bild rechts) kannst du Löcher in verschiedenen Größen herstellen, allerdings nur nah am Papierrand. Mit dem Papierbohrer (Bild links) lassen sich überall Löcher ausschneiden. Dafür brauchst du etwas Kraft zum Drehen. Wenn du mit dem Papierbohrer arbeitest, lege ein Holzbrett unter, um den Tisch zu schützen.

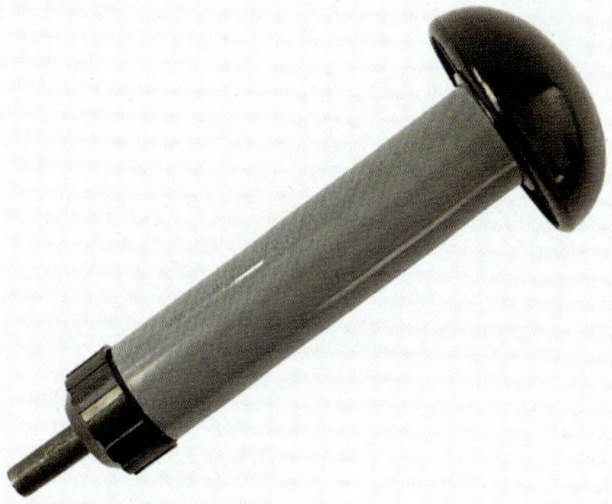

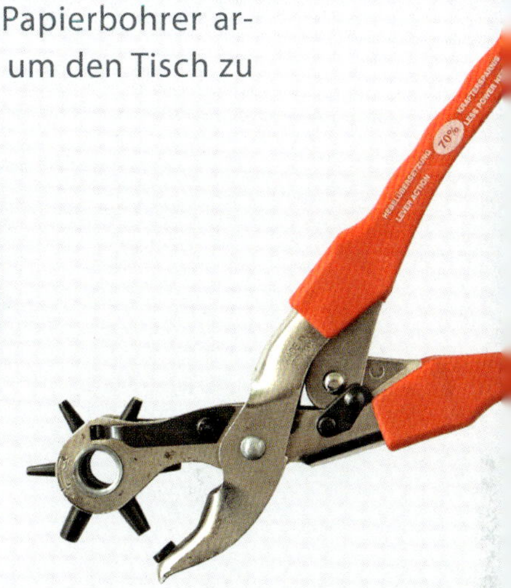

## RECYCELN

Recyceln heißt etwas wiederzuverwerten. Recyceln ist nicht nur nützlich, sondern auch kreativ. Sobald du irgendwo ein schönes Stück Schnur oder ein Geschenkband findest, das dir gefällt, hebe es auf. Verpackungen haben oft tolle Bilder. Meistens ist ihr Papier auch noch fest, sodass etwas stabiles Neues daraus entstehen kann.
Durch das Sammeln wirst du eine Fülle an kostenlosem Material zusammentragen, aus dem du einzigartige Bücher und Hefte fertigen kannst. Wie wäre es mit einer Cornflakes-Packung für ein Kochbuch? Die Anleitung für das Kochbuch findest du ab Seite 79. Und viele weitere Ideen gibt es zudem im Kapitel „Kreative Bucheinbände“, das auf Seite 120 beginnt.

## RÜCKENSTICHHEFTUNG

Rückenstichheftung, das ist ein langes, kompliziertes Wort für eine Sache, die keine fünf Minuten dauert. Wenn du dieses lange Wort in die einzelnen Teile zerlegst, erkennst du genau, was es beschreibt. Am Rücken von einem Heft wird mit Nadel und Zwirn ein Stich ausgeführt, der die Papierlagen und den Einband zusammenheftet. Dazu wird der Faden durch drei Löcher geführt. Sobald man den Faden straff anzieht und zusammenknotet, ist das Heft fertig.

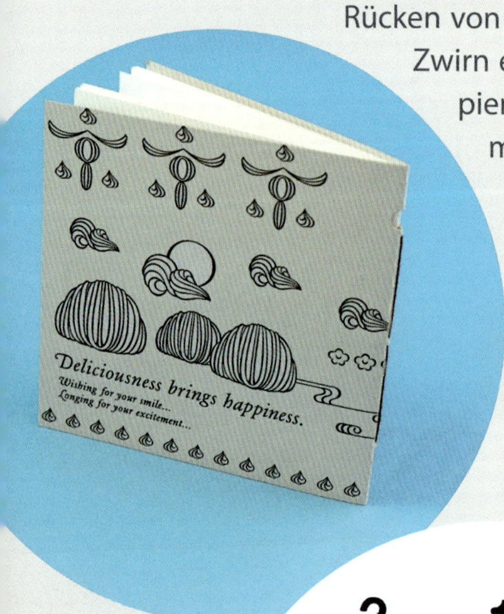


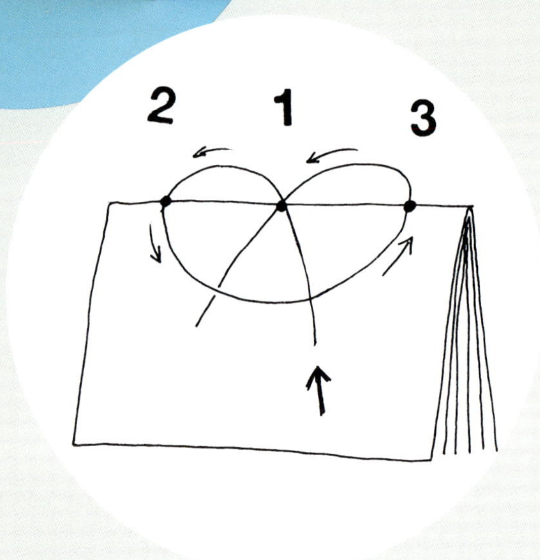


S

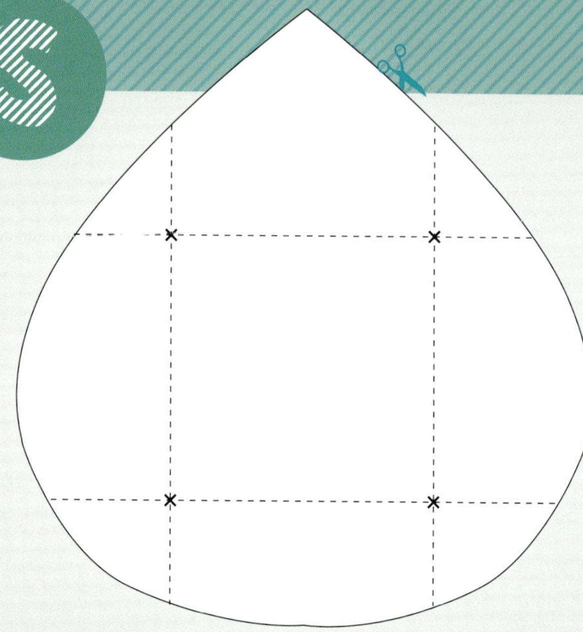

schneiden
falten
× lochen

## SCHABLONEN

Für manche Projekte in diesem Buch benötigst du Schablonen. Für diese Schablonen gibt es ab Seite 152 Kopiervorlagen. Hier solltest du dabei auf festes Papier kopieren, denn dann halten die Schablonen länger und du kannst sie immer wieder benutzen. Zusätzlich gibt es die Schablonen auch zum Herunterladen im Internet. Gehe dazu auf die Webseite www.haupt.ch/buchbinden-fuer-kinder und drucke dir die Schablonen auf festem Papier aus.
Dort, wo auf der Vorlage ein Kreuz angezeichnet ist, kommt ein Loch hin. Diese Löcher kannst du mit dem Bleistift oder dem Zauberstift auf dein Papier übertragen und dann mit der Lochzange oder dem Papierbohrer gestalten.
Die Schablonen haben eine durchgezogene Linie, das ist der Umriss. An dieser Linie entlang schneidest du die Schablone aus. Die gestrichelten Linien werden gefaltet – dies ist wichtig, wenn du die Briefumschläge für den Adventskalender fertigst.
Schablonen helfen dir auch bei den Bindungen die passenden Löcher zu markieren. Schablonen sind also ein wichtiges Hilfsmittel für die Projekte in diesem Buch. Hier noch mal im Überblick zusammengefasst, wie das Vorgehen in Sachen Schablonen ist: Kopiere die Vorlagen auf festes Papier. Schneide die Schablone aus und mache dann, wenn nötig, die Löcher mit dem Papierbohrer oder der Lochzange.

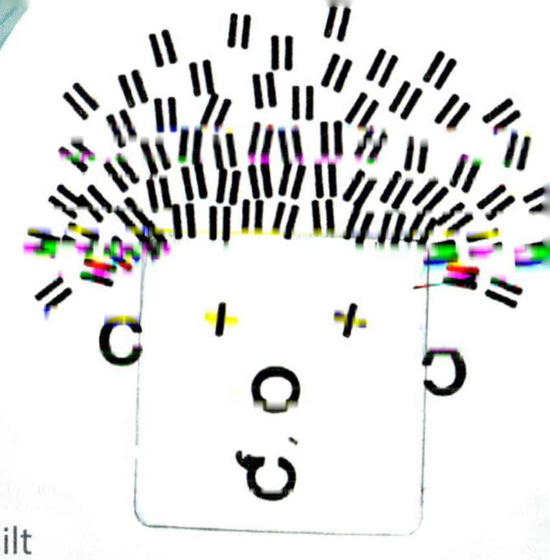

## SCHNEIDEN/TRENNEN VON PAPIER

Nach dem Falten müssen die Papierbogen oft an den gefalteten Stellen geteilt werden. Das klappt sehr gut mit einem stumpfen Küchenmesser. Frage einfach mal Erwachsene nach einem solchen Küchenmesser, die können dir gewiss dabei behilflich sein.

Wenn du ein geeignetes Messer hast, schiebst du dieses entlang der Falte zwischen das Papier. Als Rechtshänder beginnst du an der rechten Seite und ziehst das Messer nach links. Linkshänder machen es anders herum.

Wenn du kein Küchenmesser hast oder dir das Vorgehen nicht liegt, so gibt es auch noch ein alternatives Vorgehen: Falte das Papier, klappe das gefaltete Papier dann wieder auseinander und schneide mit einer Papierschere am Knick entlang. Auch so erhältst du zwei Teile.

## SCHNEIDEMATTE

Es gibt spezielle Schneidematten, die du immer unterlegen solltest, wenn du mit dem Cutter schneidest oder mit der Ahle Löcher bohrst. Das Material schützt deinen Tisch. Eine weitere Stärke der Matte: Da auf der Schneidematte auch Linien eingezeichnet sind, kannst du auf ihr ein Blatt Papier an einer Linie anlegen und ganz gerade schneiden.

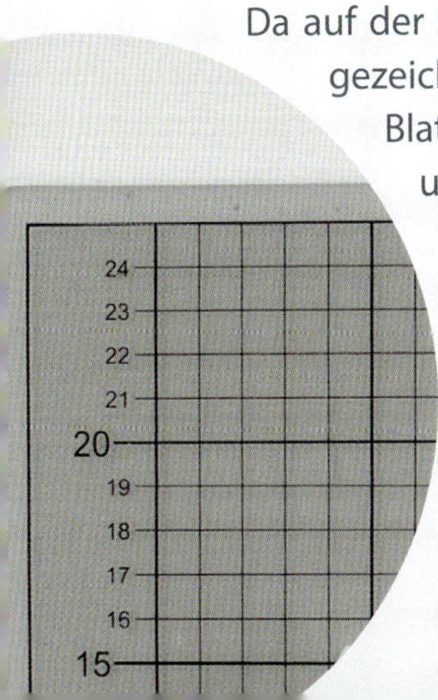


## STEMPEL

Mit Stempeln lassen sich wirklich blitzschnell hübsche Umschläge und Einbände gestalten. Aus Buchstaben entstehen Muster und Gesichter. Selbstverständlich gilt auch hier: Probiere alles Erdenkliche aus! Mache Versuche mit verschiedenen Stempeln und kreiere deine eigenen aus Korken, Radiergummi, leeren Papprollen, den Kappen von Verpackungen und vielem mehr.

## VERSCHLÜSSE

Für die Verschlüsse von Heften und Leporellos ist Fantasie gefragt und Glück beim Finden von dekorativen Verschlüssen. Häkelblumen, schöne Knöpfe, verknotete Haargummis, Perlen, gefaltete und gerollte Papierstreifen, Holzstücke – all das kannst du als Verschluss benutzen. Sobald du die Technik einmal verstanden hast, werden dir noch viel mehr Dinge einfallen, die du nutzen kannst.

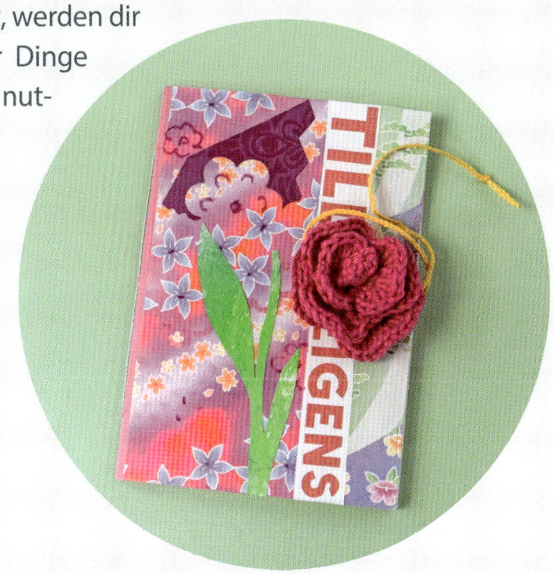

W

## WITZFIGUR

Mit einer Comicfigur, die du erfunden hast, kannst du etwas ganz Einmaliges schaffen. Ganz leicht kannst du eine Witzfigur entwickeln. Kennst du eine Stretchlimousine? Das ist ein sehr lang gezogenes Auto, in dem sich berühmte Menschen gerne fahren lassen. So ähnlich klappt das auch mit der Witzfigur. Wenn du Tiere und Gegenstände zeichnest, übertreibe hier tüchtig: Gestalte die Augen zu groß, die Nase zu lang und die Ohren riesig.
Stell dir mal eine Giraffe vor, bei der der Hals zu kurz geraten ist, bei der dafür aber der Bauch gedehnt ist wie bei einer Stretchlimousine.

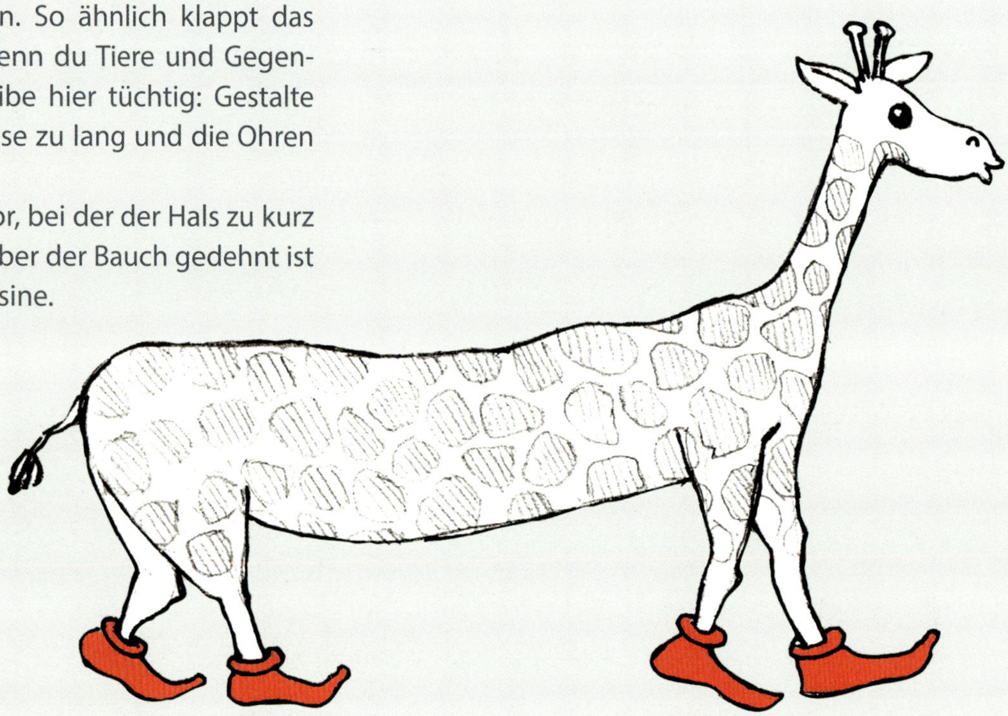

X

## XXL

Ein wirklich toller Überraschungseffekt entsteht durch das Kombinieren verschiedener Größen, zum Beispiel bei Collagen. Wenn du mit einer Lupe Käfer oder andere kleine Tiere anschaust, entsteht eine XXL-Welt, die deine Fantasie inspiriert.

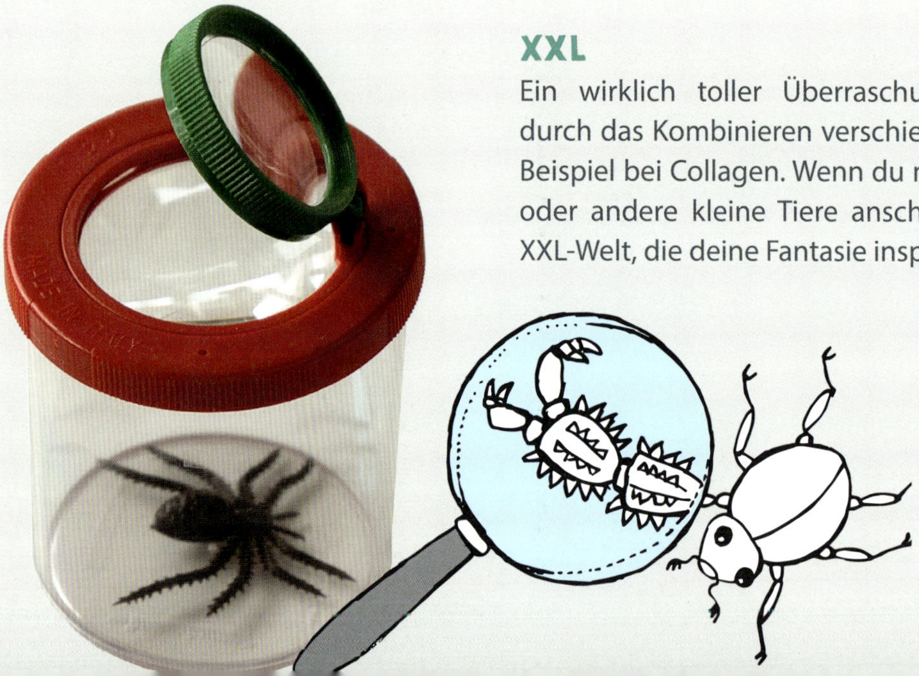

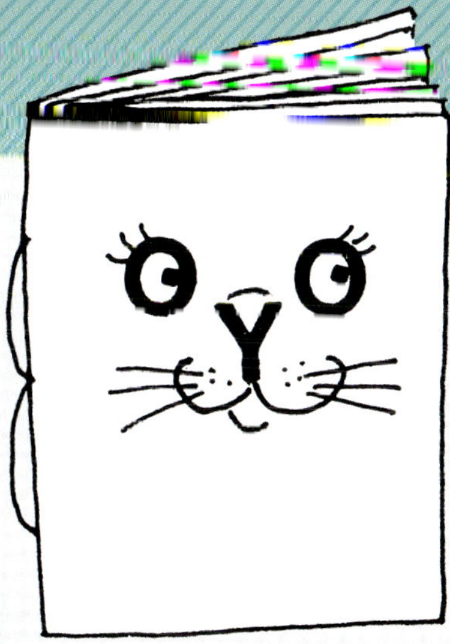

## ZAUBERSTIFT

Eigentlich ist der Zauberstift (Magic Marker) ein wichtiges Hilfsmittel beim Nähen, denn mit ihm können auf Stoff Markierungen angebracht werden, die von alleine wieder verschwinden. Das funktioniert auch mit Papier und ist ausgesprochen praktisch: Mit dem Zauberstift kannst du Hilfslinien ziehen und musst später keine Bleistiftstriche ausradieren, denn die Linien verschwinden von selbst.

## Y-GESICHTER

Wenn du ein Tier oder andere Gegenstände zeichnest oder malst, reicht schon eine einfache Linie aus. Dies habe ich unter „Abstrahieren" beschrieben. Nun will ich dir zeigen, wie aus einem gestempelten Y ein Gesicht entsteht.

## ZWIRN, GARN UND BÄNDER

Zum Binden von Heften und Büchern kannst du ganz verschiedene Zwirne verwenden, aber auch Bäckergarn, Geschenkbänder, dünnes Häkelgarn, Stickgarn, Bast, Gummibänder, Haargummis usw. Probiere aus, was dir gefällt.

Passend zu dem Zwirn, Garn oder Band suchst du dir eine Nadel ohne Spitze aus. Damit das Garn hindurch passt, muss das Nadelöhr groß genug sein. Und natürlich müssen auch die Löcher, die du mit dem Papierbohrer oder der Lochzange machst, auf Nadel und Zwirn, Garn oder Band abgestimmt sein.

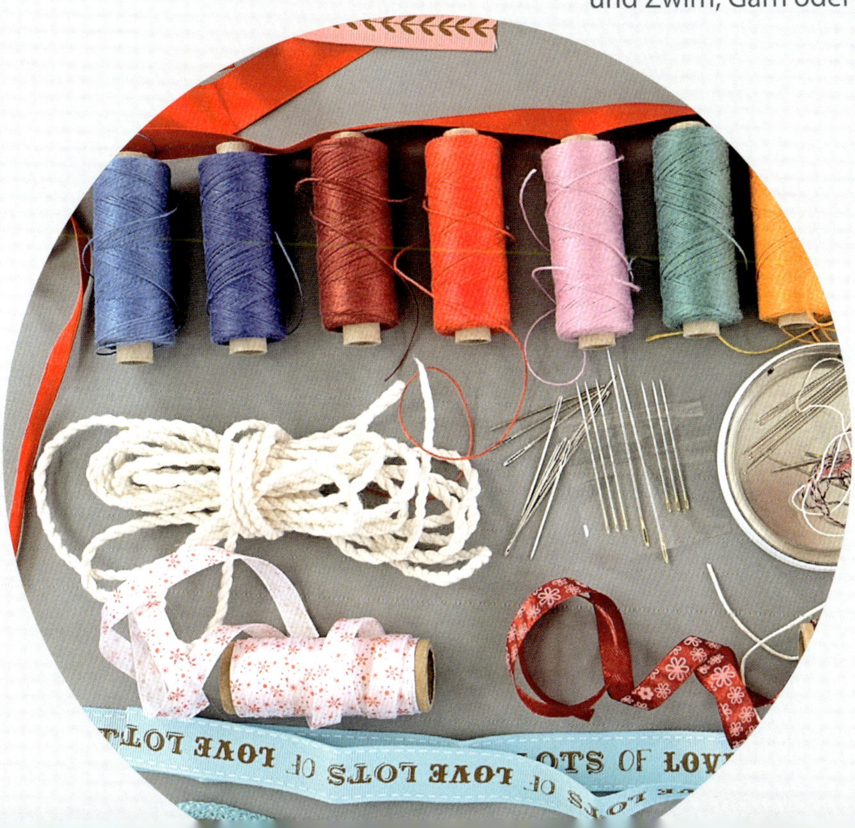

# PAPIER FALTEN – DIE ERSTEN SCHRITTE

Wenn ein Blatt Papier quer liegt, heißt das Querformat.

Wenn ein Blatt so liegt, heißt es Hochformat.

Die Projekte beginnen alle mit einer dieser beiden Möglichkeiten, Papier zu falten – entweder im Hoch- oder Querformat. Alle weiteren Schritte sind ebenfalls in beiden Formaten möglich. Je nach Projekt wirst du eine dieser Möglichkeiten anwenden.

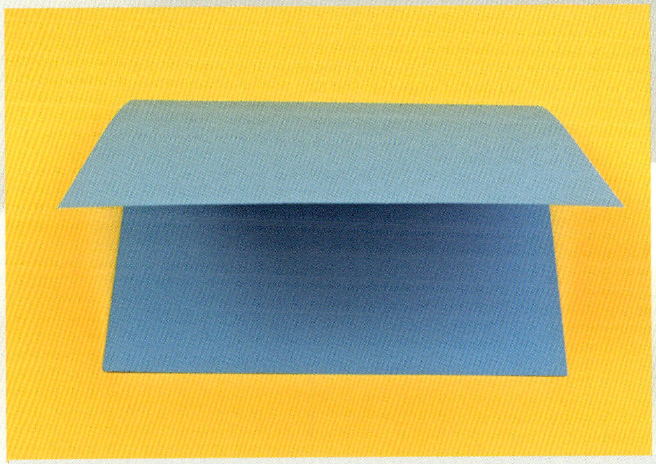

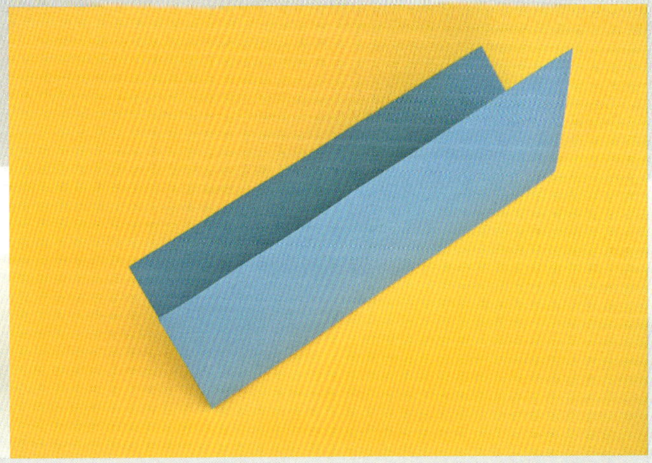

**1** Falte ein Blatt Papier in der Mitte. Je nachdem wie du faltest, sieht dein Ergebnis wie das auf der linken Seite (Hochformat) oder wie das auf dem rechten Bild (Querformat) aus. Beides ist richtig und gut, denn aus diesen zwei Möglichkeiten entwickeln sich alle Projekte.

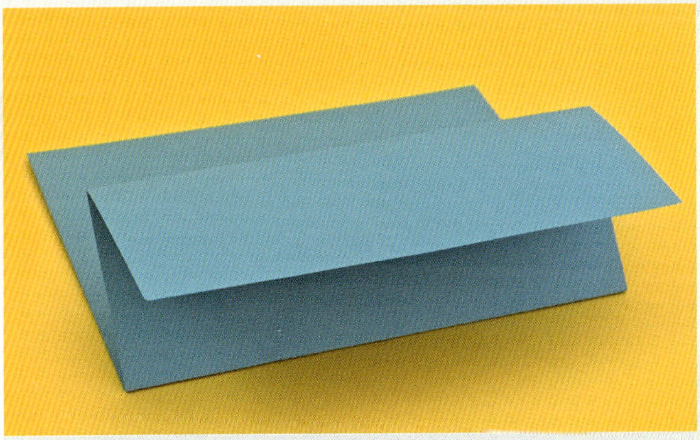

**2** Die eine Hälfte des Papiers faltest du dann nochmal in der Mitte und …

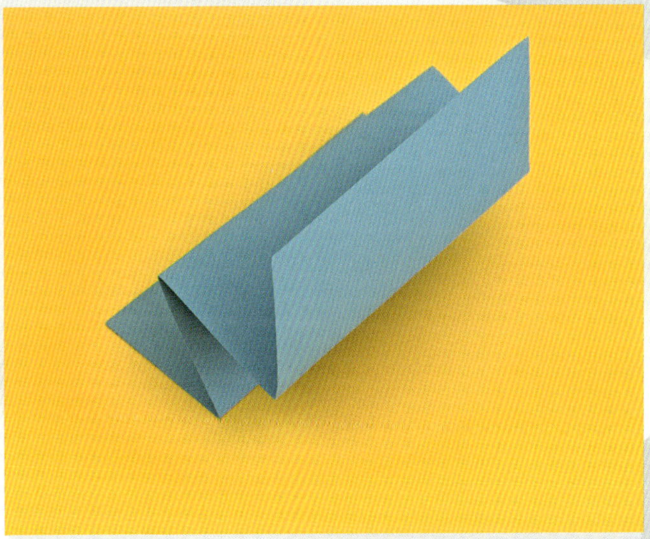

**3** … den anderen Teil auch.
Dann ist es schon fast ein Leporello.

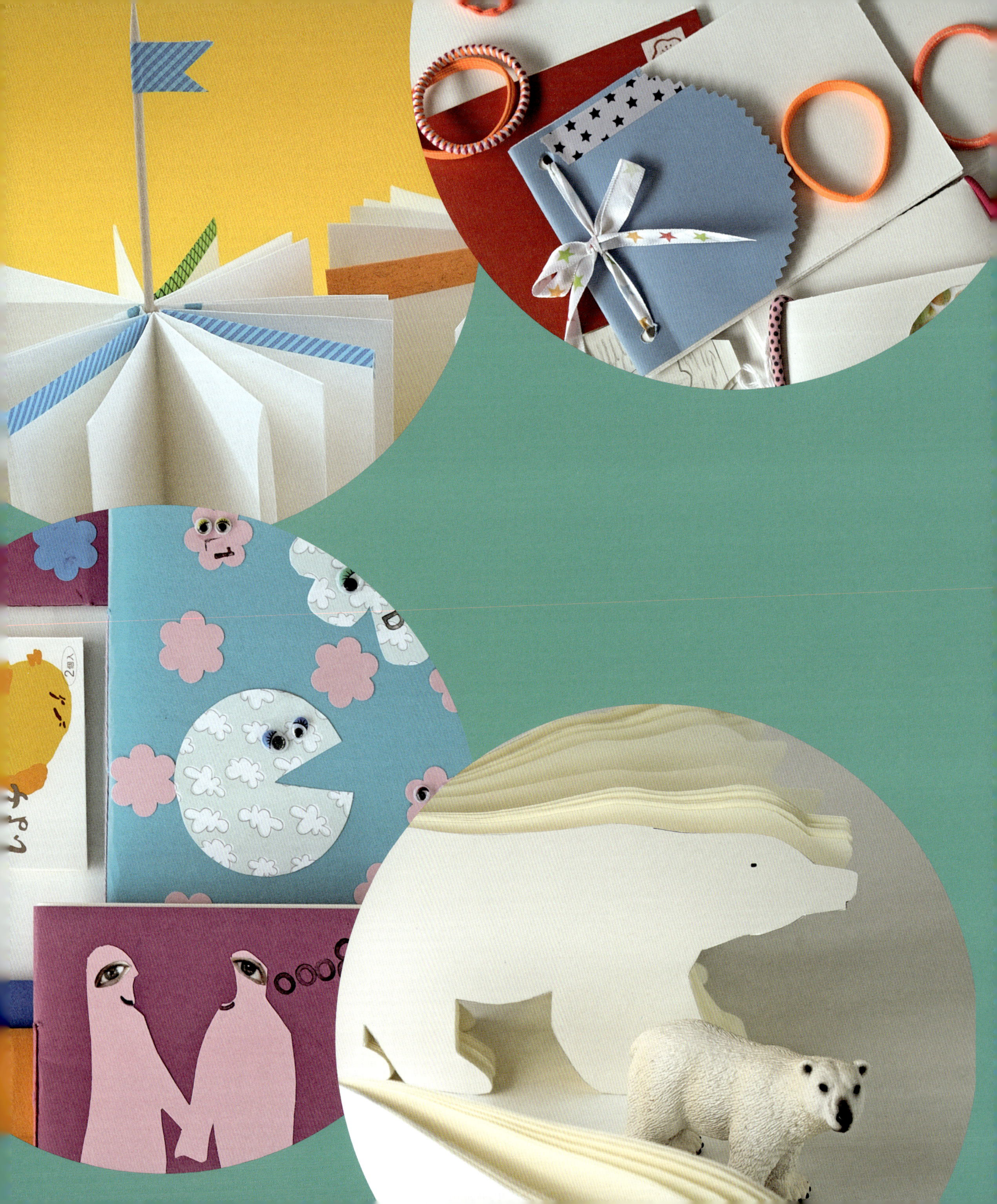

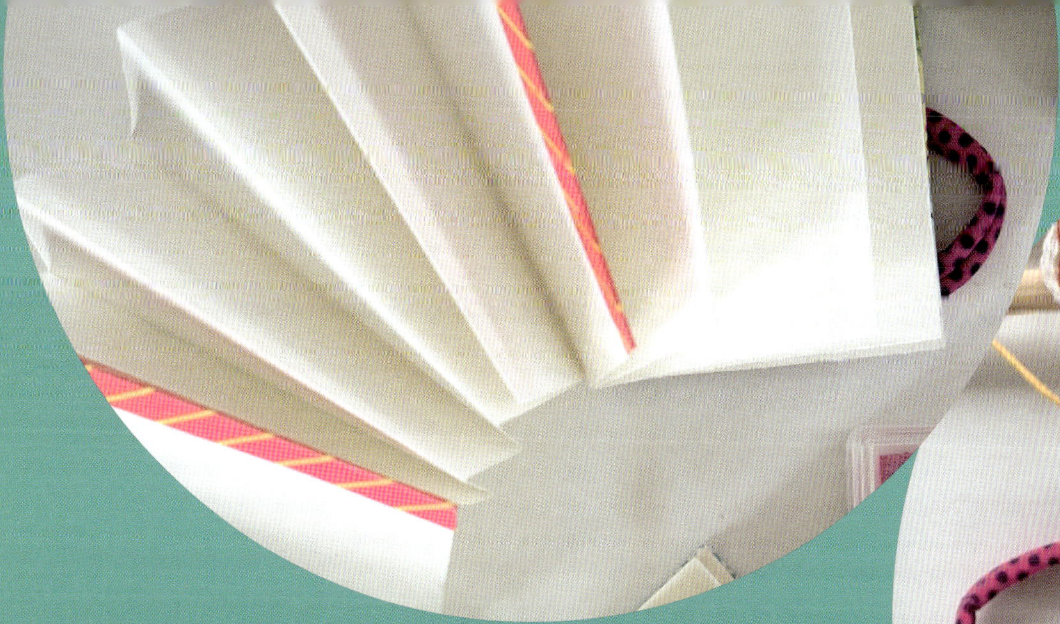

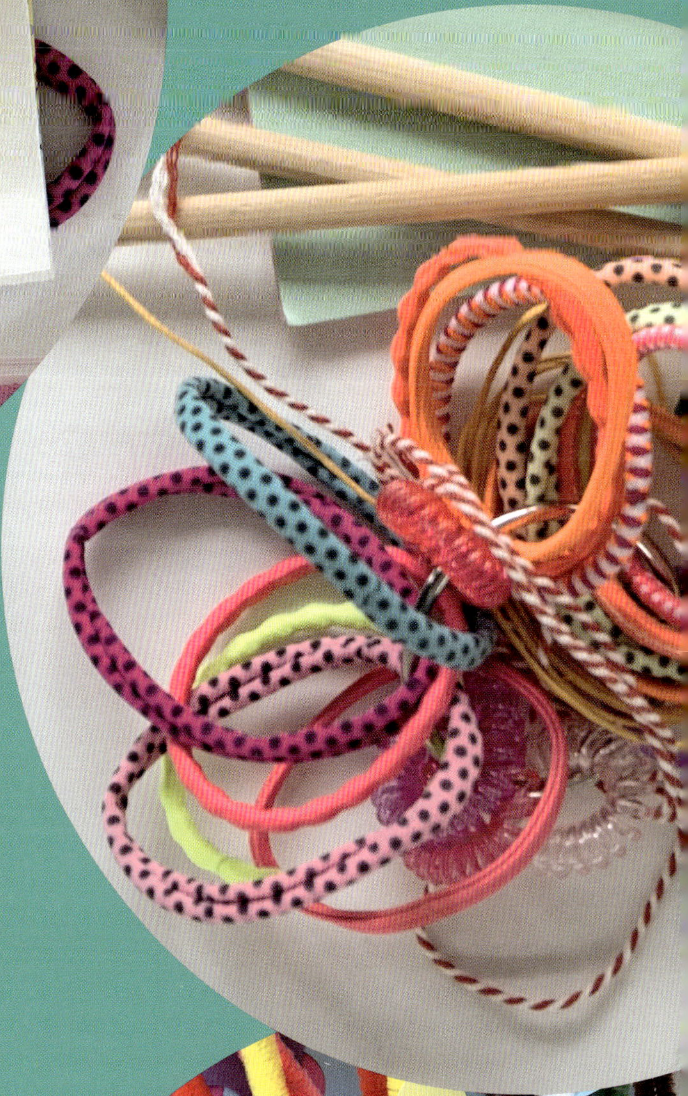

# PROJEKTE

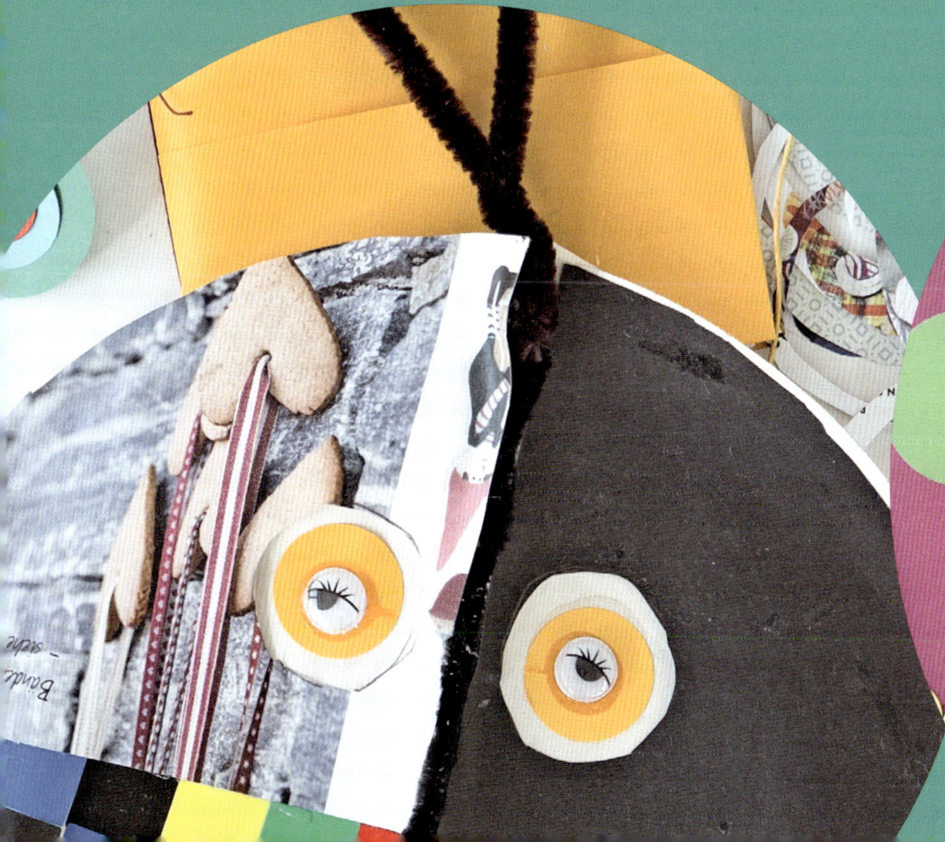

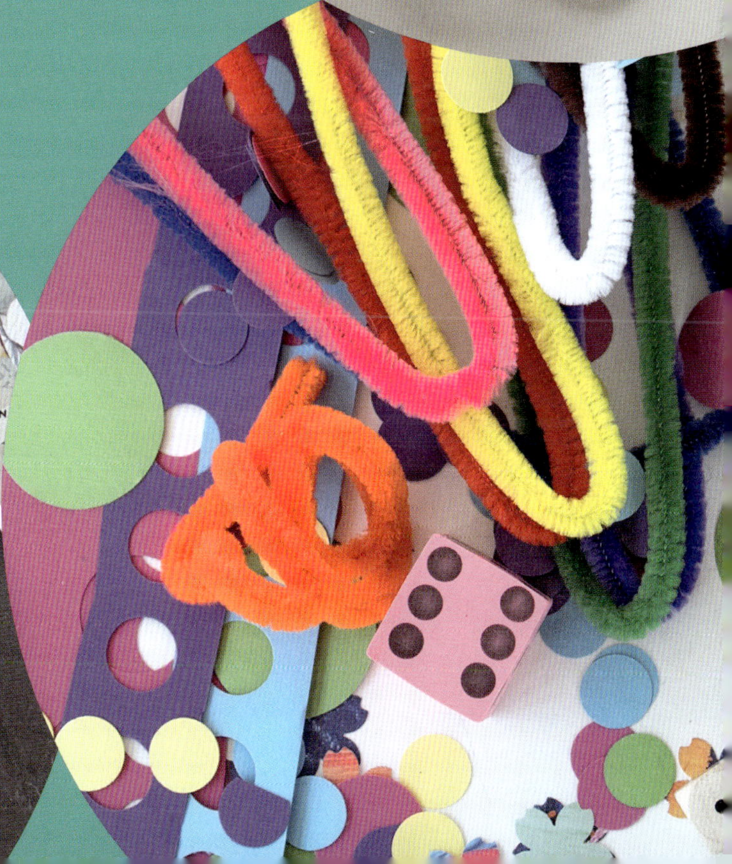

# KAPITEL 1

# FALTEN, SCHNEIDEN, KLEBEN

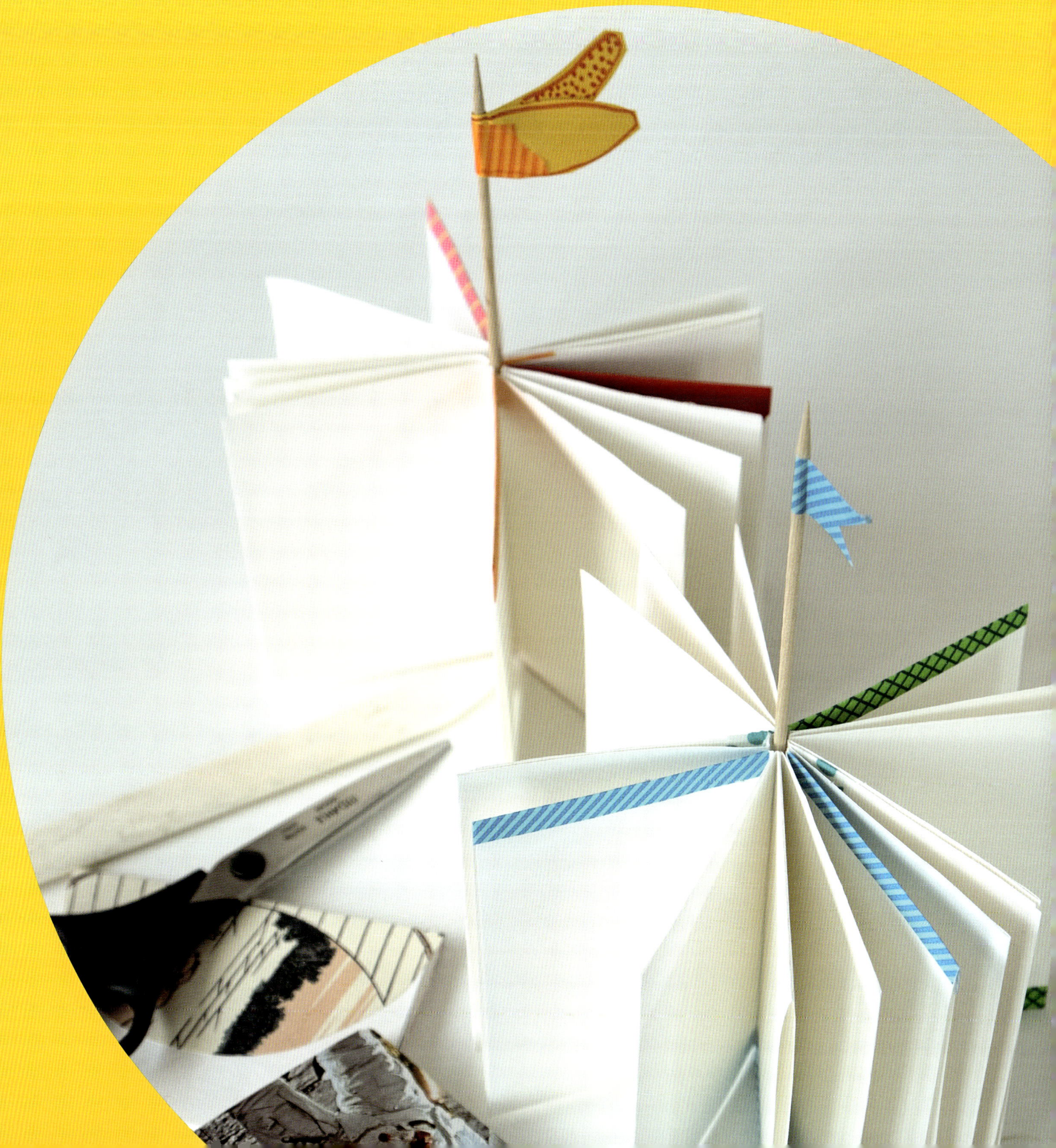

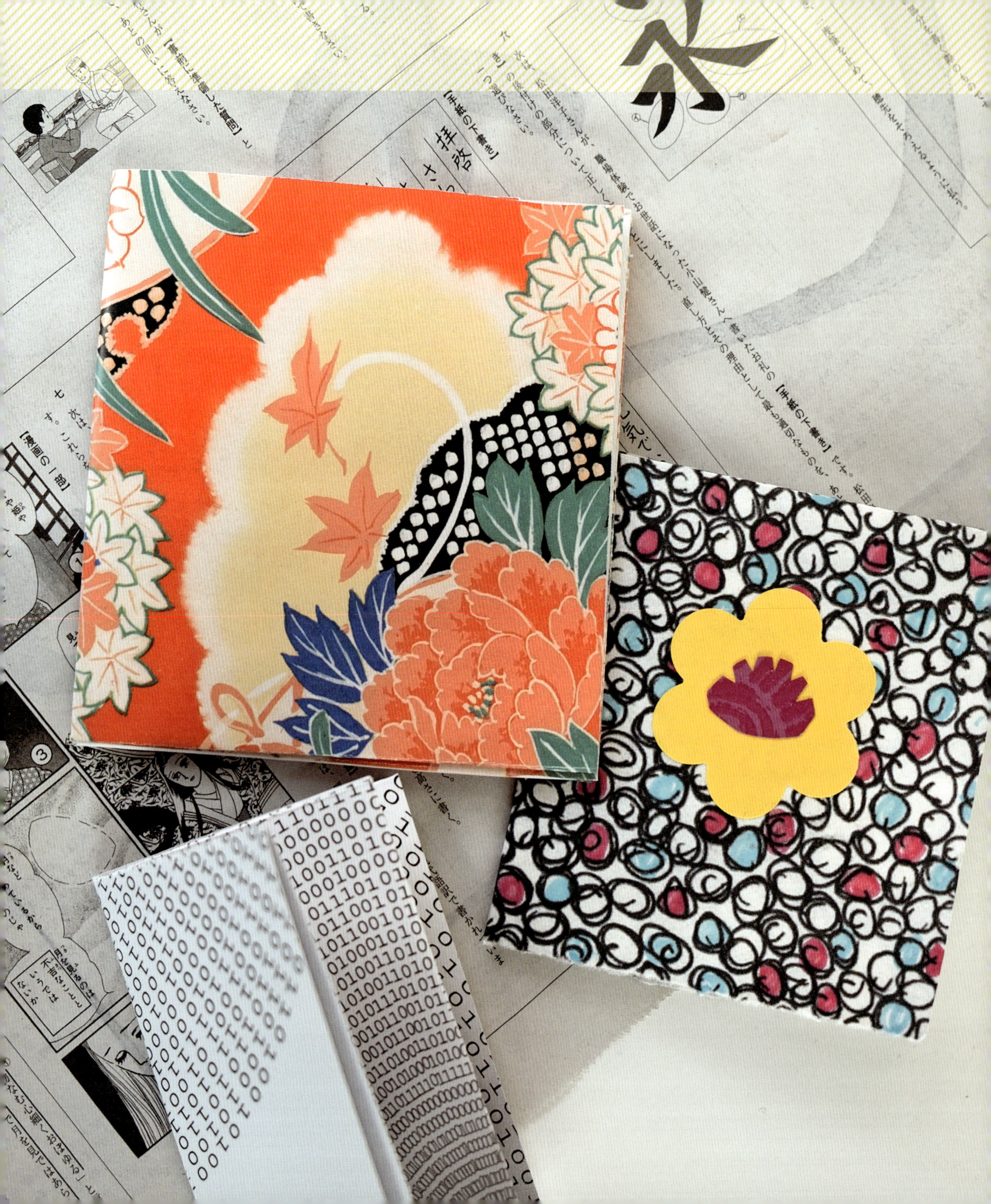

# FALTEN, SCHNEIDEN, FERTIG

**DU BRAUCHST:**
1 Bogen gemustertes dünnes Papier (die Größe ist egal)
Falzbein
Schere

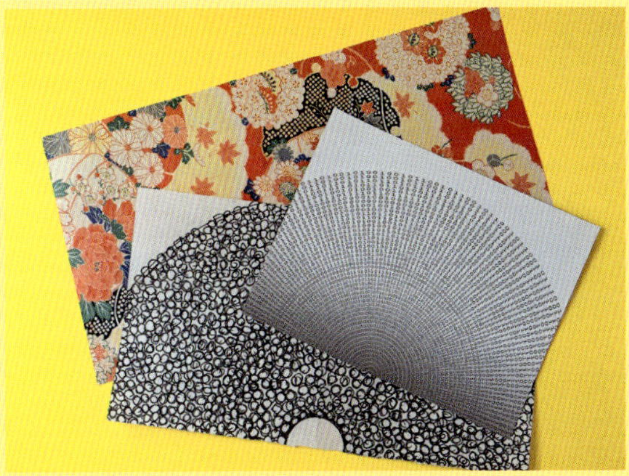

**1** Such dir ein Blatt Papier aus, das dir gut gefällt.

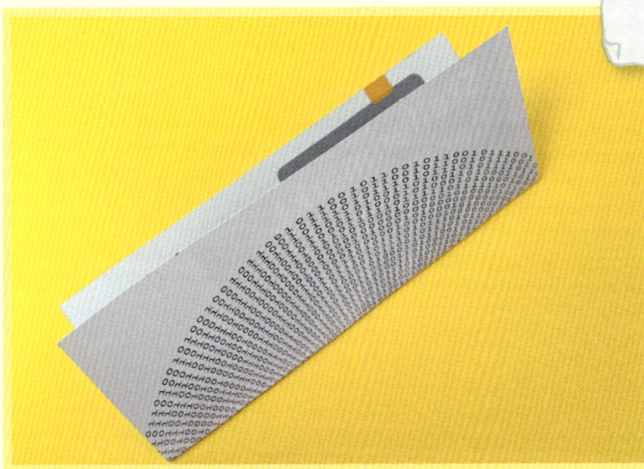

**2** Lege dein Papier im Querformat auf den Tisch. Falte das Papier in der Mitte um (siehe auch Seite 22).

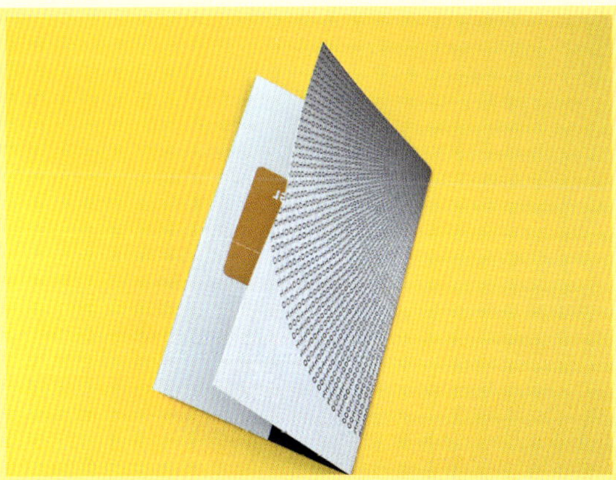

**3** Falte das Blatt auseinander und drehe es zum Hochformat. Im Hochformat liegend, faltest du das Blatt wieder in der Mitte.

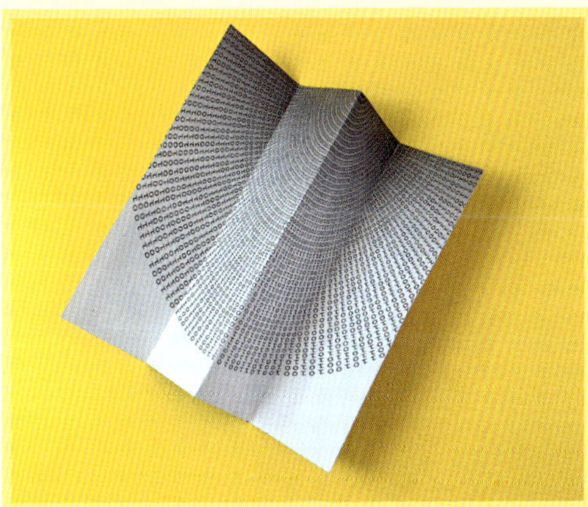

**4** Nun faltest du jeden abgeknickten Teil auch noch einmal mittig. Dein Blatt sieht jetzt fast wie ein Leporello aus.

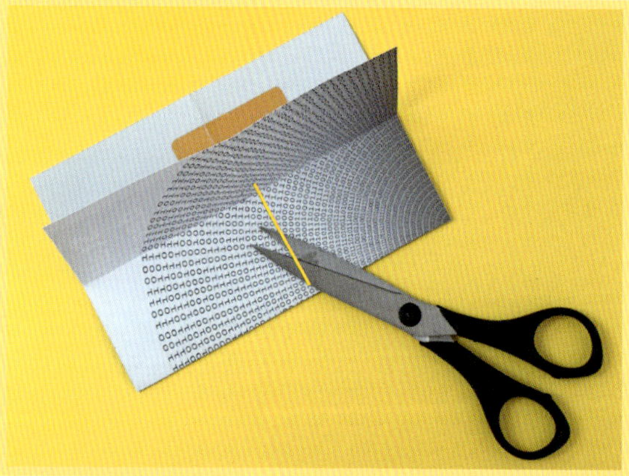

**5** Falte das Blatt so weit auseinander, dass es nur noch in der Mitte umgeknickt ist. Das Blatt sollte so vor dir liegen, wie du es auf dem Foto siehst. Jetzt schneidest du das Blatt am Knick in der Mitte ein. Auf dem Foto erkennst du, wie weit du schneiden darfst.

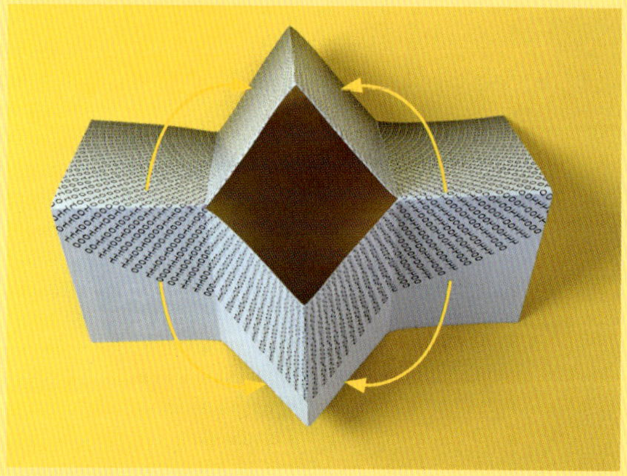

**6** Wenn du den Schnitt passend gemacht hast und das Blatt zusammenschiebst, klafft die Mitte in Rautenform auseinander. Du kannst das Blatt so auf den unteren Kanten aufstellen und es bleibt alleine stehen.

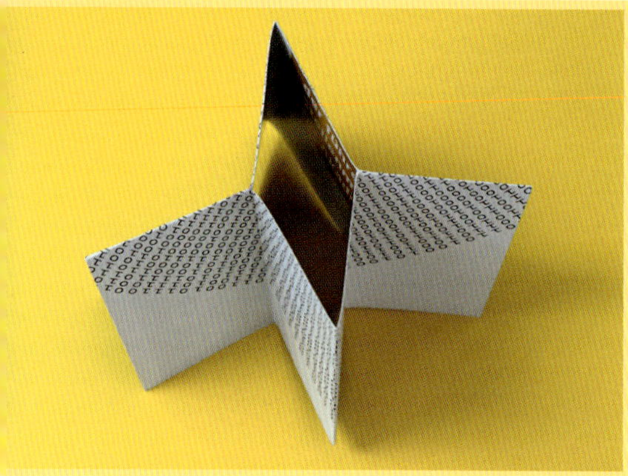

**7** Schiebe das Blatt nun noch weiter zusammen, sodass die Raute immer spitzer wird. Wenn die Seiten zusammentreffen – perfekt, so soll es sein.

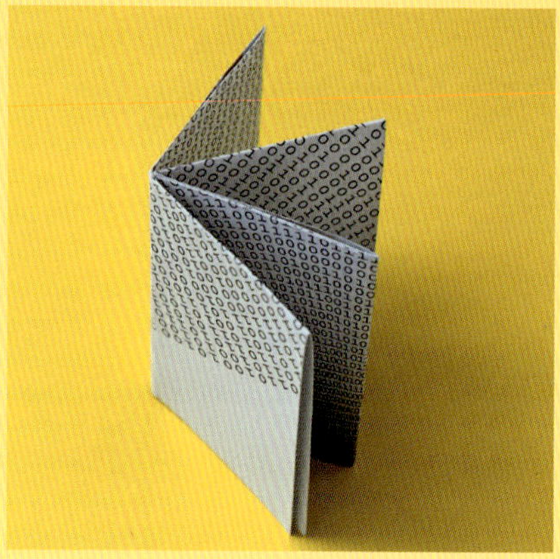

**8** Die abgeknickten Blattbereiche klappst du jetzt alle zu dir nach vorne. Eventuell musst du hier mit dem Falzbein nachhelfen, sprich: alles so gut flach drücken, dass aus den abstehenden Teilen Buchseiten werden. Und schon ist dein Buch gestaltet. „Falten, schneiden, fertig" – der Titel hat es doch treffend beschrieben.

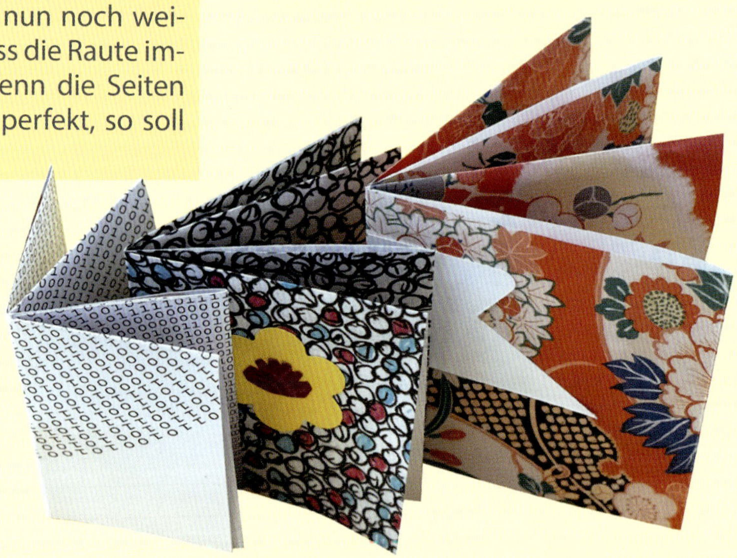

**TIPP**

So richtig spannend wird diese Falttechnik, wenn du mit bunten Papieren arbeitest und diese mit viel Fantasie noch zusätzlich bemalst und beklebst. Dein erstes kleines Buch kann so gleich etwas sehr Besonderes werden.

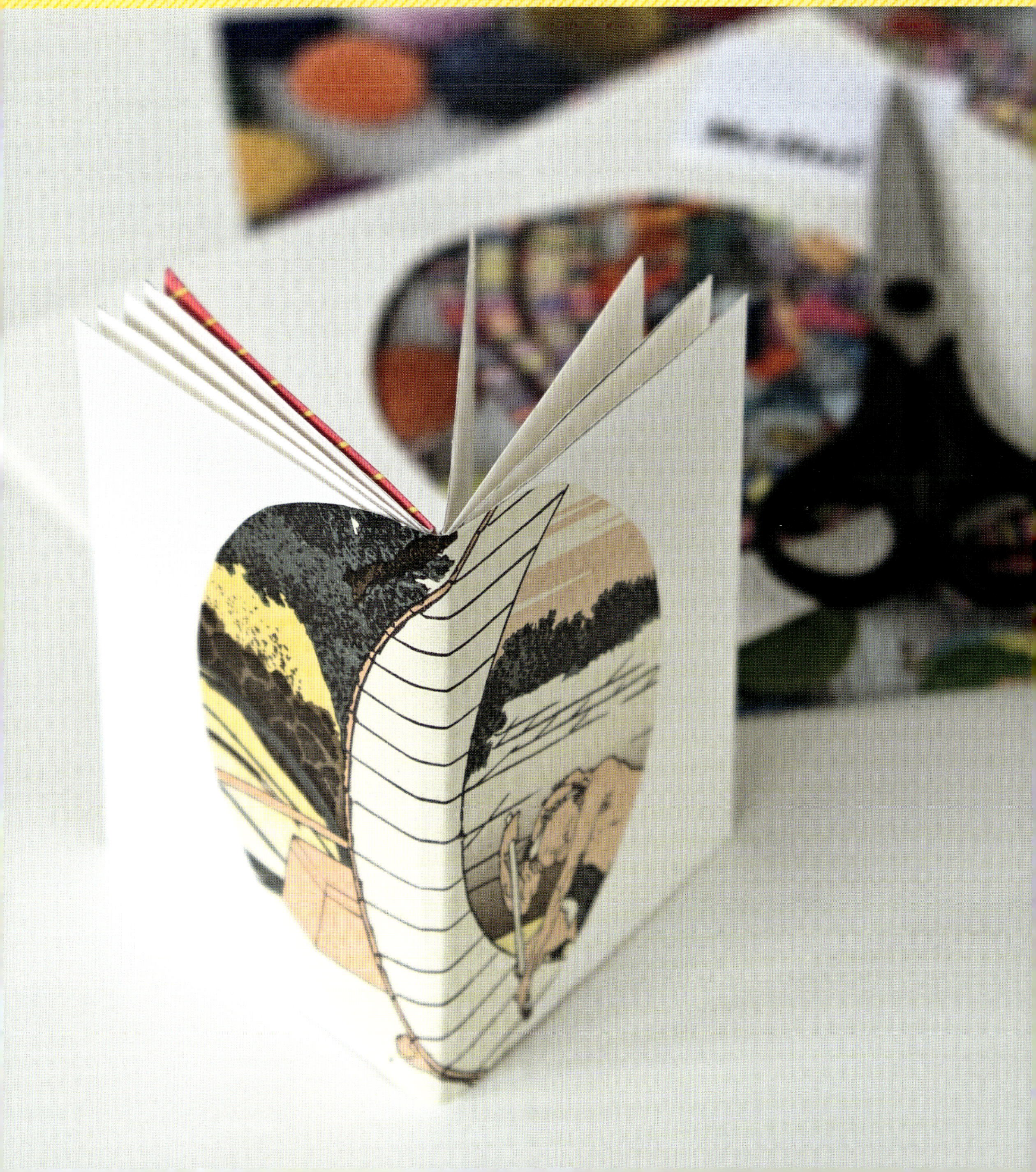

**DU BRAUCHST:**

- 1 Bogen dünnes Papier in DIN A3
- Falzbein
- Schere
- Klebestift
- buntes Papier (aus einer Zeitschrift o. Ä.)
- Motivsucher (Vorlage auf Seite 154)
- Zauberstift (oder Bleistift)

# BÜCHLEIN MIT RUNDEM EINBAND

**1** Lege dein Papier im Querformat auf den Tisch. Falte das Papier in der Mitte um (siehe zu den ersten Schritten beim Papierfalten auch Seite 22).

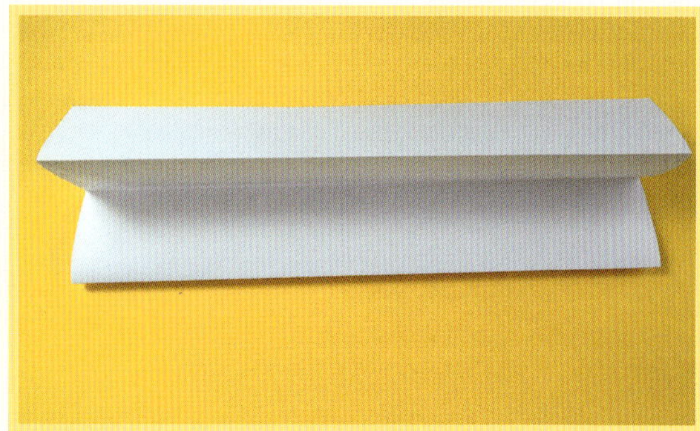

**2** Knicke jede der beiden Papierhälften noch einmal zur Mitte um.

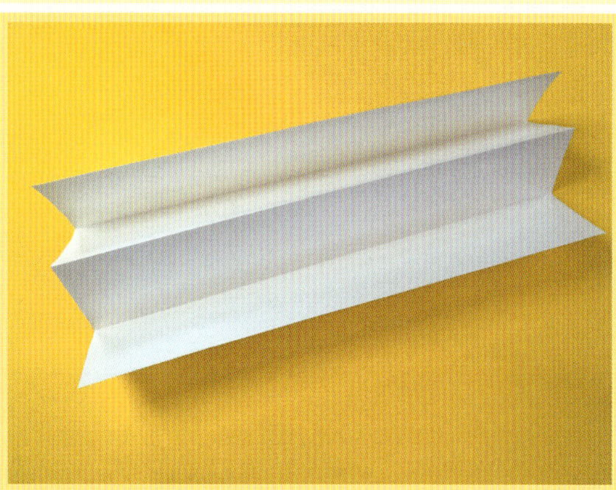

**3** Dein Papier sollte nun die Zickzackform haben, die du auf dem Bild siehst.

**4** Falte das Blatt auseinander und drehe es so, dass es im Hochformat vor dir liegt.

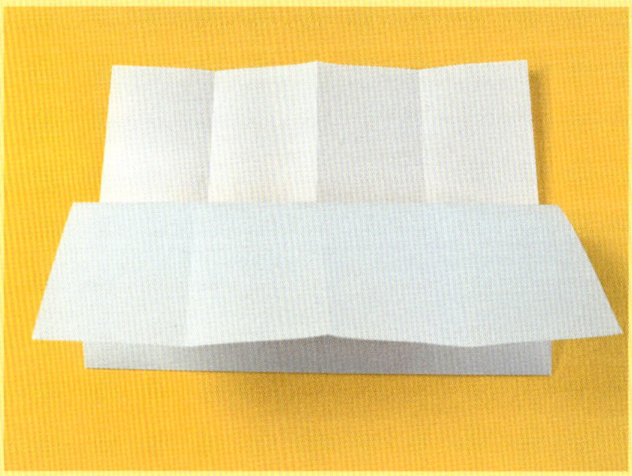

**5** Falte das Blatt in der Mitte. Falte anschließend auch die beiden abgeknickten Papierhälften wieder um – wiederhole also das Vorgehen vom Querformat noch einmal für das Hochformat.

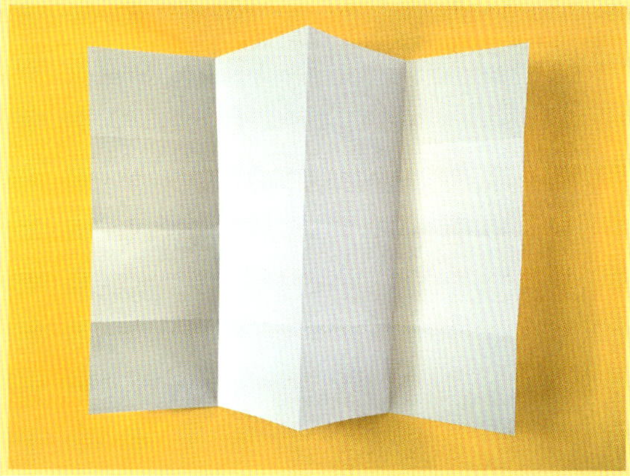

**6** Falte das Blatt wieder auseinander und lege es zurück in das Querformat. Dein Blatt sollte nun all die Knicke haben, die auf dem Foto zu sehen sind.

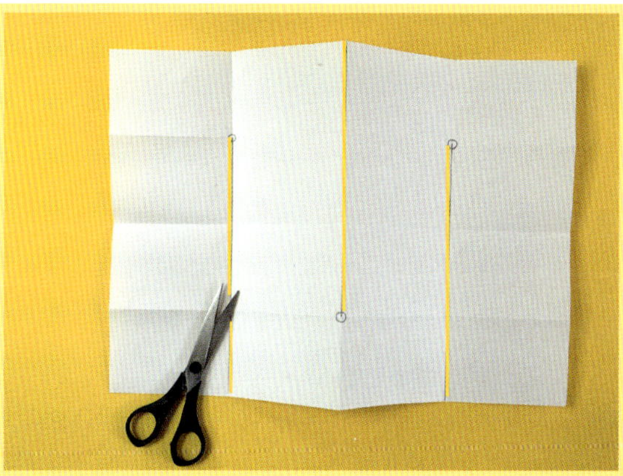

**7** Jetzt schneidest du das Blatt an drei Stellen entlang der Knicke ein. Auf dem Foto erkennst du, wie weit du schneiden darfst.

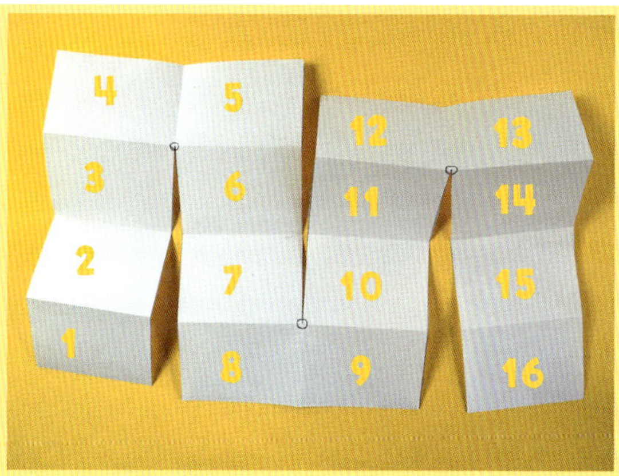


**8** Wenn du mit dem Schneiden fertig bist, sollte dein Blatt wie das hier auf dem Bild aussehen. Jetzt faltest du das Blatt in der Reihenfolge, die dir die Zahlen auf der Anleitung vorgeben. Beginne links und lege die Abschnitte aufeinander.

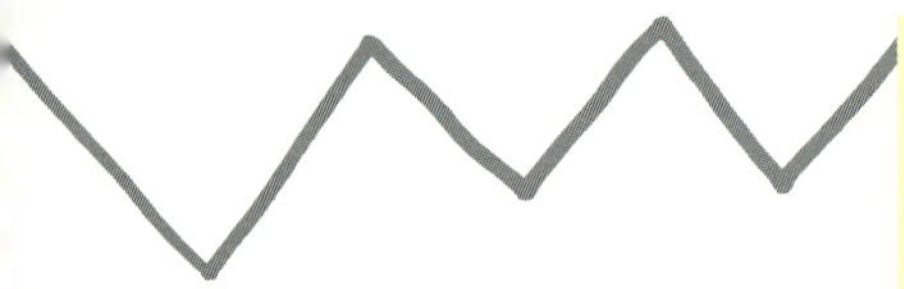

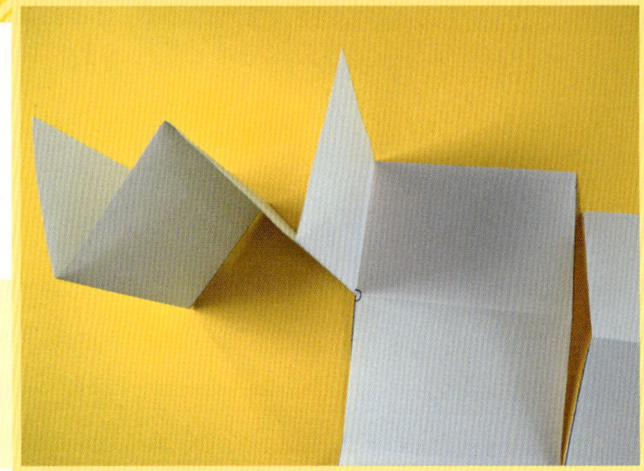

**9** Achte oben und unten (dort, wo du nach rechts knickst) auf die richtige Reihenfolge, denn hier faltest du auch gegen den Knick.

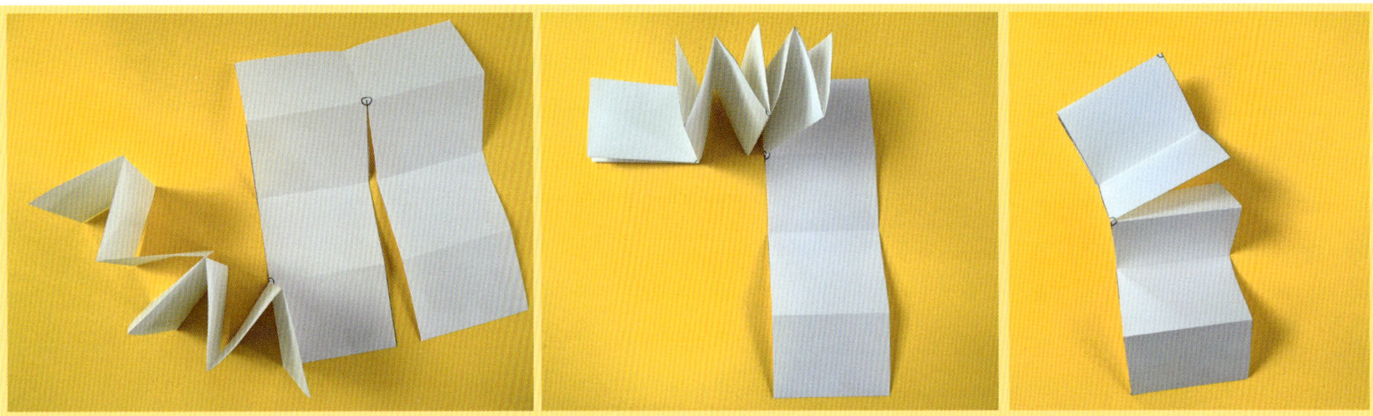

**10** Während du dich von links nach rechts vorarbeitest, wird deine „Papierschlange" immer kürzer und dein Stapel immer größer.

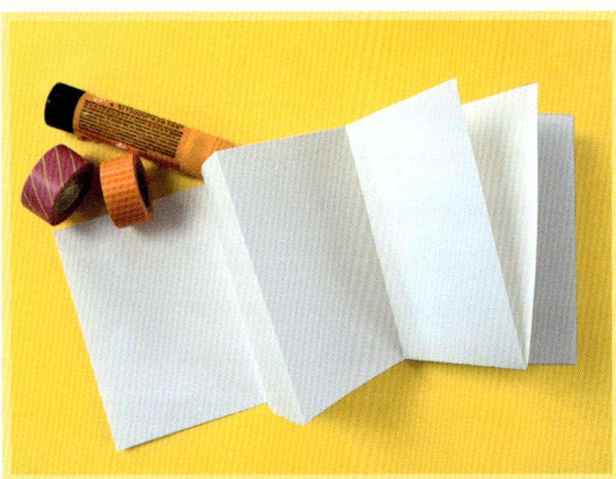

**11** Mit der ersten und letzten Seite passiert erst mal gar nichts. Alle weiteren Seiten werden an den Rückseiten aufeinander geklebt. Also: Seite 2 wird mit Seite 3 verklebt, Seite 4 mit Seite 5 und so weiter. Im Tippkasten findest du einen kompletten Überblick, was du mit den verschiedenen Seiten zu tun hast.

**TIPP**

Hier ist ein Überblick, was in welcher Reihenfolge mit den einzelnen Seiten zu tun ist.
1 bleibt frei
2 und 3 zusammenkleben
4 und 5 zusammenkleben
6 und 7 zusammenkleben
8 und 9 zusammenkleben
10 und 11 zusammenkleben
12 und 13 zusammenkleben
14 und 15 zusammenkleben
16 bleibt frei

**EXTRA-TIPP:** Wenn es dir hilft, kannst du mit dem Zauberstift auf den Blättern die Seitenzahlen notieren, damit du sie in der richtigen Reihenfolge zusammenklebst.

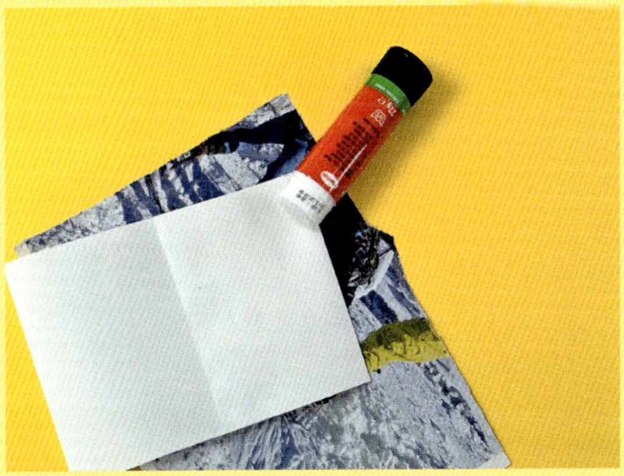

**12** Wenn du ein Schutzpapier zwischen die einzelnen Seiten legst, kannst du beim Kleben besser bis an die Blattkanten arbeiten (siehe „Kleben“ auf Seite 14).

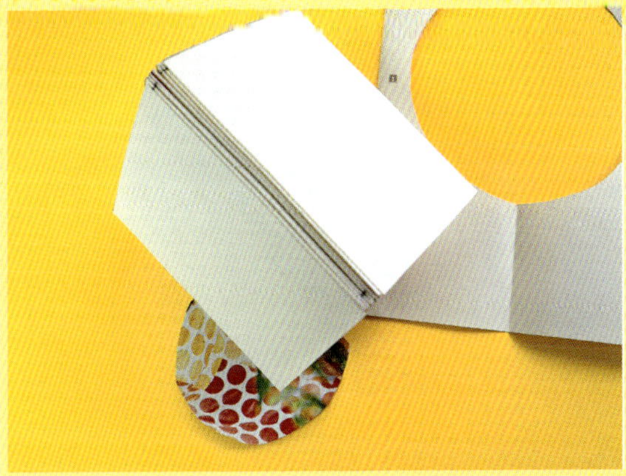

**13** Wenn du das Buch wie angegeben zusammengeklebt hast, sieht es wie das auf dem Foto oben aus: Am Rücken (siehe Seite 11) sind die zusammengeklebten Seiten zu sehen. Um dein Buch stabiler zu machen, kommt auf diesen Rücken jetzt noch eine weitere Lage. Diese Papierlage reicht auch noch auf die vorderste und die letzte Seite deines Buchs, damit wird also gleichzeitig der Einband gestaltet.

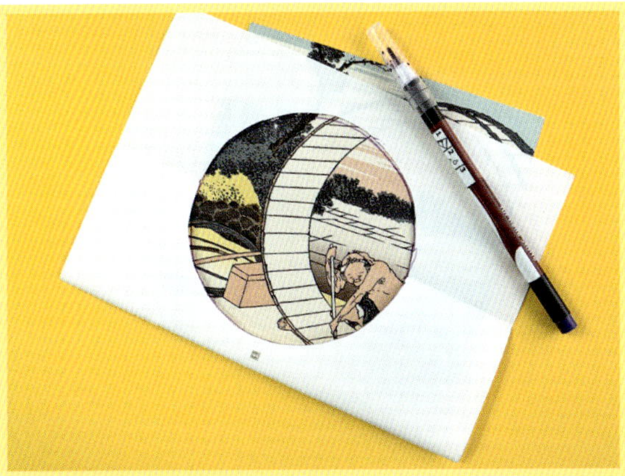

**14** Mit dem Motivsucher suchst du dir einen Bildausschnitt heraus, der dir besonders gefällt. Mit dem Zauberstift zeichnest du ihn auf dem Papier an, dafür musst du nur innen den Kreis des Motivsuchers nachfahren.

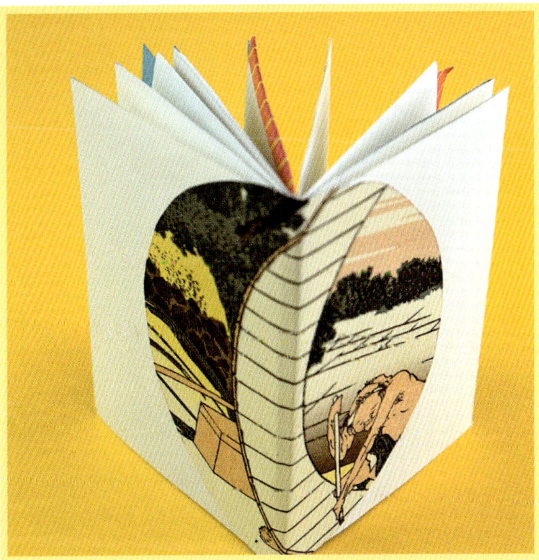

**15** Schneide dein Motiv aus. Klebe es dann eng an den Rücken deines Büchleins – das Papier soll eine gewisse Spannung haben, damit es den Rücken stabiler machen kann.

**TIPP**

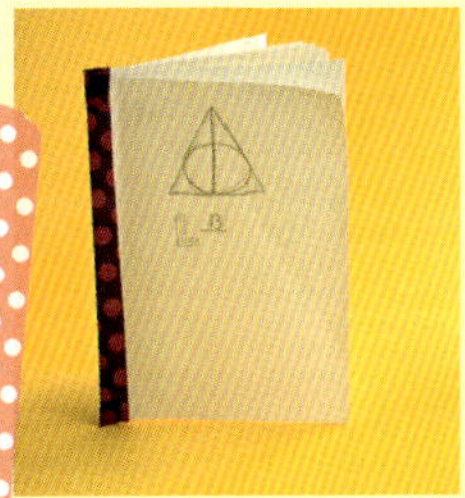

Du kannst einen Rückeneinband auch ganz einfach mit Washi Tape gestalten. Lilly hat das bei ihrem Heft gemacht, Lilly ist 13 Jahre alt.

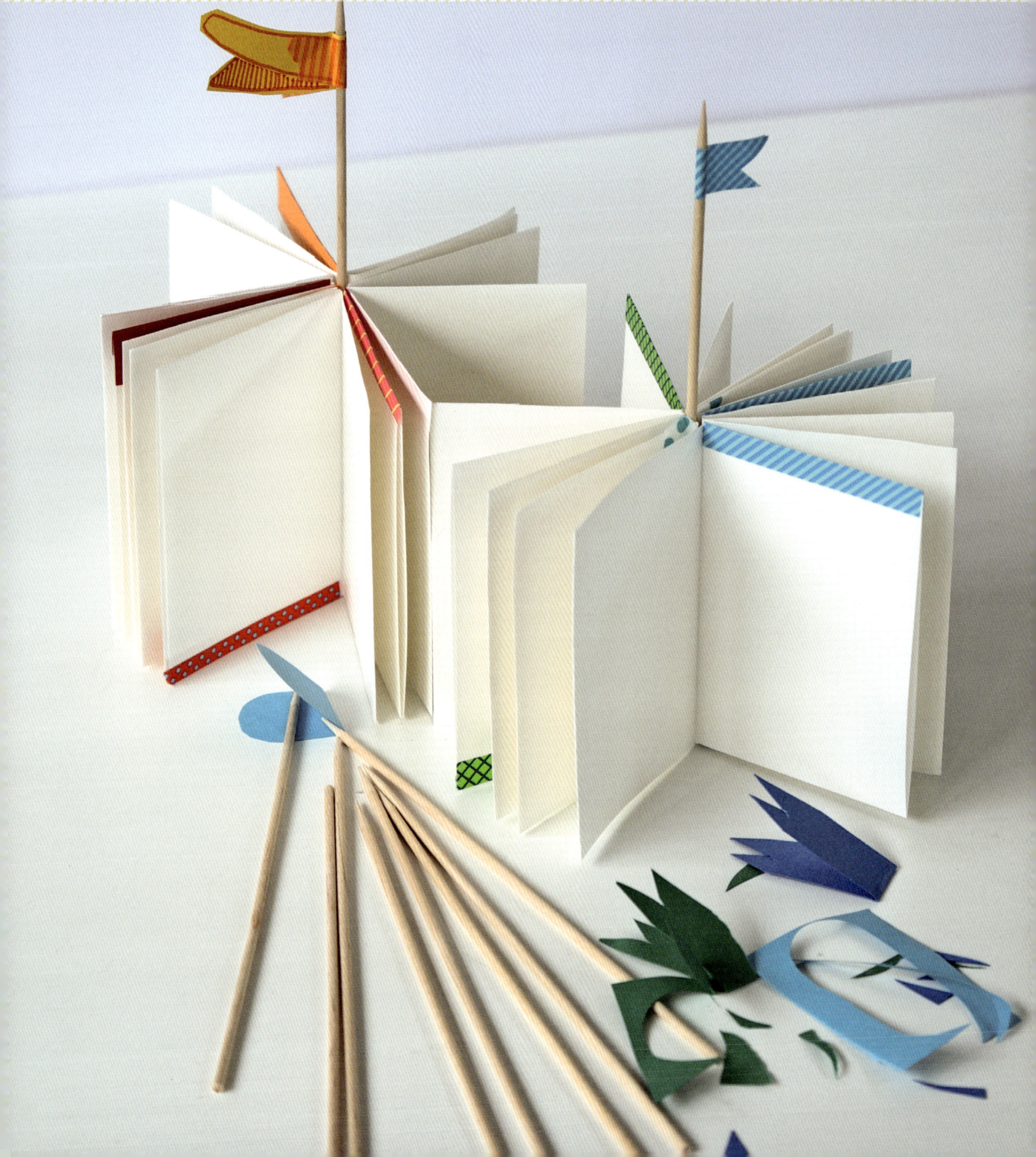

# KARUSSELL-BUCH

**DU BRAUCHST:**

2 Bogen dünnes Papier in DIN A3
Falzbein
Schere
Klebestift
Washi Tape nach Bedarf
Holzstab (z. B. ein Schaschlikspieß)

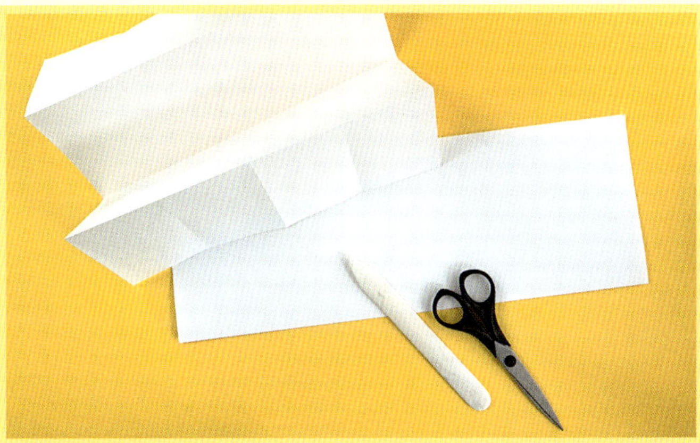

**1** Aus dem dünnen Papier fertigst du zwei Büchlein an und gehst dabei vor, wie es beim „Büchlein mit rundem Einband" ab Seite 32 beschrieben ist. Kurz gefasst könnte man die ersten Arbeitsschritte auch mit ein paar Stichworten zusammenfassen: Alles wird zweimal gefaltet und eingeschnitten.

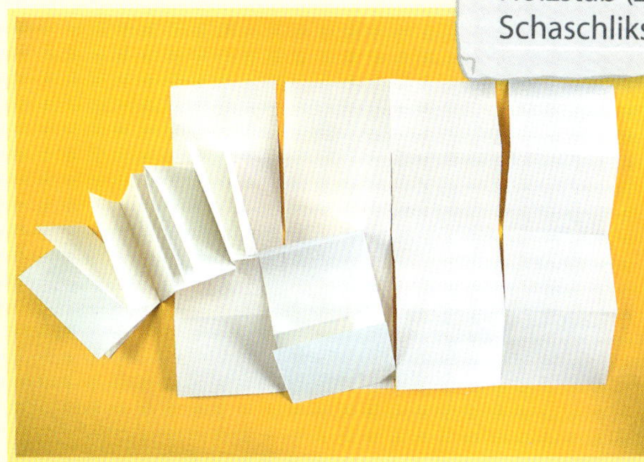

**2** Jetzt faltest du die beiden Blätter in der Reihenfolge, die dir die Zahlen auf der Anleitung (Seite 33) vorgeben. Beginne links und lege die Abschnitte aufeinander.

**PP**

u kannst deine einen Büchlein ıch mit Geheim- schen machen. as hört sich für dich annend an mit den eheimtaschen? ann schau mal beim lagischen Drei- ünsche-Buch" auf ite 40 nach. Dort fährst du, wie du e Geheimtaschen erstellst.

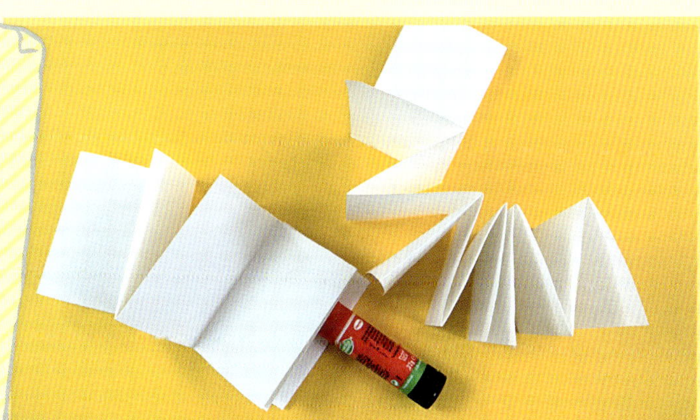

**3** Nun musst du dich entscheiden: Möchtest du ein Buch mit Taschen haben wie beim „Magischen Drei Wünsche-Buch"? Oder willst du lieber taschenlos nur die Rückseiten zusammenkleben? Wie man die Taschen macht, schaust du dir auf Seite 40 an. Wie man ohne Taschen vorgeht, steht beim „Büchlein mit runden Einband" ab Seite 32.

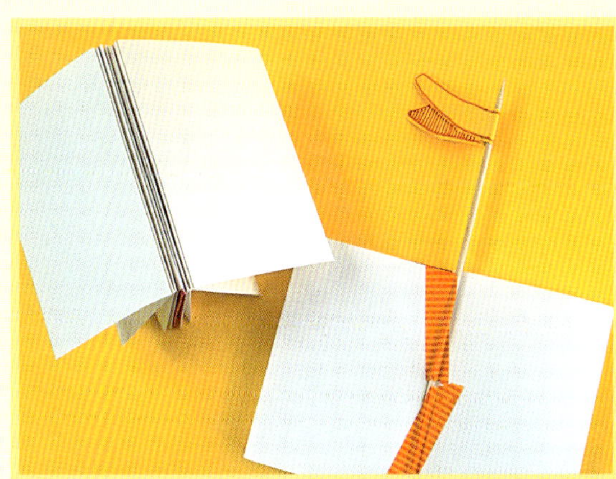

**4** An einem der beiden Hefte klebst du nun den Holzstab fest. Dafür benutzt du Washi Tape.

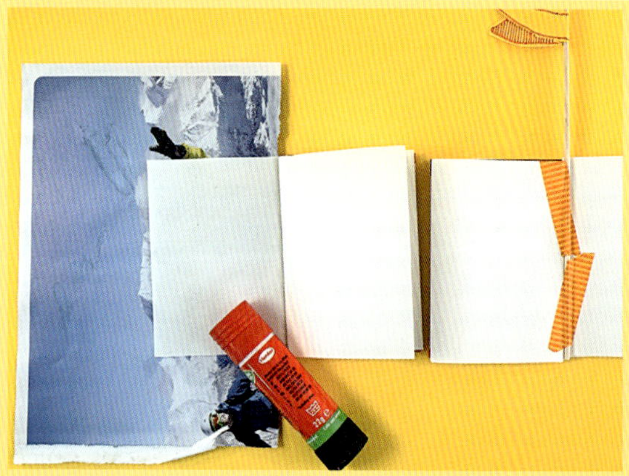

**5** Mit dem Klebestift klebst du die beiden Hefte an den außen liegenden Seiten zusammen. Für die Fähnchen am Holzstab nimmst du ein Stück Restpapier und schneidest es dir zurecht. Falte es in der Mitte und klebe es an das obere Stabende. Du kannst auch ein Stück Washi Tape nehmen.

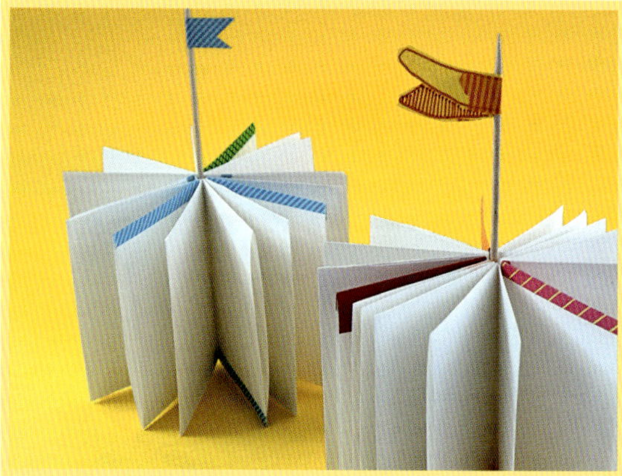

**6** Dein Karussellbuch ist jetzt an sich schon fertig – in ihm ist genügend Platz vorhanden, um eine endlose Geschichte hineinzuschreiben.
Hier auf dem Bild sind übrigens zwei Karussellbücher in der Taschenvariante zu sehen. Hast du auch die Taschenvariante gebastelt? Dann lies dir unbedingt noch den Tipp auf dieser Seite durch.

**TIPP**

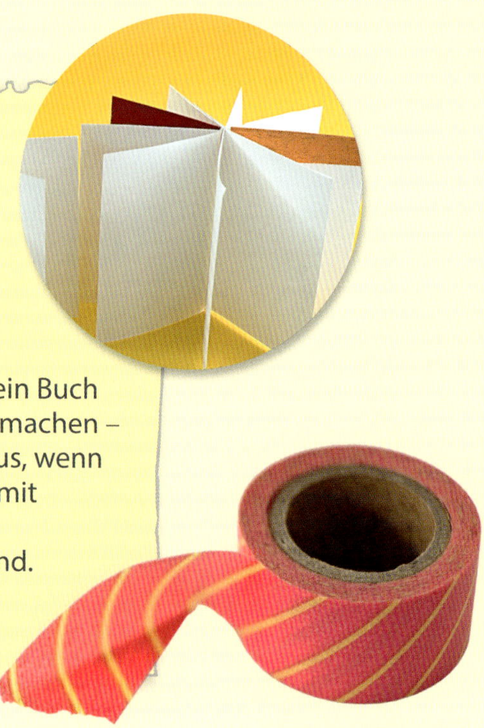

Für alle, die ein Buch mit Taschen machen – so sieht es aus, wenn die Taschen mit Washi Tape zugeklebt sind.

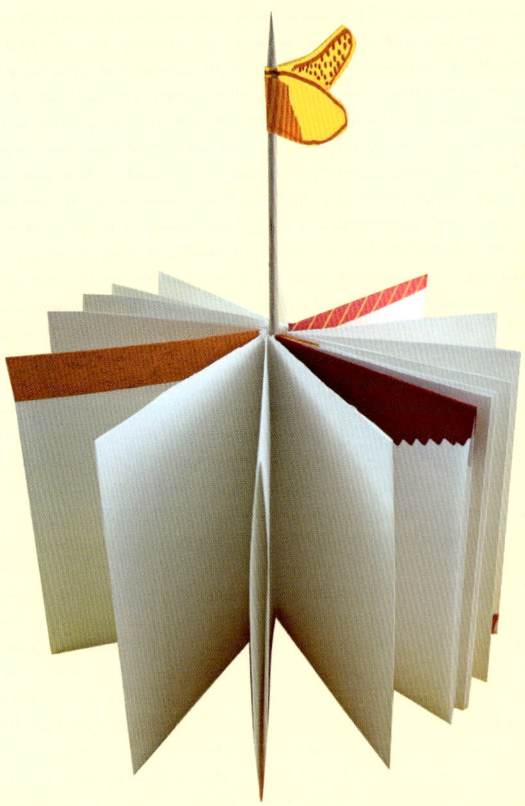

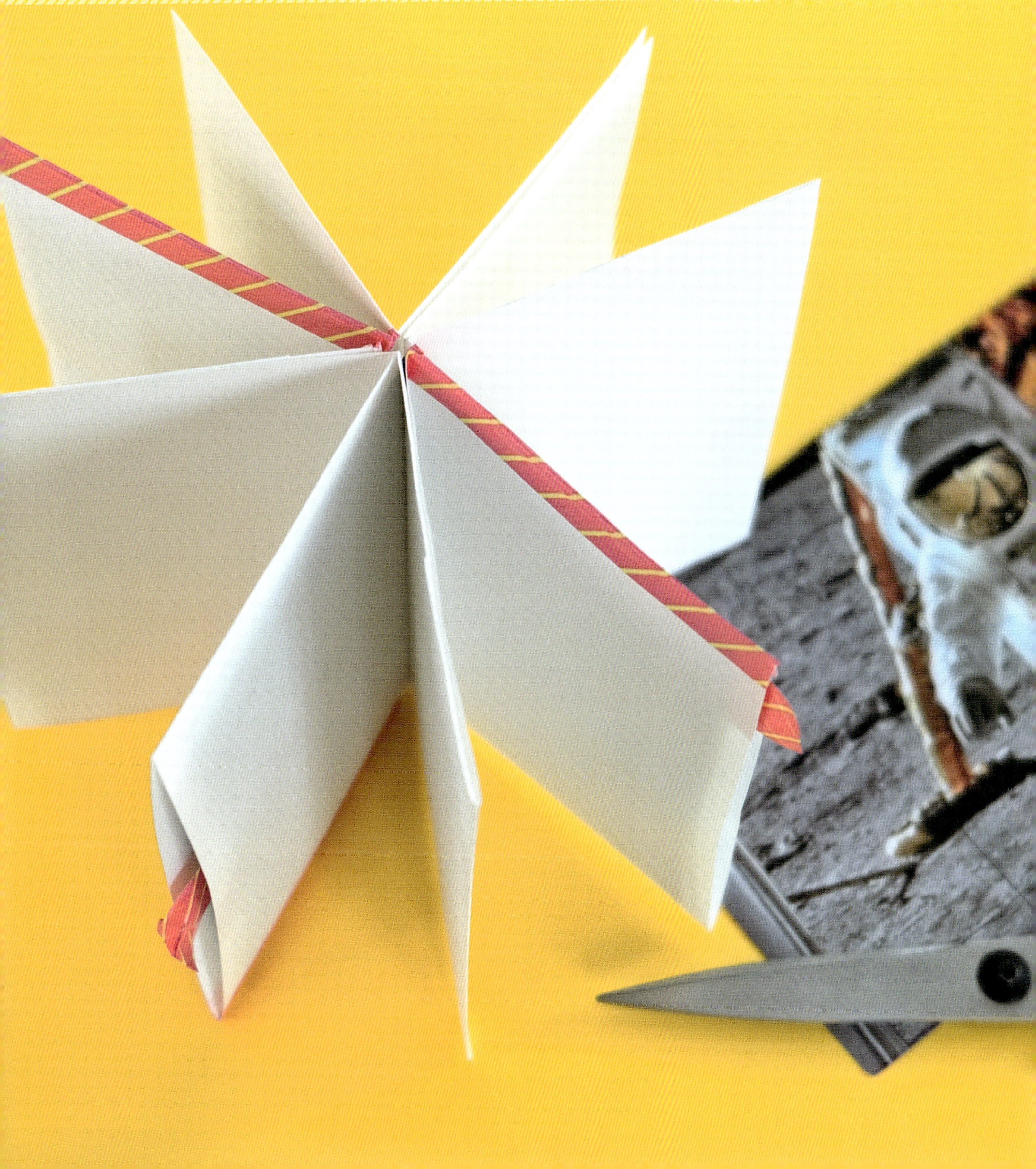

# DAS MAGISCHE DREI-WÜNSCHE-BUCH

**DU BRAUCHST:**
- 1 Bogen dünnes Papier in DIN A3
- Falzbein
- Schere
- Washi Tape
- Klebestift
- Bleistift
- festes (eventuell buntes) Papier für Wunschkarten
- Vorlage für Wunschkarten (auf Seite 152)

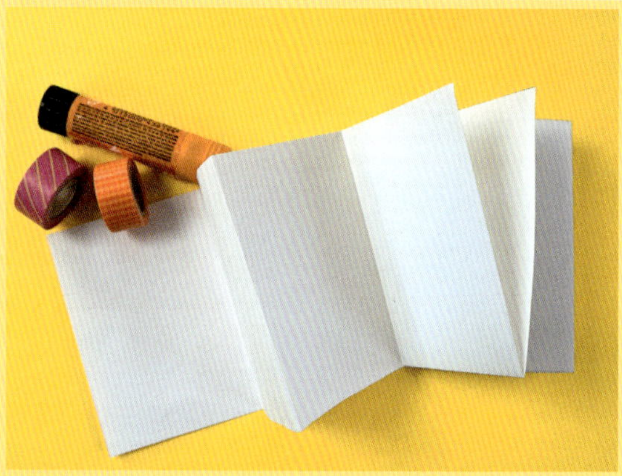

**1** Falte das Papier so, wie beim „Büchlein mit rundem Einband“ ab Seite 32 gezeigt. Gehe vor, wie es bei den Schritten 1 bis 10 dort erklärt ist. Dann weicht das Vorgehen aber ab. Anders als beim „Büchlein mit rundem Einband“ werden beim „Magischen Drei-Wünsche-Buch“ nämlich nicht alle Rückseiten mit Kleber bearbeitet …

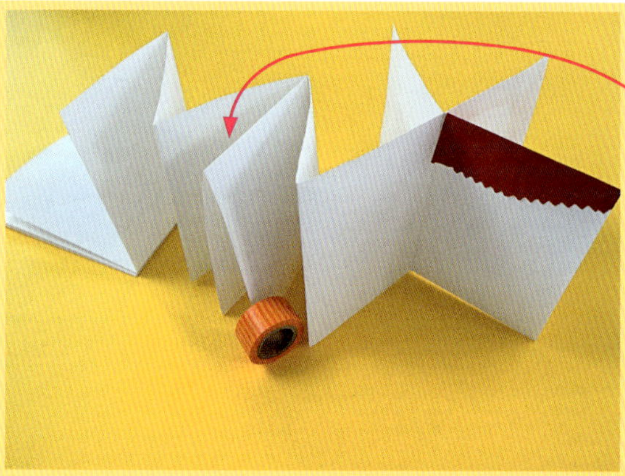

**2** … denn die Seiten, die an den „Wendeknicken“ liegen, werden nicht miteinander verklebt (mit Wendeknicke sind die Knicke gemeint, an denen du die Richtung änderst). Diese Seiten werden zu den Taschen für die Wunschkarten. An einem Ende sind diese schon geschlossen, das gegenüberliegende Ende verschließt du nun mit dem Washi Tape.

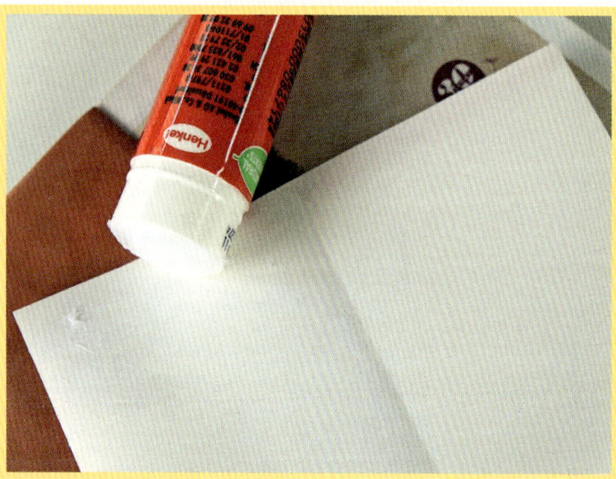

**3** Die Papierrückseiten, die nicht an den Wendeknicken liegen, werden zusammengeklebt. Einen Überblick, was genau bei welcher Seite zu tun ist, gibt der Tippkasten auf dieser Seite. Beim Zusammenkleben solltest du ein Schutzpapier zwischen die Seiten legen. So kannst du über den Rand hinaus den Kleber verteilen.

**TIPP**

Um die Taschen für die Wunschkarten zu fertigen, kannst du statt Washi Tape auch Papierstücke nehmen. Mit Klebestift bringst du diese so an, dass sie die offene Kante verschließen. Die Längskante bleibt offen, denn hier werden die Wunschkarten hinein gesteckt.

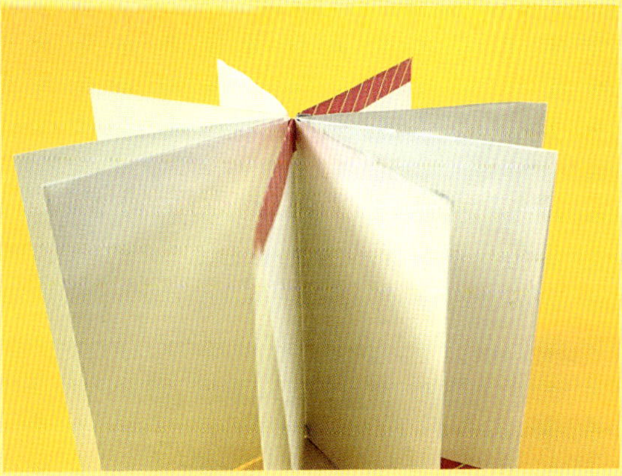

**4** Zwischen den Seiten, die du am oberen oder unteren Rand zusammengeklebt hast, sind nun die Taschen entstanden. Für die Wunschkarten gibt es auf Seite 152 eine Vorlage. Mit deren Hilfe kannst du dir die Wunschkarten in der passenden Größe zurechtschneiden.

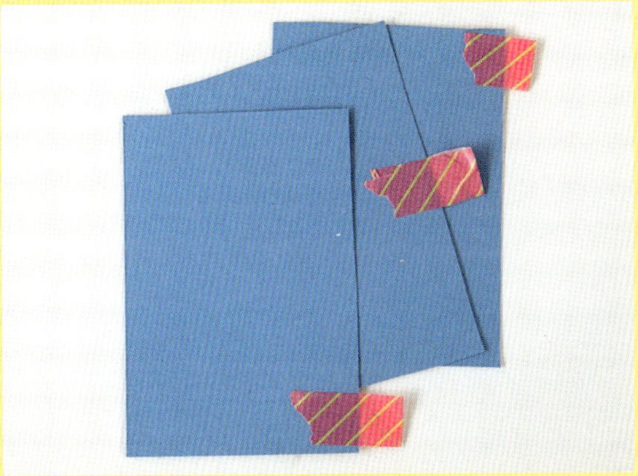

**5** An die Karten klebst du aus Washi Tape kleine Fähnchen. Der Vorteil ist: So lassen sich die Karten besser rein- und rausziehen. Auf die Karten kannst du nun deine Wünsche schreiben oder auch andere Dinge – eben Geheimnisse aller Art.

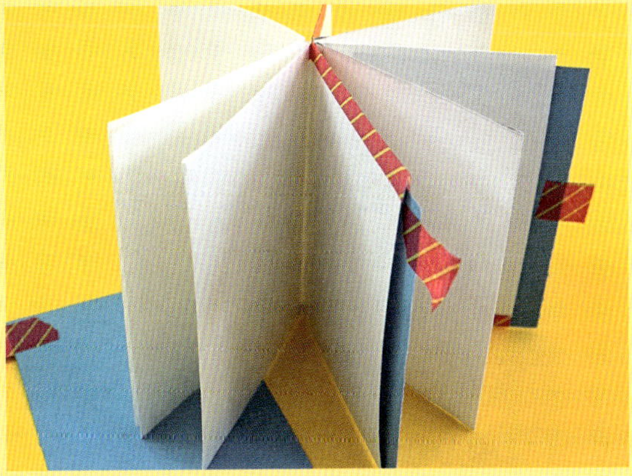

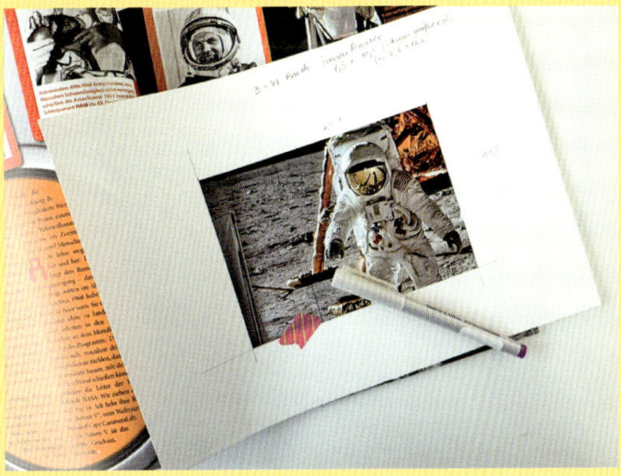

**6** Für das Heft fertigst du dir, wie beim „Büchlein mit rundem Einband" ab Seite 32 schon gezeigt, einen Einband. Mit dem Motivsucher, diesmal ein rechteckiger, suchst du dir ein Bild für den Rücken aus und klebst es auf die Vorder- und Rückseite vom magischen Buch.

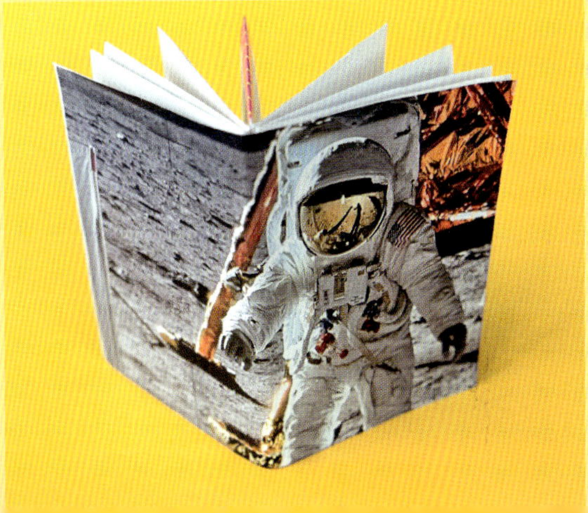

Hier ist ein Überblick, was in welcher Reihenfolge mit den einzelnen Seiten zu tun ist.

**TIPP**

1 bleibt frei
2 und 3 zusammenkleben
4 und 5 bilden Tasche (mit Washi Tape eine Seite zukleben)
6 und 7 zusammenkleben
8 und 9 bilden Tasche (mit Washi Tape eine Seite zukleben)
10 und 11 zusammenkleben
12 und 13 bilden Tasche (mit Washi Tape eine Seite zukleben)
14 und 15 zusammenkleben
16 bleibt frei

**EXTRA-TIPP:**
Wenn es dir hilft, kannst du mit dem Zauberstift die Zahlen in der passenden Reihenfolge auf den Seiten notieren, damit du den Durchblick behältst.

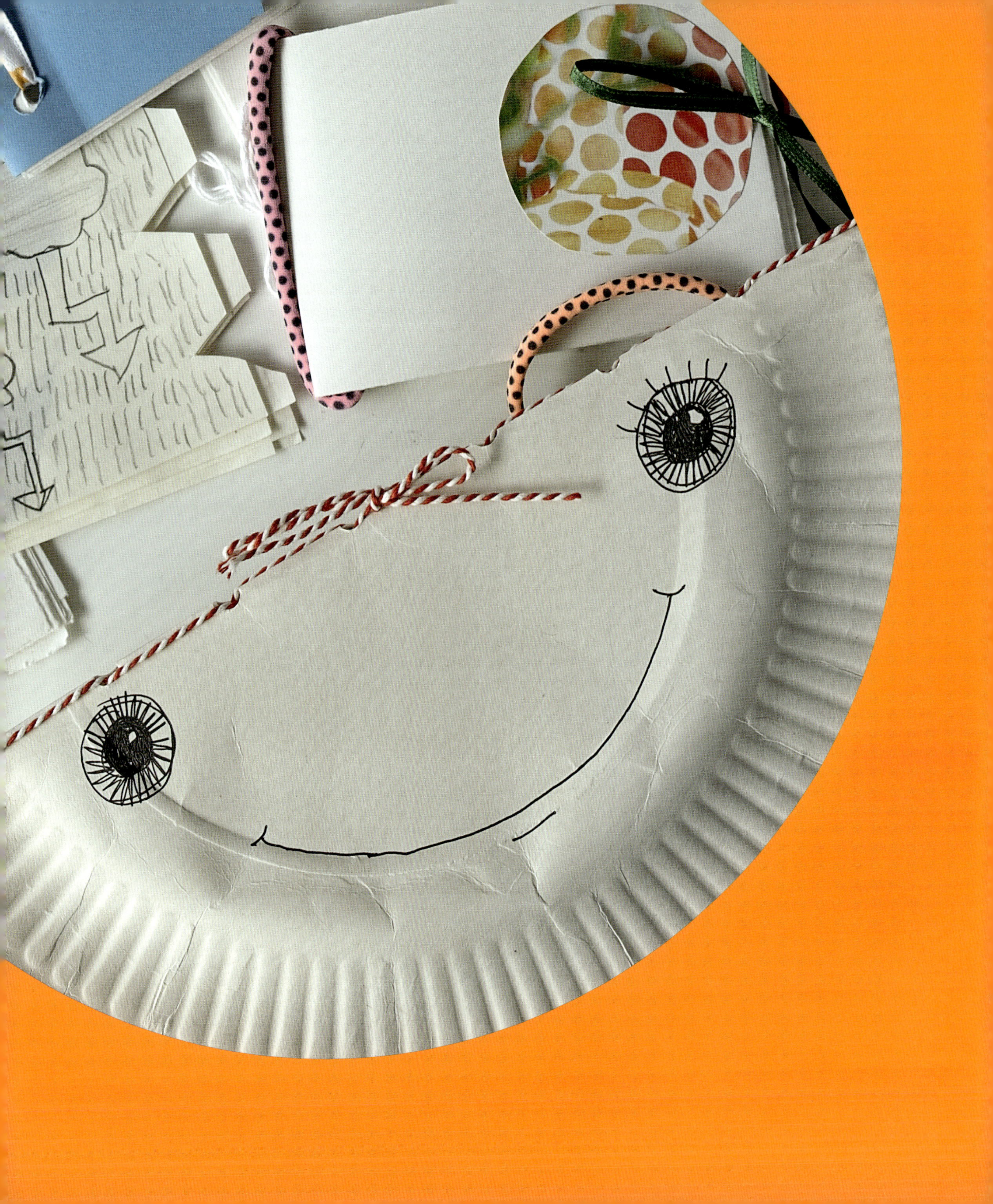

# KAPITEL 2
# BLITZBÜCHER

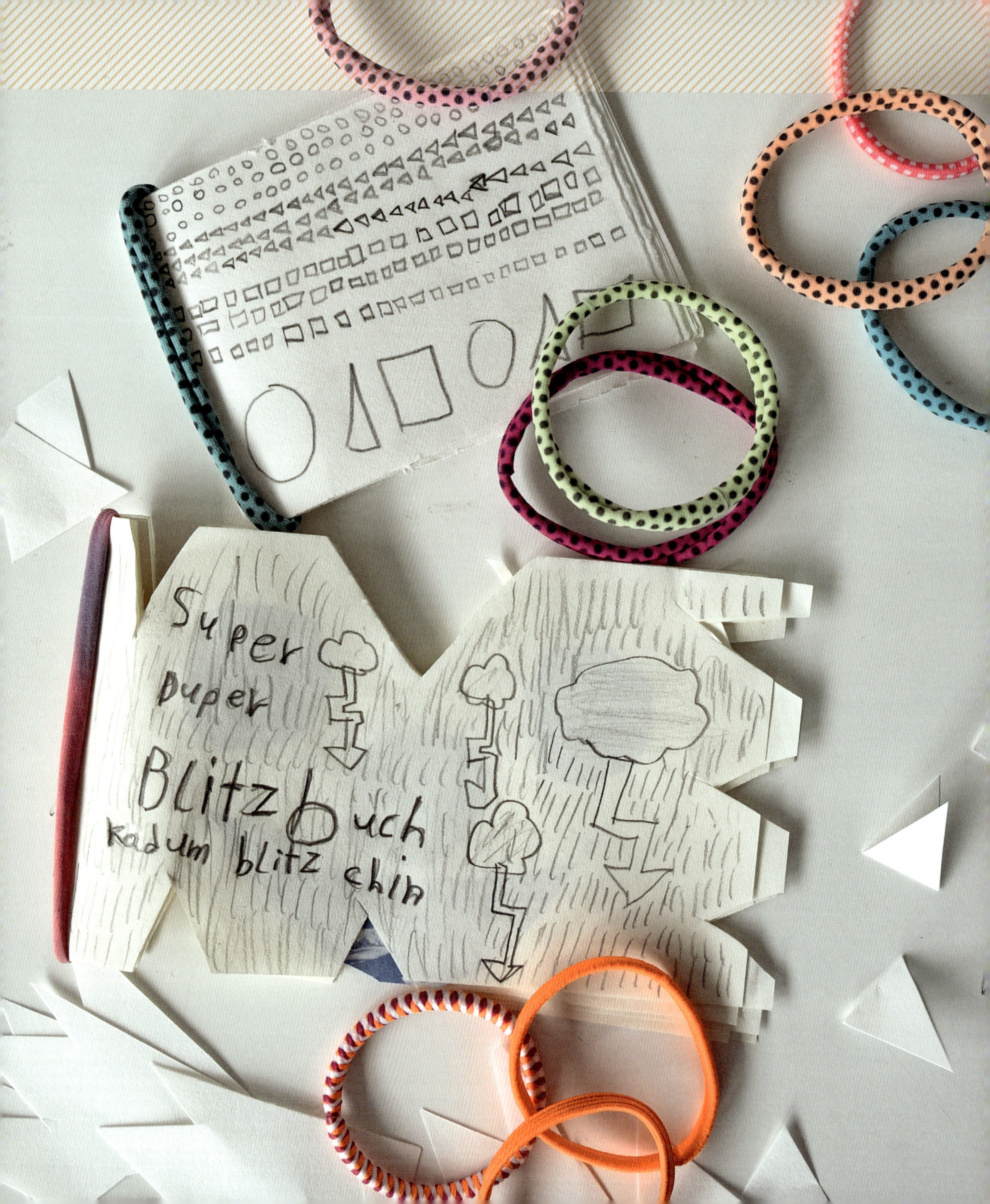
Super
duper
Blitzbuch
kadum blitz chin

# BLITZBUCH MIT HAARGUMMI

**(GEHT BLITZSCHNELL)**

**DU BRAUCHST:**

1 Bogen dünnes Papier in DIN A3
Falzbein
1 stumpfes Küchenmesser
1 Haargummi
bunten Papierrest (oder Washi Tape)
Schere
Klebestift
Geschenkband

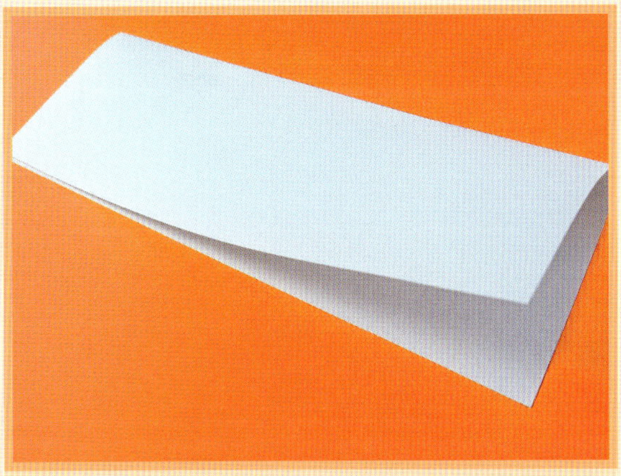

**1** Lege dein Papier im Querformat auf den Tisch. Falte das Papier in der Mitte um (siehe zu den ersten Schritten beim Papierfalten auch Seite 22).

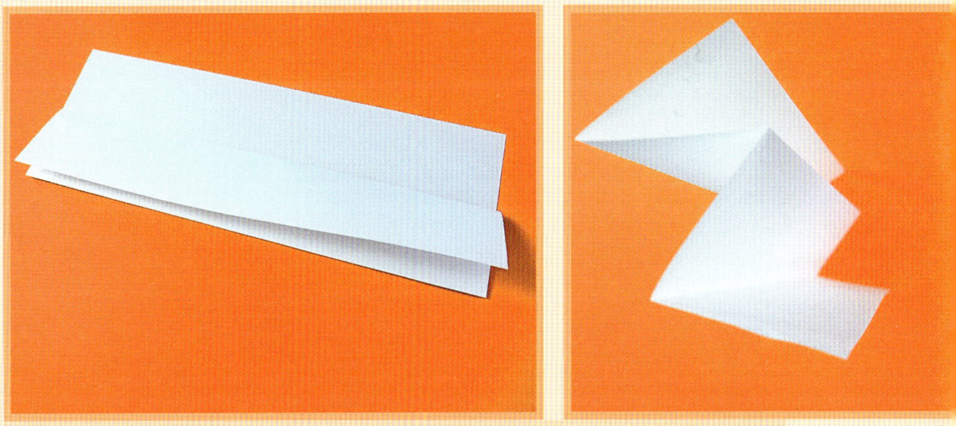

**2** Knicke jede der beiden Papierhälfte noch einmal zur Mitte um. Dein Papier hat nun eine Zickzackform.

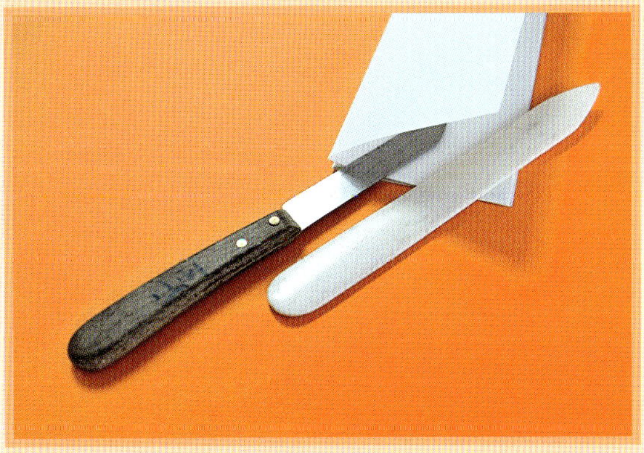

**3** Nun trennst du das Papier an den Knicken auseinander. Das geht gut mit einem stumpfen Küchenmesser (siehe „Schneiden" auf Seite 19).

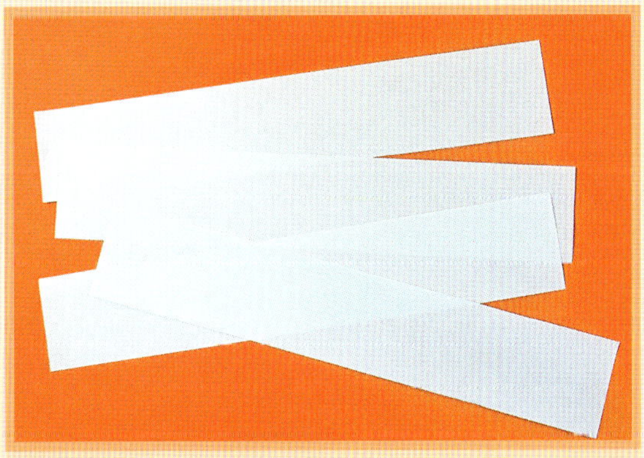

**4** Wenn alles gut geklappt hat mit dem Auseinandertrennen, hast du nun vier gleich große Streifen vor dir liegen.

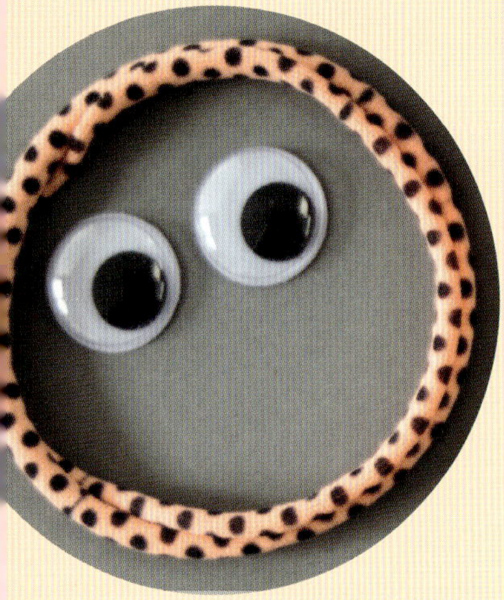

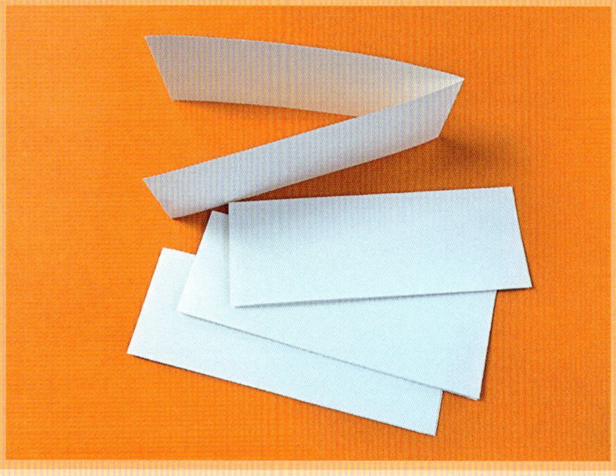

**5** Falte jeden deiner Papierstreifen noch einmal in der Mitte. Wenn du magst, kannst du das Falzbein benutzen.

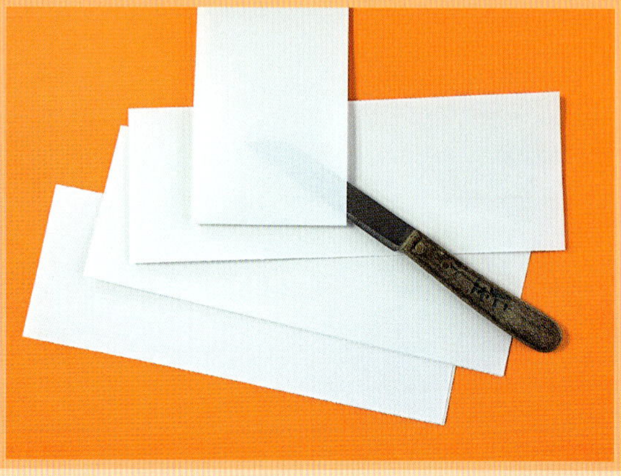

**6** Auch diese Papierstreifen schneidest du am Knick auseinander.

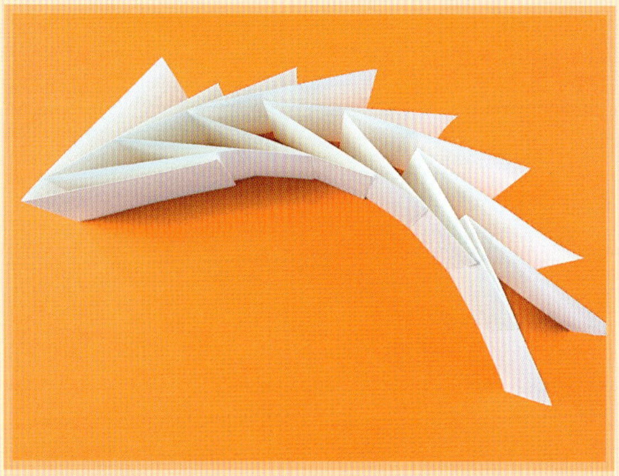

**7** Jetzt hast du acht Blätter vor dir liegen. Falte alle diese Blätter wieder zur Mitte um. Dann steckst du sie ineinander und schiebst sie zusammen.

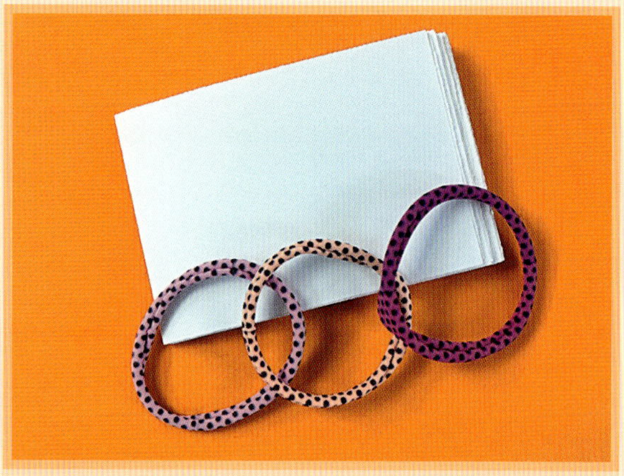

**8** Nun kommt der Haargummi zum Einsatz. Wenn du mehrere zur Auswahl hast, musst du dich für einen entscheiden.

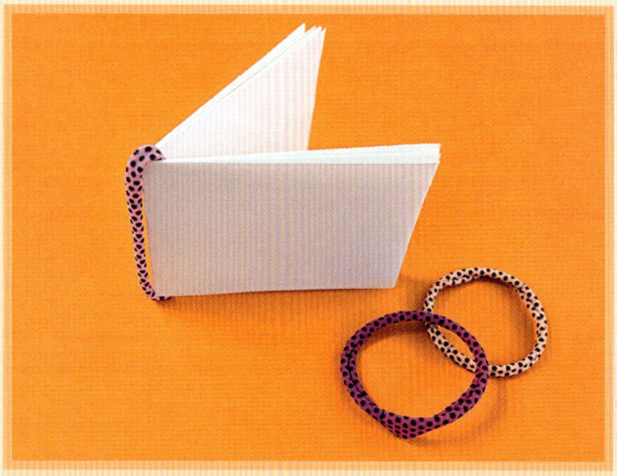

**9** Ziehe den Haargummi über das Papier. Auf dem Knick sitzt der Haargummi perfekt. Dein Blitzbuch ist schon einsatzbereit

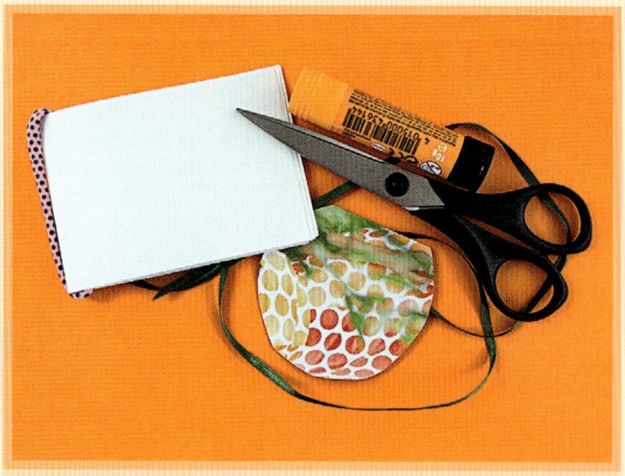

**10** Wenn du ein Verschlussband an deinem Blitzbuch haben möchtest, geht es jetzt noch weiter. Dann kommen Papierrest, Klebestift und Geschenkband zum Einsatz.

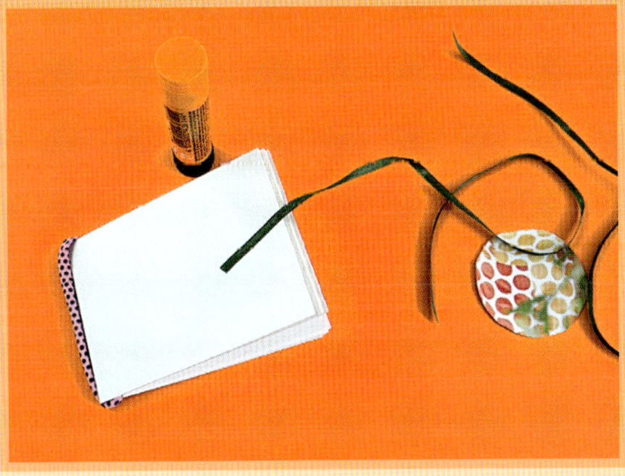

**11** Nimm den Papierrest und schneide ihn so aus, wie du magst. Schneide dir von dem Geschenkband zwei Bänder in gleicher Länge ab und klebe eines am vorderen und eines am hinteren Blatt des Buchs fest.

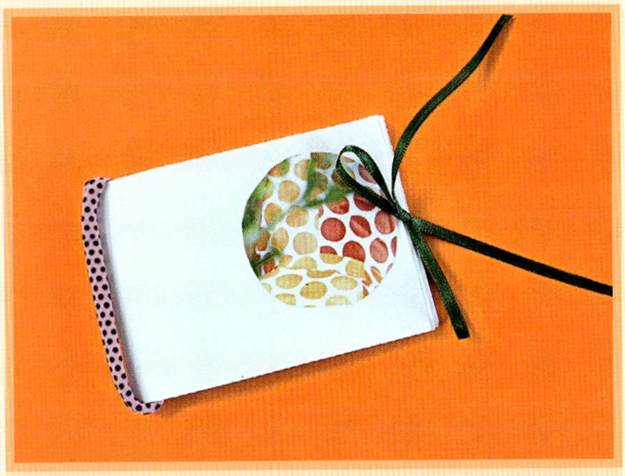

**12** Klebe den Papierrest auf das vordere Blatt des Buchs.

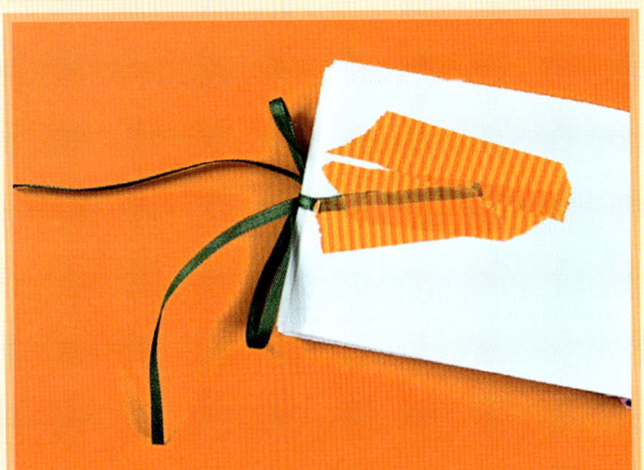

**13** Das Band auf der hinteren Seite kannst du ebenfalls mit einem Papierrest bekleben. Oder du benutzt Washi Tape dafür, wie es auf dem Foto hier zu sehen ist.

# KINDERWERKE

Magst du sehen, wie andere Kinder ihre Blitzbücher gestaltet haben? Hier auf der Seite findest du einige Ideen.

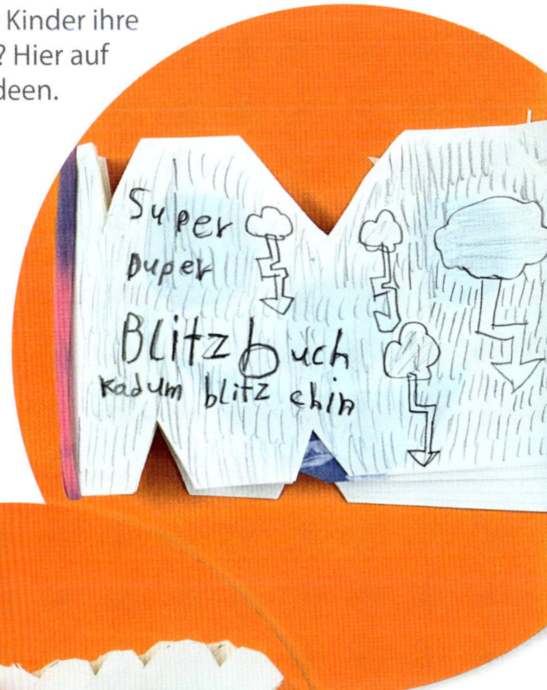


Annika, 8 Jahre

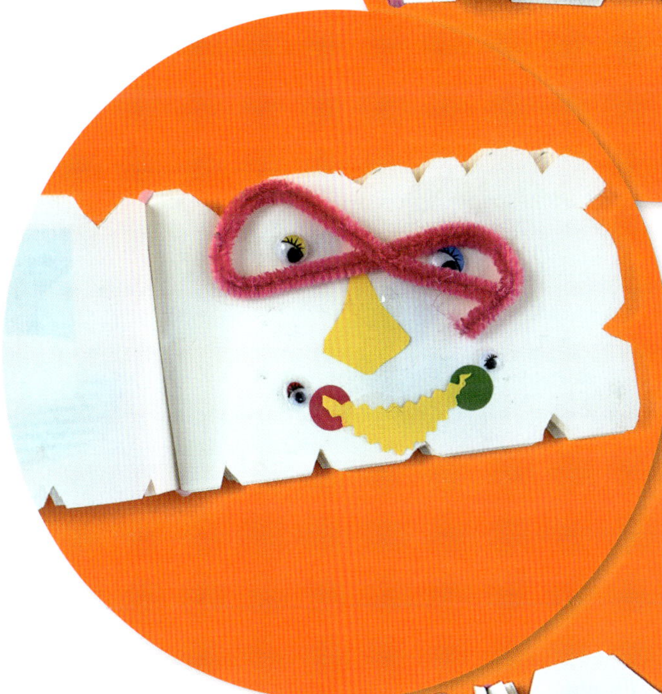

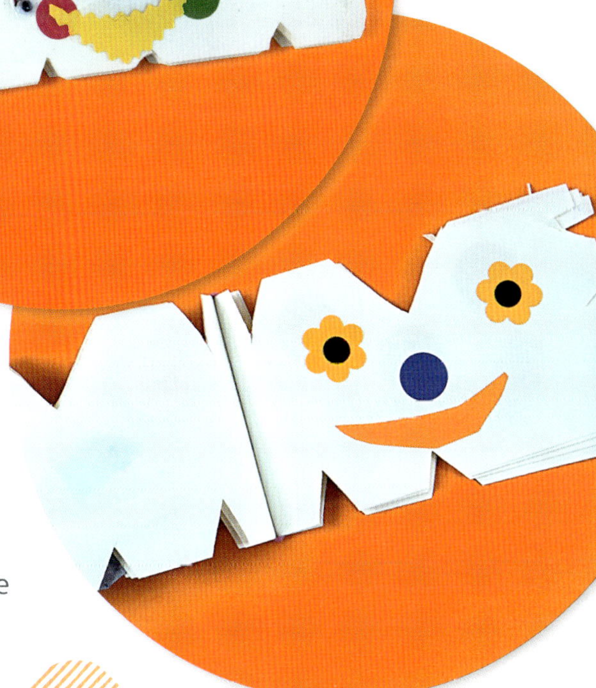

Juliane, 8 Jahre

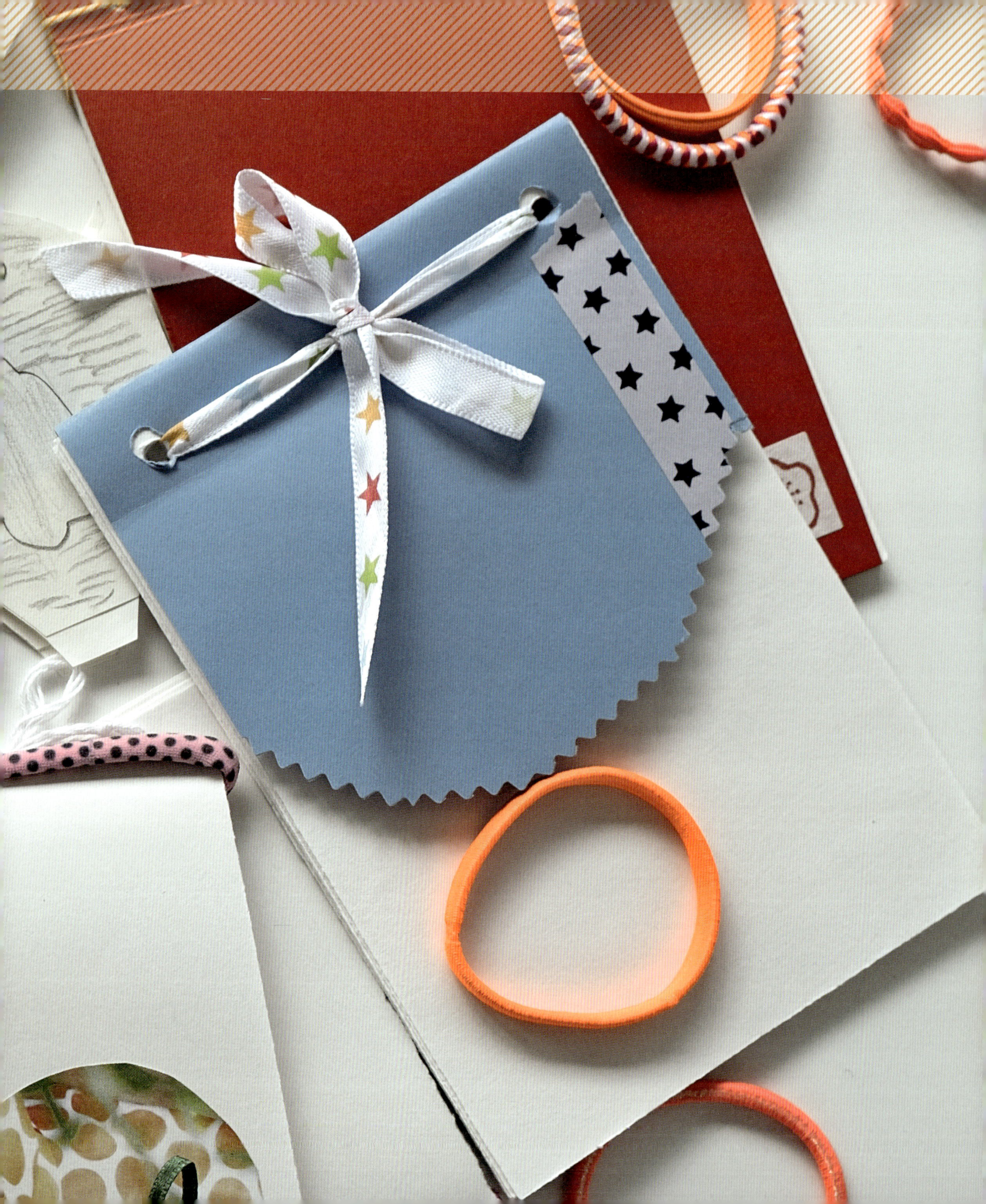

# BLITZBUCH MIT GESCHENK-BAND

**DU BRAUCHST:**
4 Bogen dünnes Papier in DIN A4
Falzbein
stumpfes Küchenmesser
Schere
1 Bogen festes farbiges Papier in DIN A4
Locher (wie man ihn zu Hause hat)
Geschenkband (oder dickeres Garn wie Bäckergarn)
Häkelnadel
wenn vorhanden eine Bastelschere mit Wellenschnitt
gemustertes Washi Tape

**1** Lege das dünne Papier im Hochformat hin und falte es in der Mitte.

**2** Nimm das stumpfe Küchenmesser und schneide das Papier dem Knick entlang in zwei Hälften.

Nun hast du acht Blätter vor dir liegen.

**4** Falte alle Blätter des dünnen Papiers noch einmal in der Mitte.

**5** Mit dem stumpfen Küchenmesser schneidest du auch diese Blätter auseinander.

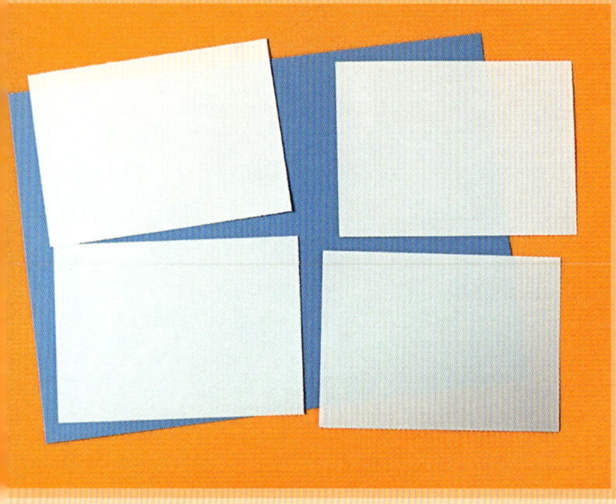

**6** Nun ist das dünne Papier deutlich kleiner als das feste bunte Papier, das für den Einband benutzt wird.

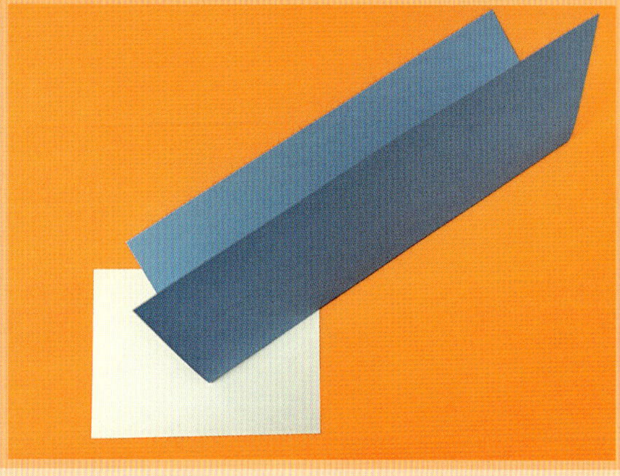

**7** Lege dir das bunte Papier im Querformat hin. Falte es einmal in der Mitte nach oben. Wenn du magst, kannst du den Knick mit dem Falzbein machen.

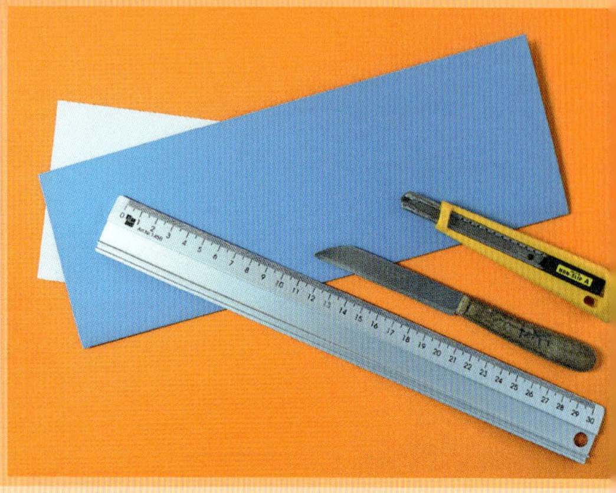

**8** Auch dieses Papier trennst du am Knic in zwei Hälften. Meist kannst du dies m dem stumpfen Küchenmesser mache Bei sehr festem Papier kann es allerding sein, dass du einen Cutter und ein Line dafür brauchst.

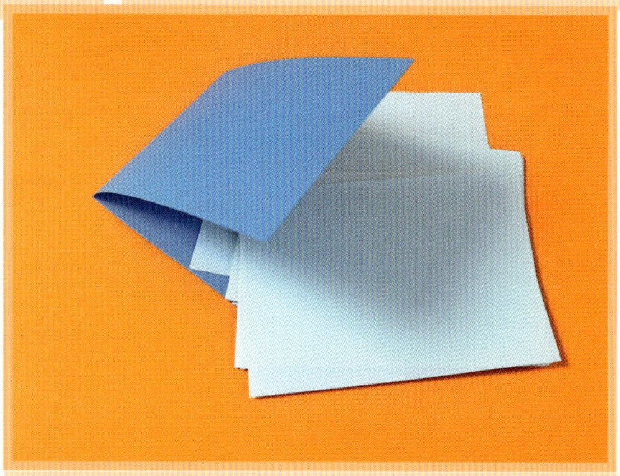

**9** Für das Blitzbuch mit Geschenkband benötigst du nur einen Streifen des festen Papiers. Diesen faltest du in der Mitte. Das übrig gebliebene Papier legst du zur Seite, du kannst es bei einem anderen Projekt bestimmt brauchen.

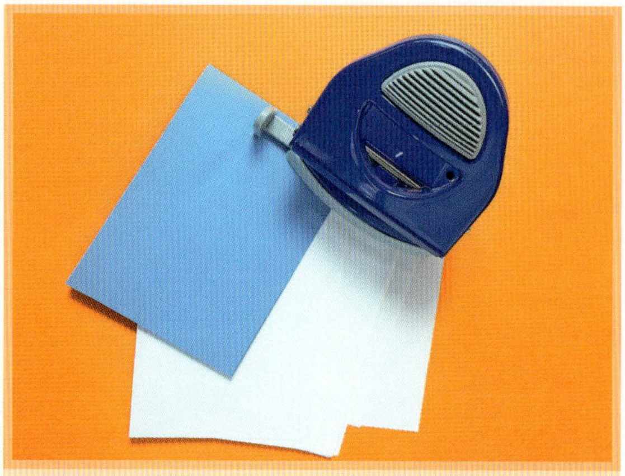

**10** Diese Streifen lochst du, wobei du die geknickte Stelle in den Locher legst. Auch das dünne Papier erhält Löcher.

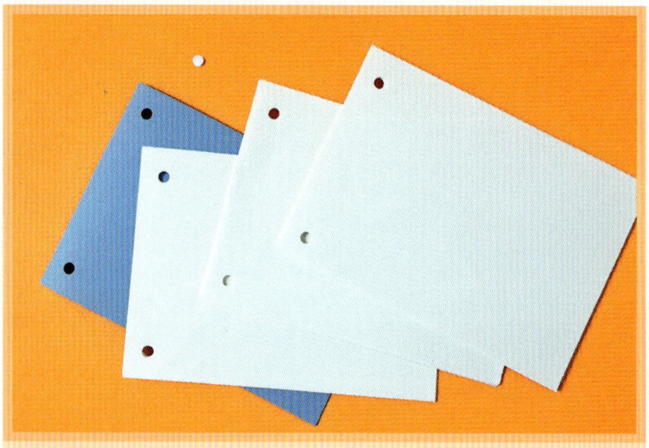

**11** Nimm das dünne Papier und lege es zu einem Stapel zusammen, die Löcher liegen aufeinander. Das feste Papier kommt als Einband um das dünne.

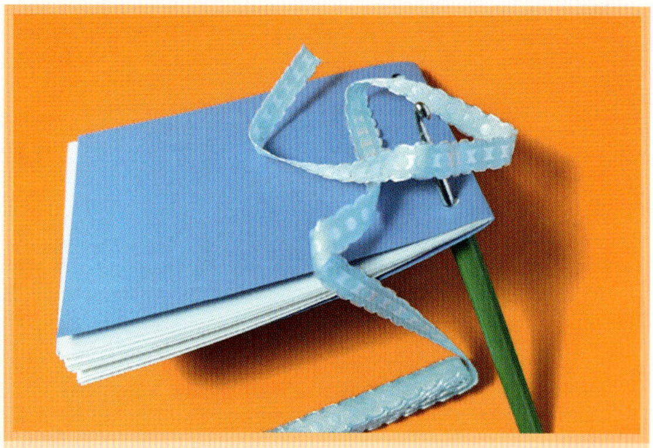

**12** Schneide dir ein Stück Geschenkband ab, das viermal so lang ist, wie dein Buch hoch ist. Das Geschenkband ziehst du von hinten nach vorne durch das erste Loch. Eine Häkelnadel hilft dir dabei.

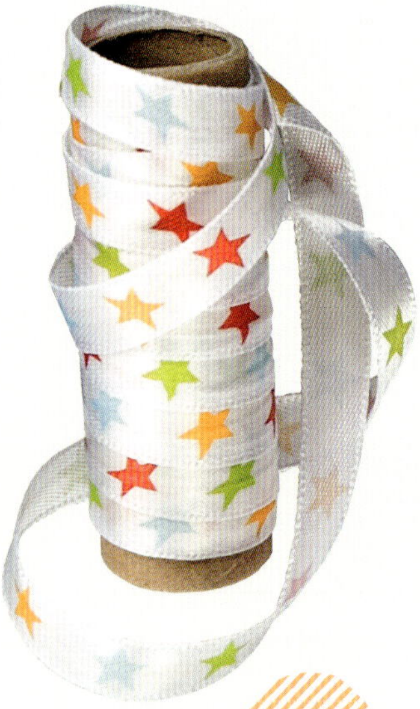

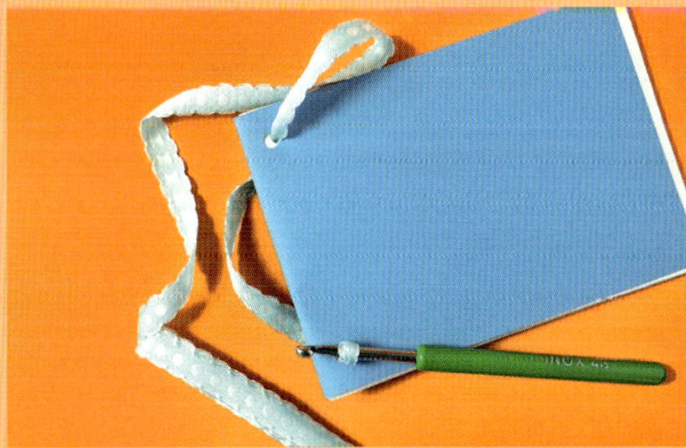

**13** Das andere Ende vom Band steckst du durch das zweite Loch. Auch hier ist die Häkelnadel wieder praktisch, um das Band zu „angeln".

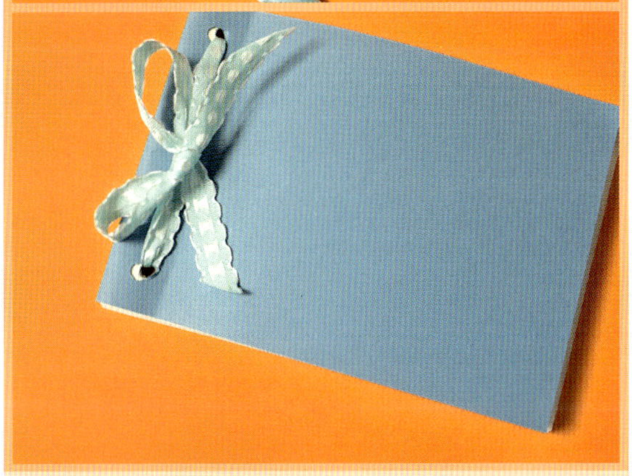

**14** Binde das Band vorne zu einer Schleife.

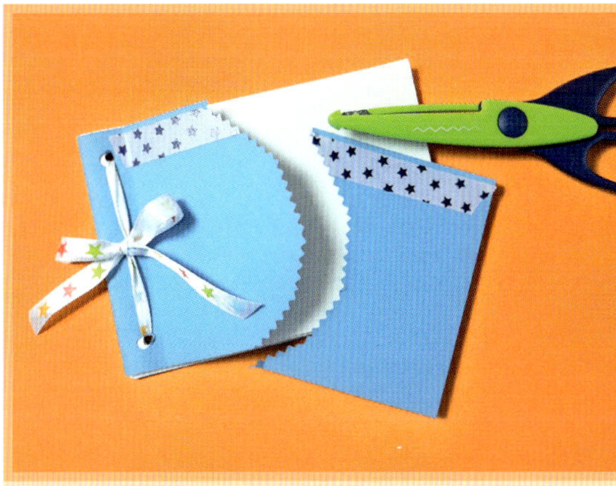

**15** Den Einband kannst du vorne noch verzieren, falls du darauf Lust hast. Du kannst zum Beispiel Washi Tape aufkleben und Teile vom Einband wegschneiden. Besonders schön ist es, wenn du dafür eine Bastelschere benutzt, die ein Muster hinterlässt. Damit kannst du einen Halbkreis anfertigen oder schräg in das Papier schneiden – bestimmt fällt dir etwas ein.

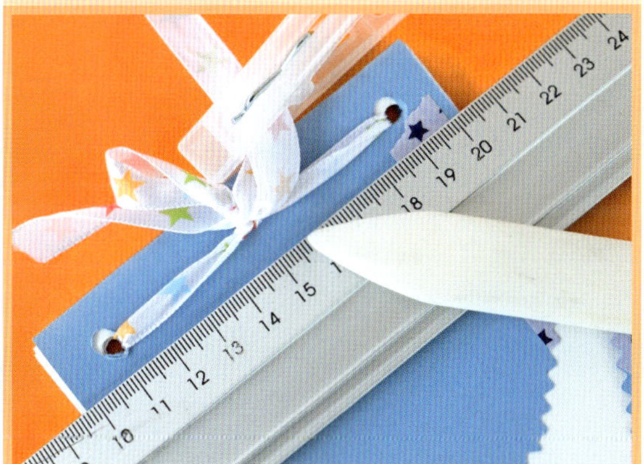

**16** Damit der Einband sich leichter umklappen lässt, hilft es, mit dem Falzbein und einem Lineal eine Rille in das Einbandpapier zu machen. Die Rille soll von oben nach unten verlaufen. Dazu legst du das Lineal entsprechend hin – es sollte nah vor der Schleife liegen. Ziehe das Falzbein am Lineal entlang, drücke beim Ziehen mit dem Falzbein auf das Papier.
Wie die Rille genau gemacht wird, siehst du gut auch beim Projekt „Rauf-runter-Bindung fast, japanisch" auf Seite 56.

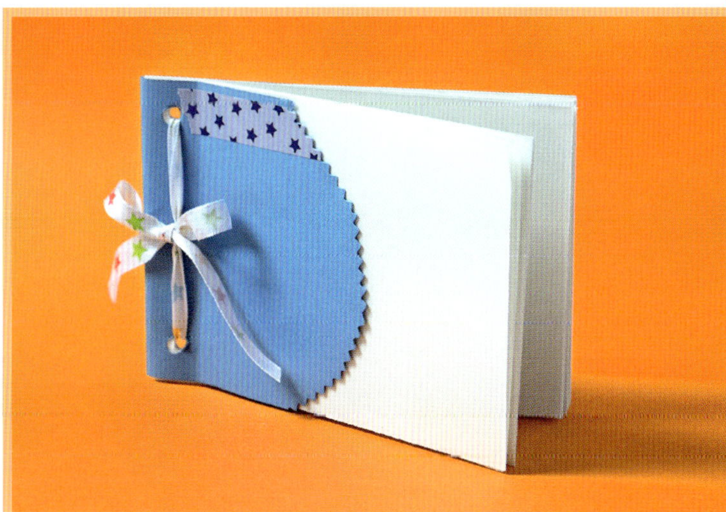

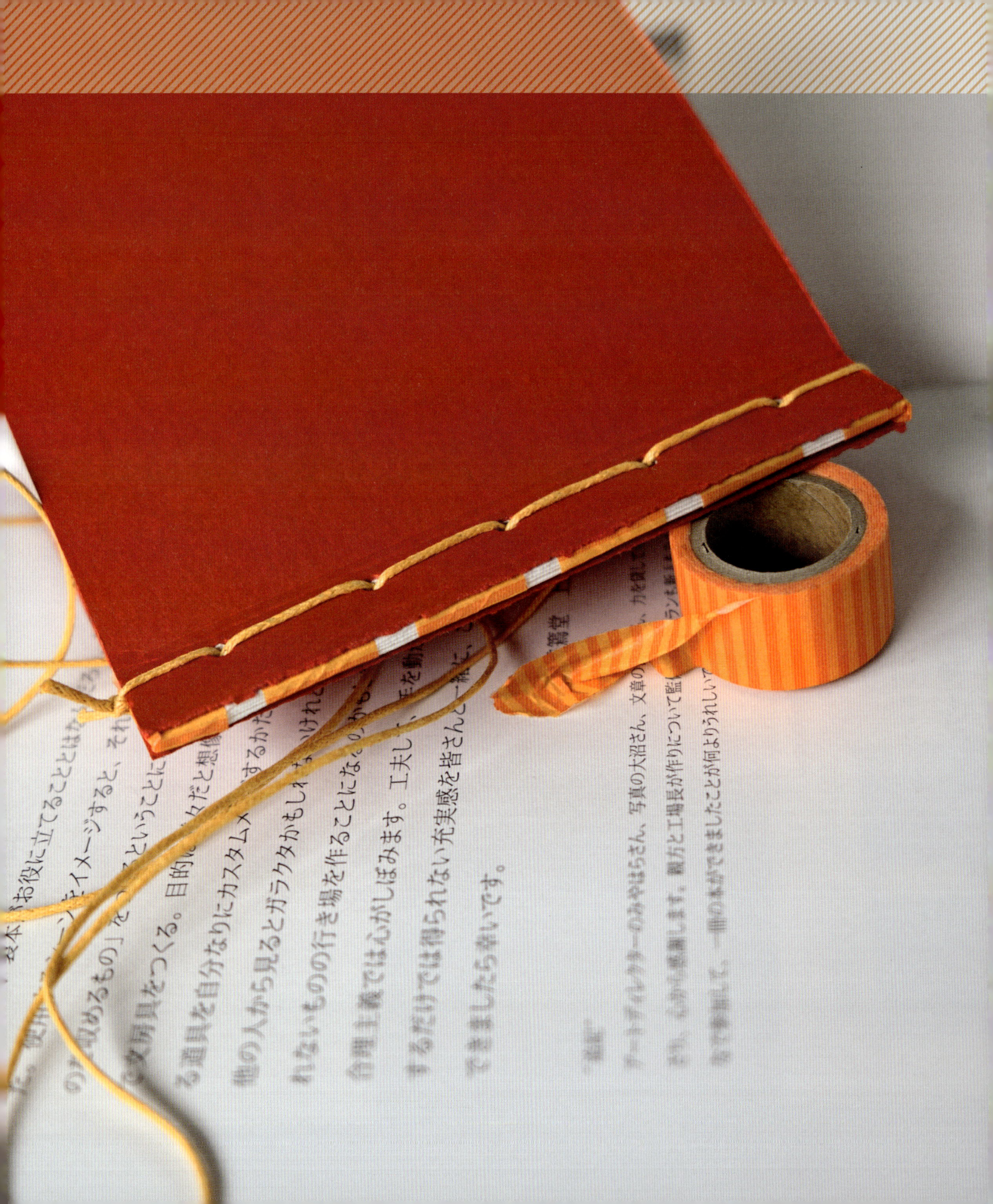

# RAUF-RUNTER-BINDUNG

## FAST JAPANISCH

**DU BRAUCHST:**
2–3 Bogen dünnes Papier in DIN A3
Falzbein
stumpfes Küchenmesser
1 Bogen festes farbiges Papier in DIN A4
Zauberstift (oder Bleistift)
Geodreieck
2 Wäscheklammern
Schablone für fünf Löcher (Vorlage auf Seite 157)
Lochzange (oder Papierbohrer)
Washi Tape
stumpfe Nadel und Zwirn (oder dickeres Garn)

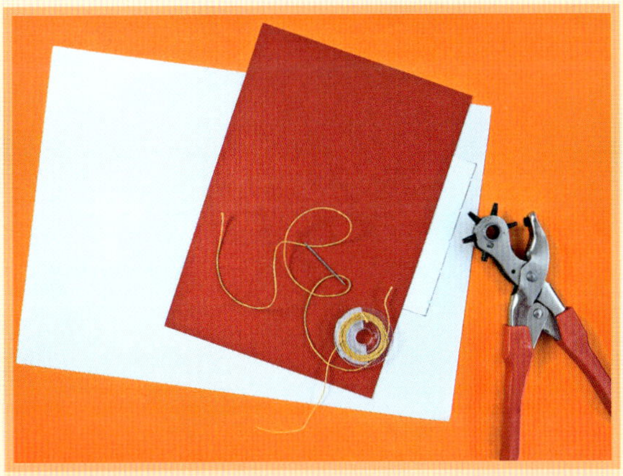

**1** Bei diesem Projekt kommt die Lochzange zum Einsatz und auch Nadel und Zwirn. Lege dir bereit, was du für das Projekt benötigst.

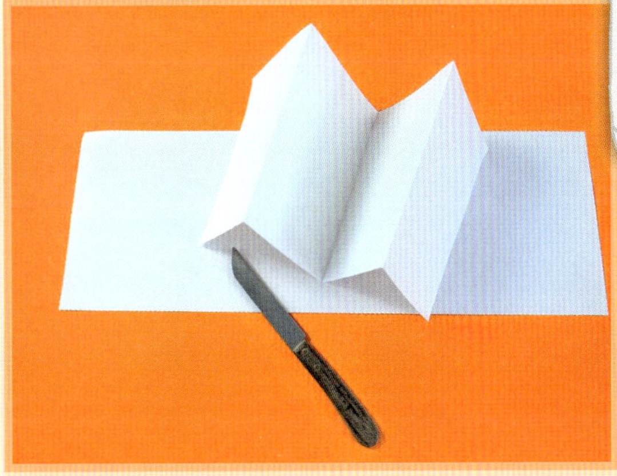

**2** Lege dein dünnes Papier ins Hochformat und falte es zur Mitte. Die abgeknickten Bereiche faltest du wieder mittig um. Du kannst auch die ausführliche Erklärung auf Seite 23 (Schritte 1 und 2) dazu ansehen. Mithilfe eines stumpfen Küchenmessers schneidest du die Blätter dann an den Knicken auseinander.

**3** Die Papierstreifen, die du in Schritt 2 zugeschnitten hast, faltest du noch einmal. Diesmal werden sie aber nicht mehr auseinandergeschnitten.

**TIPP**

Für dieses Projekt benötigst du nur einen Streifen des festen Papiers. Hebe das übrig gebliebene feste Papier auf, du kannst es bei einem anderen Projekt bestimmt einmal gebrauchen.

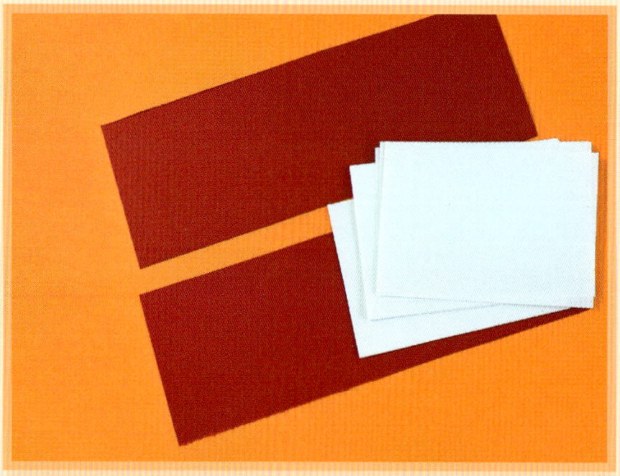

**4** Das feste Papier für den Einband legst du ins Querformat. Falte das Papier mittig und schneide es entlang des Knicks auseinander. Meist kannst du dies mit dem stumpfen Küchenmesser machen. Bei sehr festem Papier kann es allerdings sein, dass du zum Cutter und zu einem Lineal greifen musst. Du brauchst im Folgenden nur einen Streifen von deinen beiden zugeschnittenen.

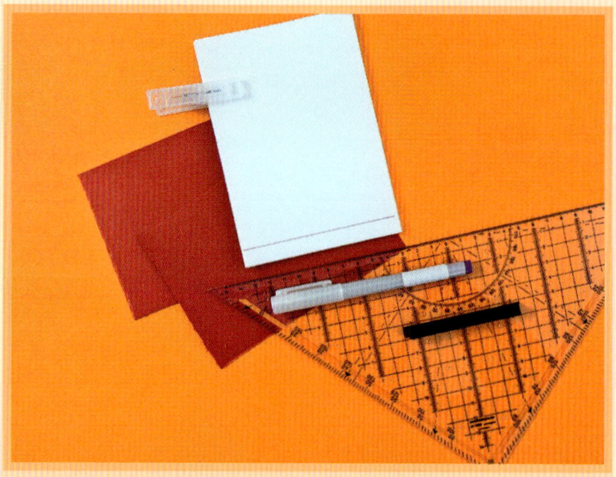

**5** Knicke deinen Streifen festes Papier in der Mitte und schneide ihn am Knick entlang auseinander – so bekommst du eine Vorder- und Rückseite für das Buch. Die gefalteten Streifen des dünnen Papiers legst du so aufeinander, dass der Knick des Papiers den Rücken bildet. Zwei Wäscheklammern halten das Ganze fest. Mit dem Geodreieck und dem Zauberstift zeichnest du eine Hilfslinie, die Hilfslinie soll einen Abstand von 1 cm zum Rücken haben.

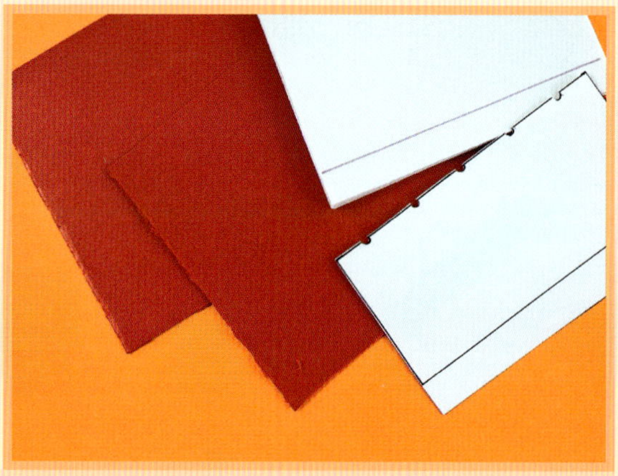

**6** Lege die Schablone an der Hilfslinie an und markiere dann die Stellen für die fünf Löcher.

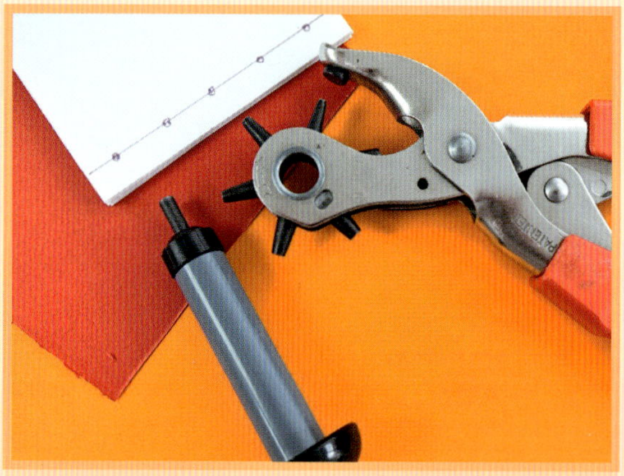

**7** Bereite nun die Lochzange vor und stelle das Rad der Lochzange so ein, dass es passend für deinen Zwirn ist. Einen Papierbohrer kannst du auch verwenden.

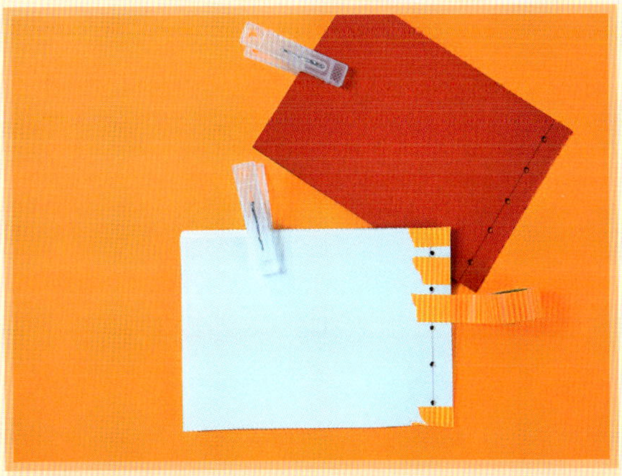

**8** Zuerst lochst du nun den Stapel dünnes Papier. Ein Blatt dünnes Papier legst du auf das Einbandpapier und zeichnest die Löcher hier passgenau ein.

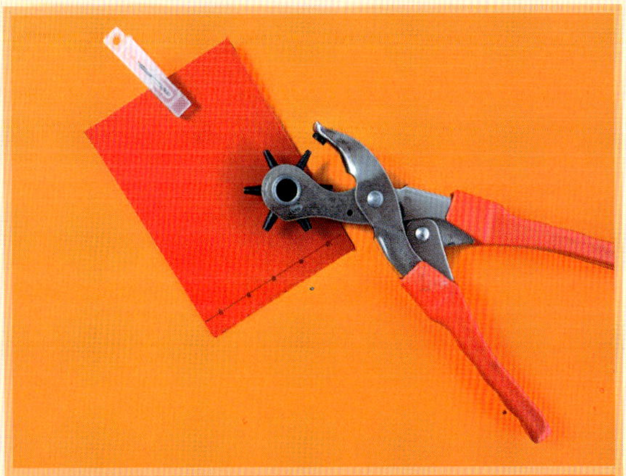

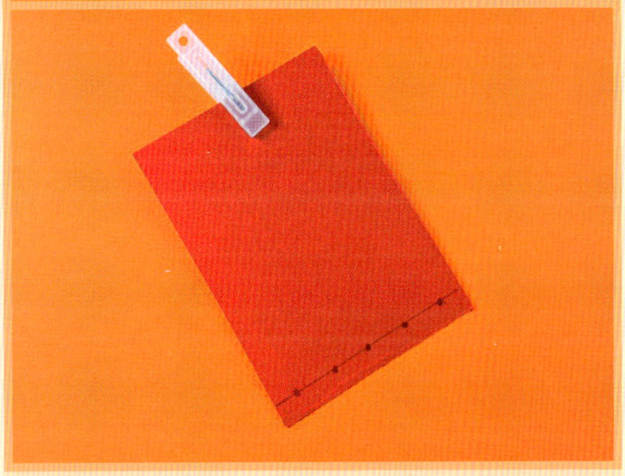

**9** Mit der Lochzange stanzt du auch die Löcher vom Einbandpapier aus. Wer seine Muskeln trainieren will, macht das auf einmal durch alle Lagen. Eine Wäscheklammer hält das Papier zusammen.

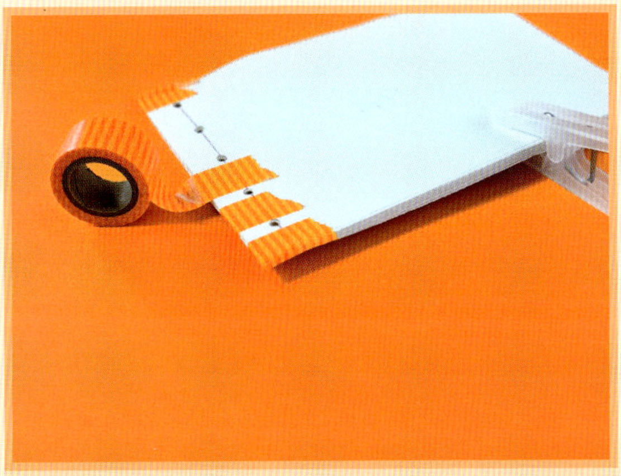

**10** An den Stapel dünnes Papier klebst du in regelmäßigen Abständen Washi-Tape-Streifen. Das Washi Tape verläuft zwischen den Löchern und über den Rücken über alle Papierlagen hinweg.

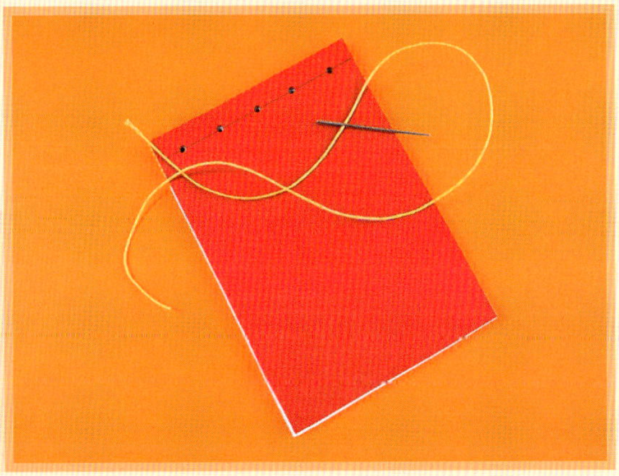

**11** Nun geht es ans Binden des Hefts. Dafür legst du das Einbandpapier unter und auf das dünne Papier. Schneide dir vom Zwirn einen Faden ab, der zweimal so lang ist wie das Heft hoch ist. Fädle den Faden in deine Nadel ein.

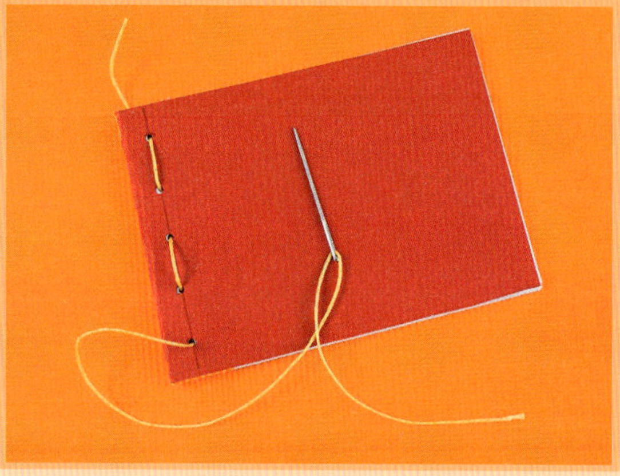

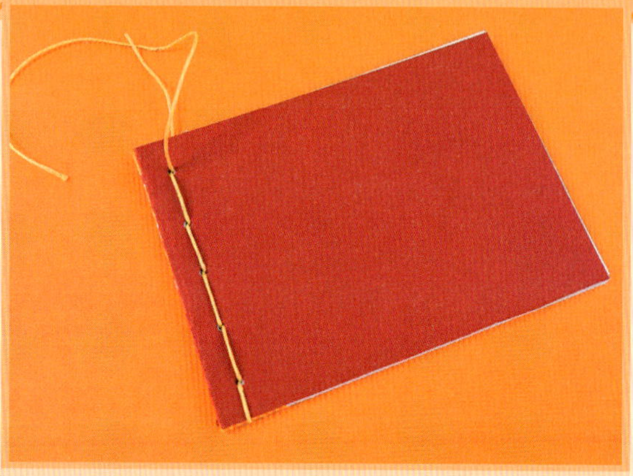

**12** Beim oberen Loch beginnst du und stichst dort von hinten mit Nadel und Faden durch das Loch hindurch. Dann fädelst du – wie auf dem Bild zu sehen ist – „rauf und runter" bis du wieder am Ausgangspunkt angekommen bist. Anschließend verknotest du den Faden und schneidest ihn nicht zu knapp ab.

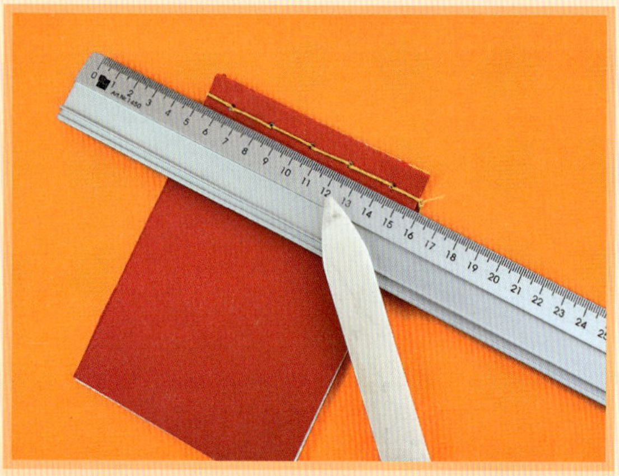

**13** Zum Schluss machst du mit dem Falzbein eine Rille, damit sich das Buch besser aufklappen lässt. Ziehe das Falzbein dazu an einem Lineal entlang und mache knapp an der Bindung deine Rille.

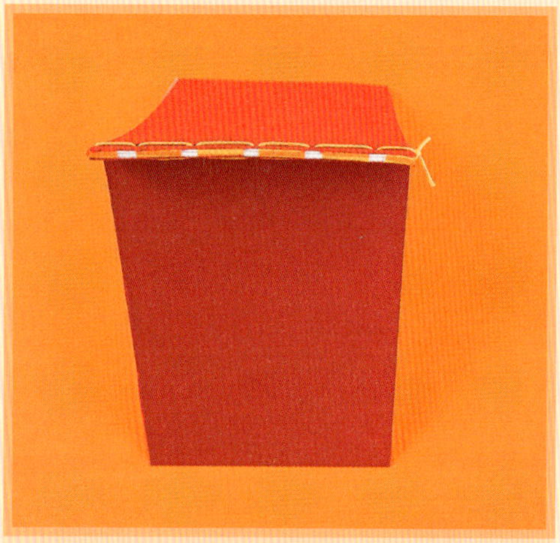

**14** Fertig ist dein Buch, das – man kann es nicht anders sagen – von allen Seiten einfach schön aussieht.

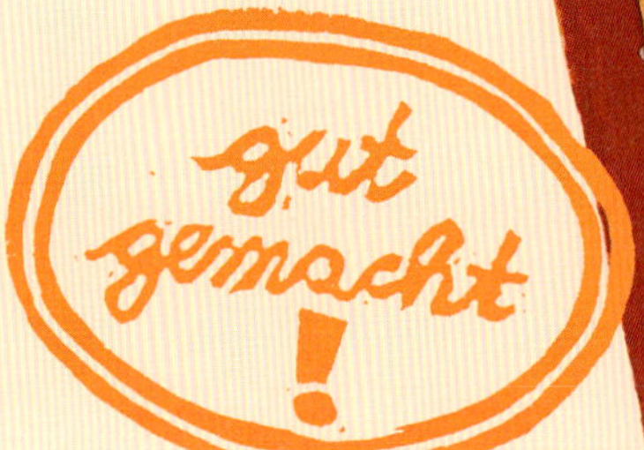


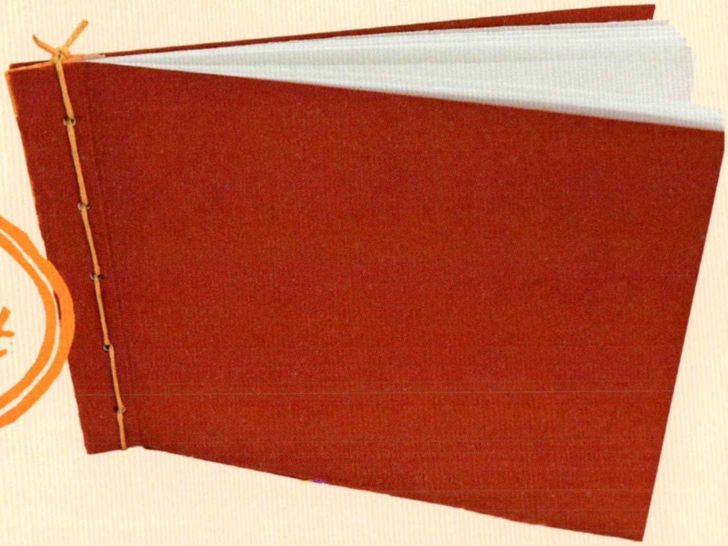

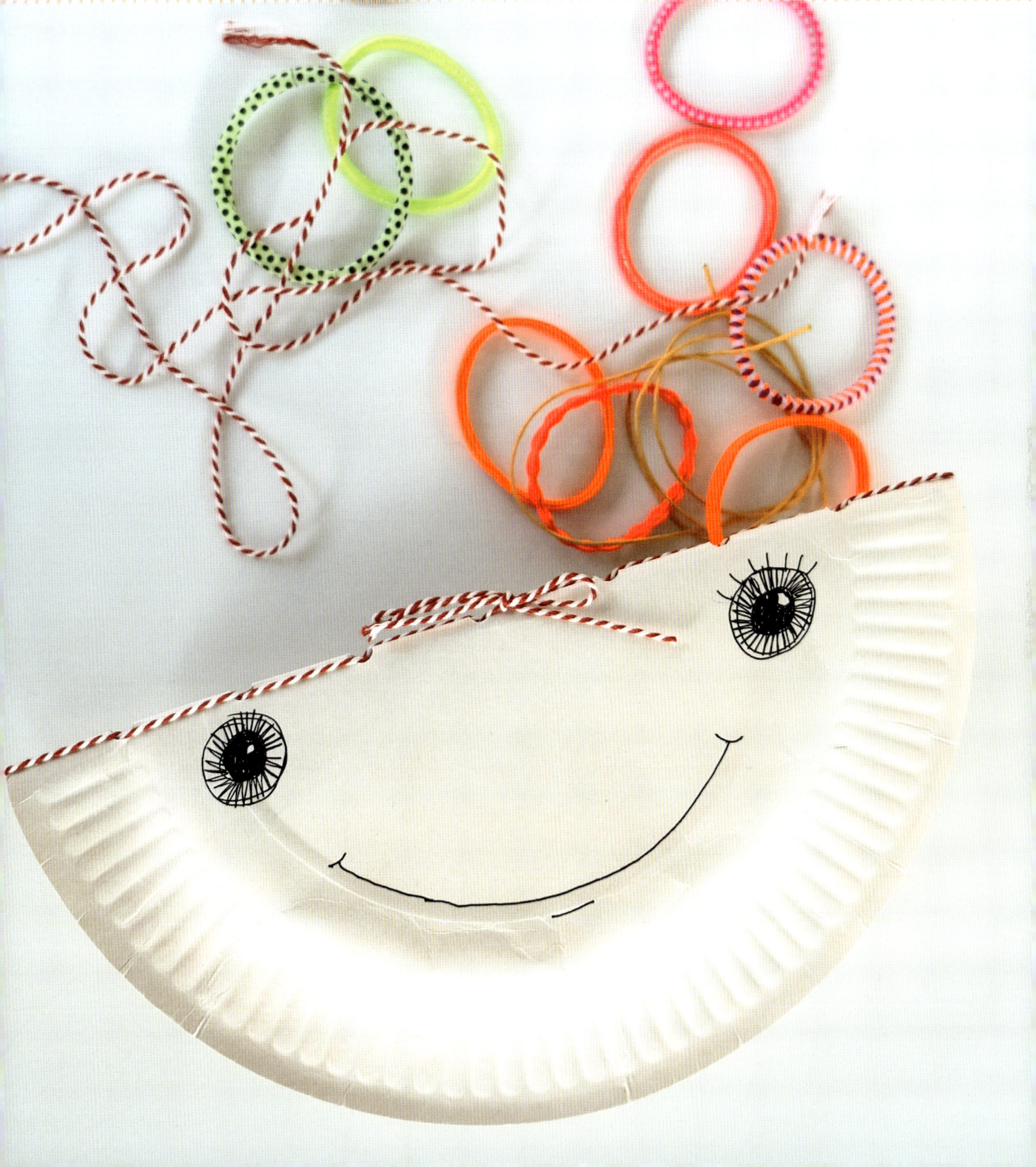

# RAUF-RUNTER-BINDUNG

## MIT PARTYTELLER „SMILEY“

**DU BRAUCHST:**

- 8 Bogen dünnes Papier in DIN A3
- 1 Partyteller für den Einband
- Bleistift (oder Zauberstift)
- Schere
- Schablone für sieben Löcher (Seite 157)
- Lochzange
- 2 Wäscheklammern
- Falzbein
- Papierbohrer und Holzbrett
- stumpfe Nadel und dickeres Garn wie Bäckergarn (oder lange Pfeifenputzer)
- Stift nach Wahl zum Malen des Smileys

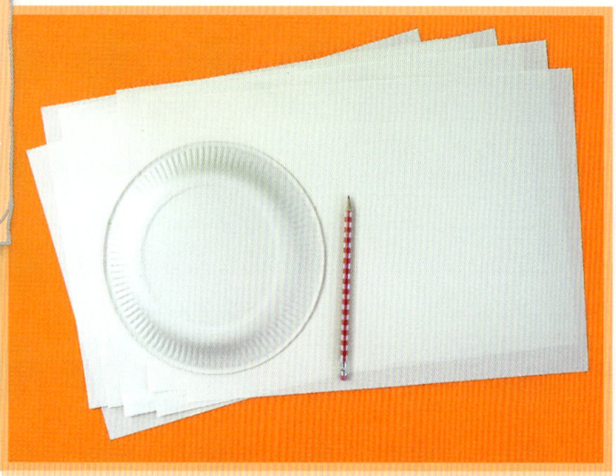

**1** Nutze den Partyteller als Schablone. Lege ihn auf den Papierstapel und zeichne mit dem Bleistift einmal um den Teller außen herum. So überträgst du den kreisrunden Umriss des Tellers auf das Papier.

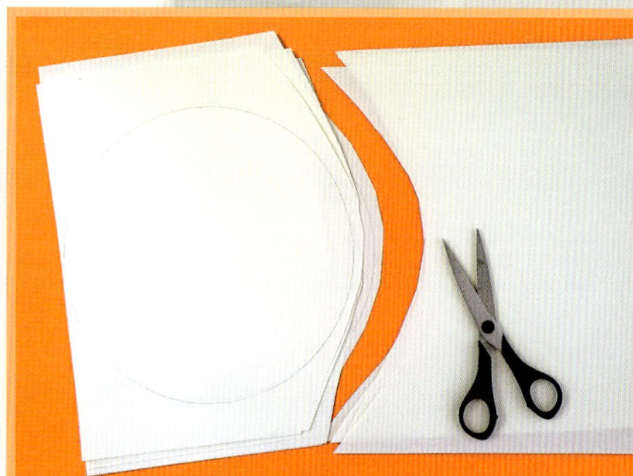

**2** Schneide die angezeichneten Kreise aus. Es geht leichter, wenn du den Kreis erst grob vorschneidest. Danach machst du dich an die Feinarbeit und gibst den Kreisen eine saubere Form.

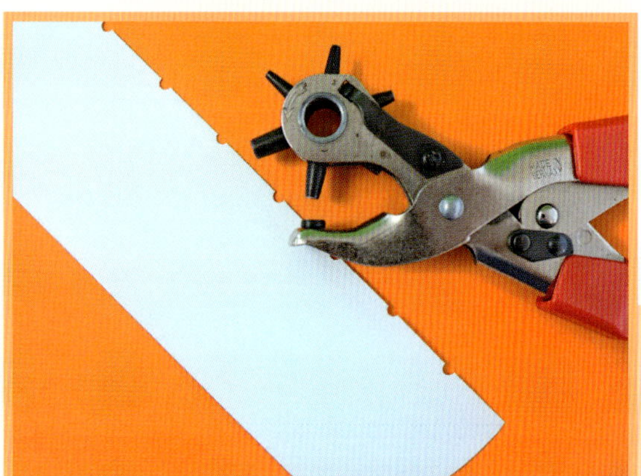

Bei diesem Projekt bleibt viel Papier übrig. Hebe es auf und verwende es ein andermal.

**3** Gleich benötigst du die Schablone. Sind die Löcher in der Schablone schon herausgeknipst? Wenn nicht, dann mache dies jetzt mithilfe der Lochzange.

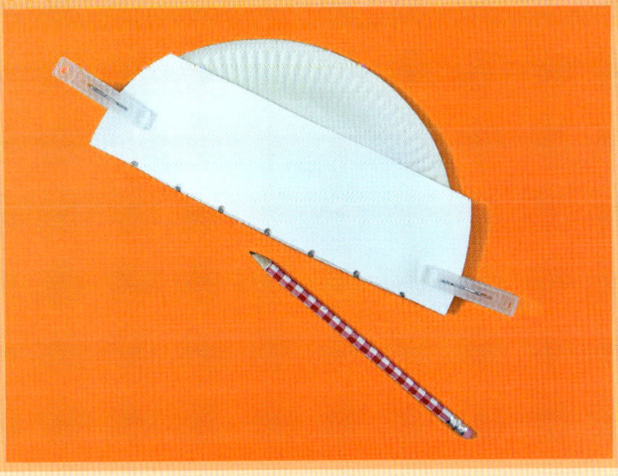

**4** Falte den Partyteller in der Mitte um und drücke ihn dann flach. Mit den Wäscheklammern befestigst du die Schablone auf dem geknickten Partyteller. Markiere mit dem Bleistift die Stellen, an denen der Partyteller Löcher erhalten soll.

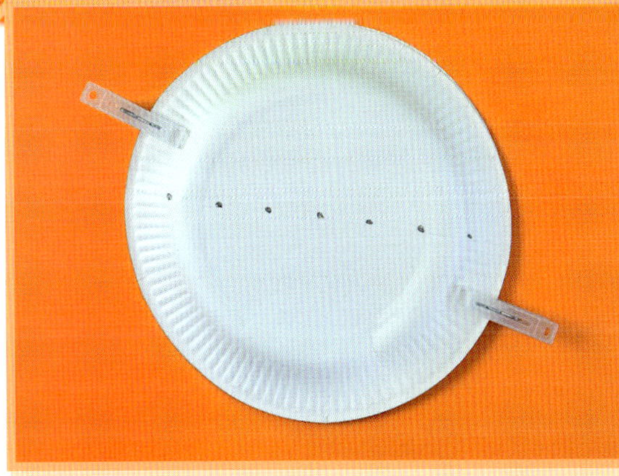

**5** Falte den Partyteller auseinander. Die Markierungen für die Löcher sollen nach oben zeigen. Nimm dann die rund ausgeschnittenen Blätter und lege sie als Stapel unter den Partyteller. Die Wäscheklammern brauchst du, damit alles zusammenhält.

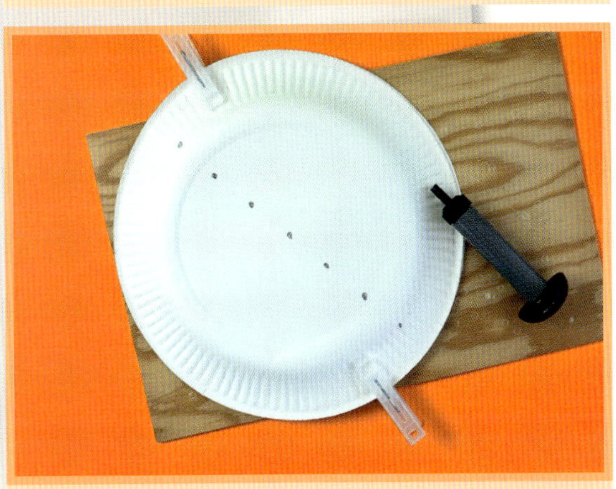

**6** Lege das Holzbrett unter deinen Stapel. Bohre mit dem Papierbohrer anschließend die Löcher an den Markierungen.

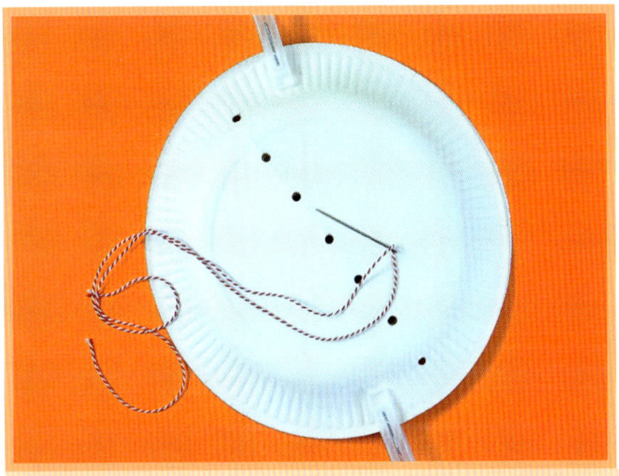

**7** Dein Garn schneidest du dir so zu, dass es zweieinhalb Mal so lang wie der Teller ist. Dann fädelst du das Garn in die Nadel ein und führst Nadel und Garn durch die Löcher – du kannst an jeder Stelle mit dem Durchfädeln beginnen. Steche bei einem Loch von hinten nach vorn und beim nächsten von vorn nach hinten. Gehe also immer rauf und runter bis du wieder am Ausgangspunkt ankommst.

Wenn du das Garn in einer kompletten Runde einmal durch die Löcher geführt hast, ziehst du es vorsichtig fest und verknotest es. Du kannst auch noch eine Schleife binden. Anschließend malst du auf den Partyteller ein Gesicht – probiere aus, mit welchen Stiften das am besten klappt. Den Teller knicken und schon bist du fertig.

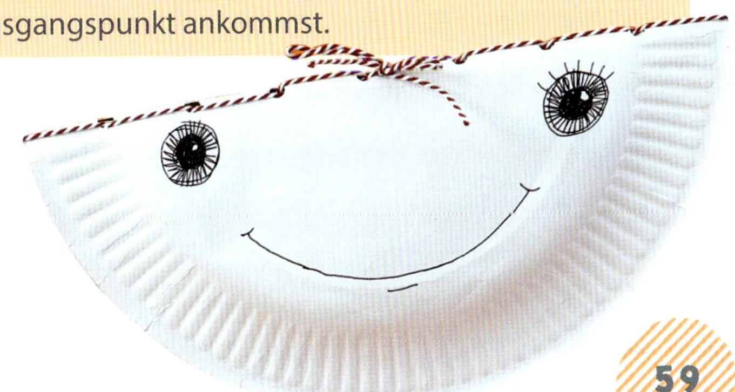

# KAPITEL 3

# ZICKZACK-LEPORELLO

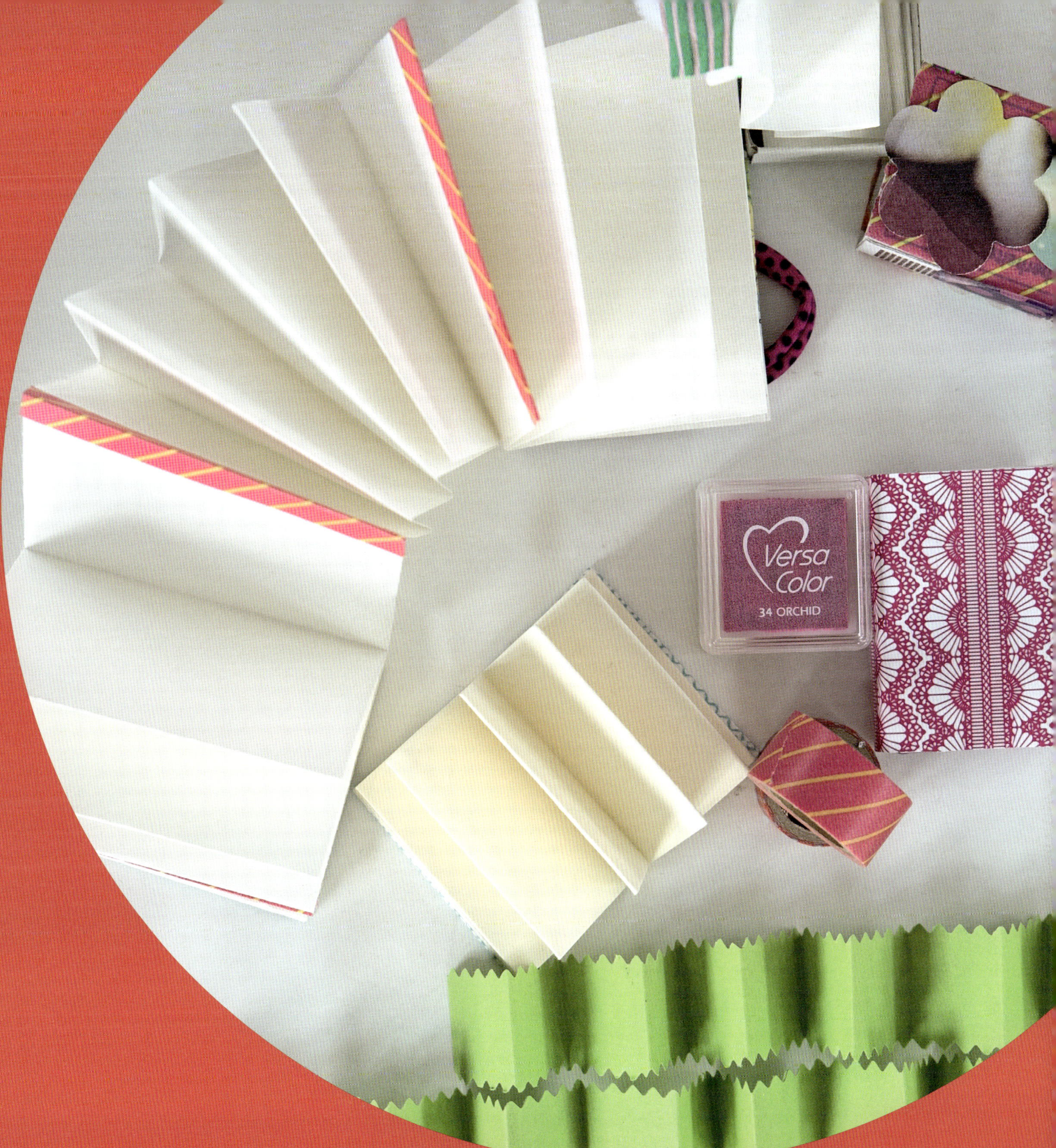
Versa Color
34 ORCHID

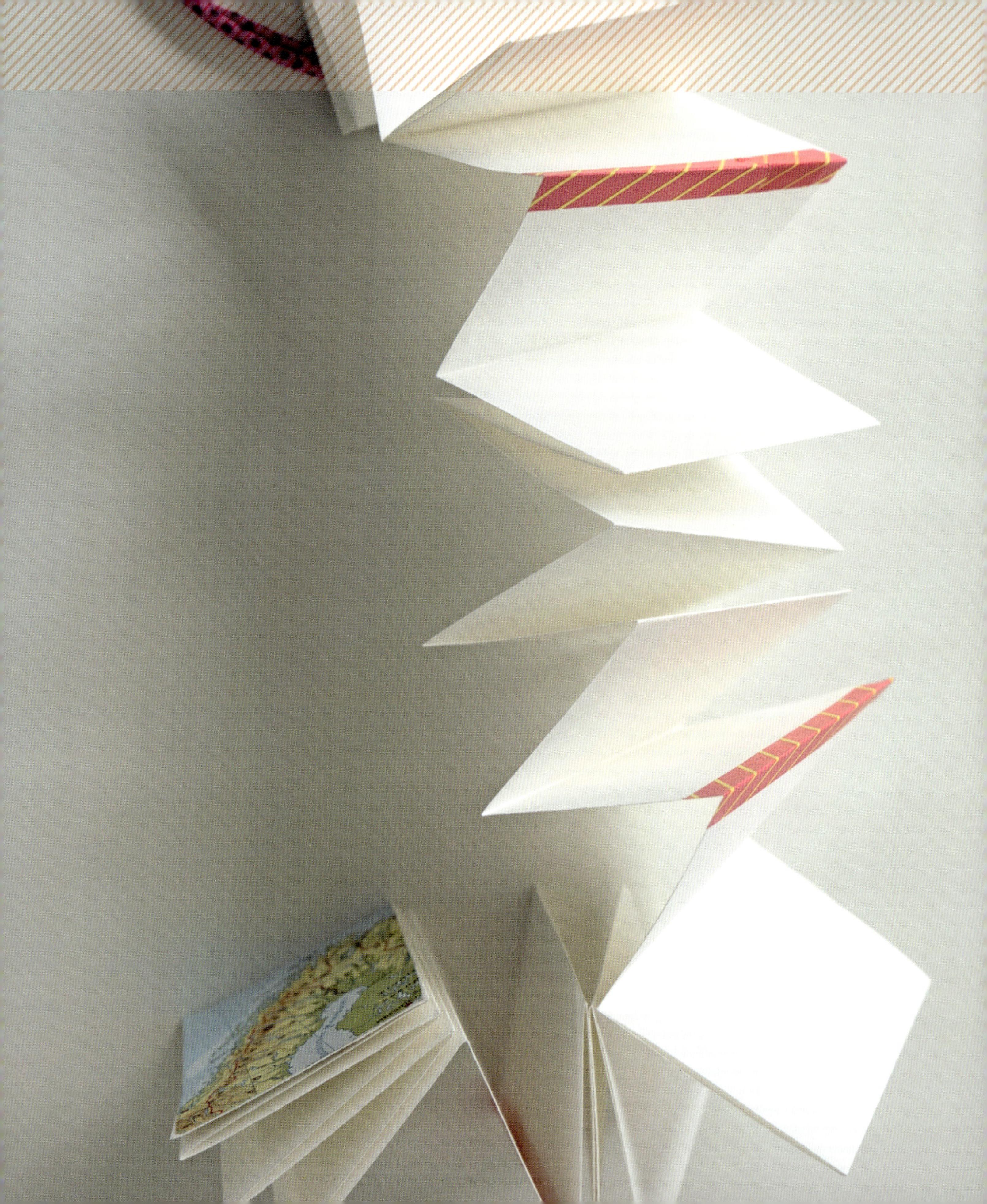

# ZICKZACK-SCHREIB-SCHLANGE

**DU BRAUCHST**:
1 Bogen dünnes Papier in DIN A3
Falzbein
stumpfes Küchenmesser
Schere
Washi Tape
Wäscheklammer
Klebestift
Motivsucher (Vorlage auf Seite 153)
festes Papier mit Motiv (z. B. aus einem aussortierten Buch ausgeschnitten)
Zauberstift (oder Bleistift)
Ahle (oder Prickelnadel)
Filzunterlage
Haargummi
stumpfe Nadel und Zwirn

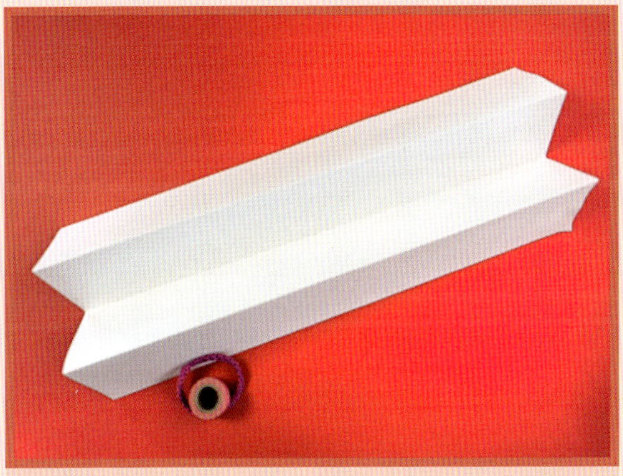

**1** Lege das Papier im Querformat hin und falte es in der Mitte um, dafür kannst du auch das Falzbein verwenden. Anschließend faltest du jede der Papierhälften wieder in der Mitte um – das Ergebnis des Faltens sieht aus wie auf dem Bild oben (siehe zu den ersten Schritten beim Papierfalten auch Seite 22).

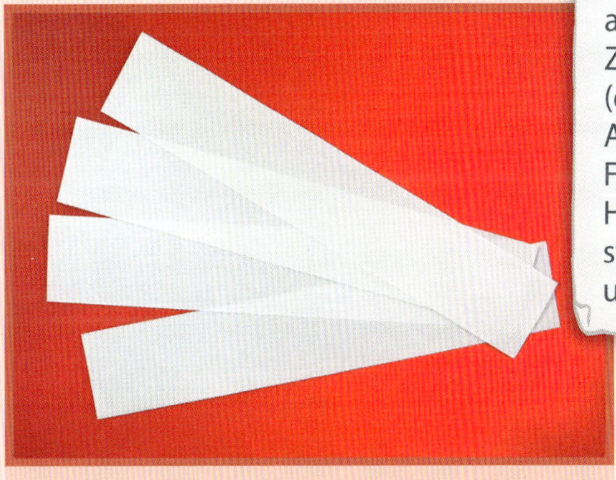

**2** Entlang der Knicke schneidest du das Blatt in vier Streifen. Dafür benutzt du das stumpfe Küchenmesser. Wenn es dir lieber ist, kannst du auch eine Schere verwenden.

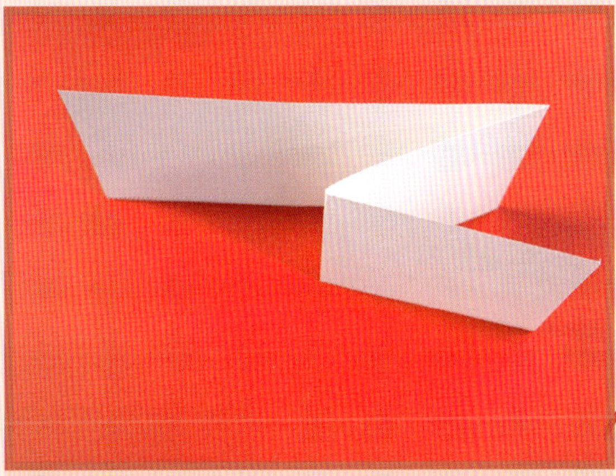

**3** Jeden Streifen faltest du in der Mitte und den einen abgeknickten Teil gleich noch einmal.

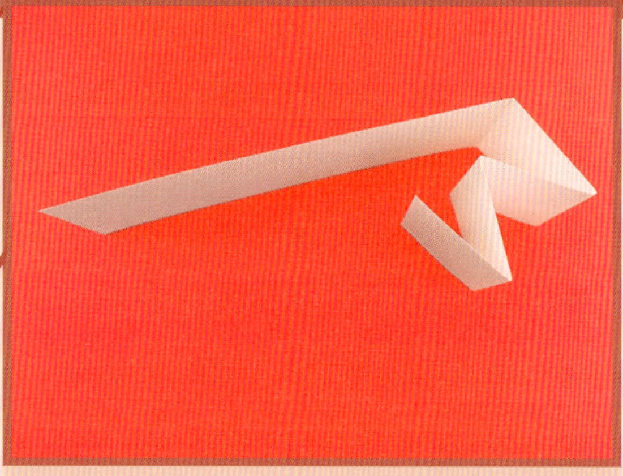

**4** Wenn du jetzt die beiden eben abgeknickten Papierbereiche erneut in der Mitte faltest, so entsteht eine Zickzackfaltung.

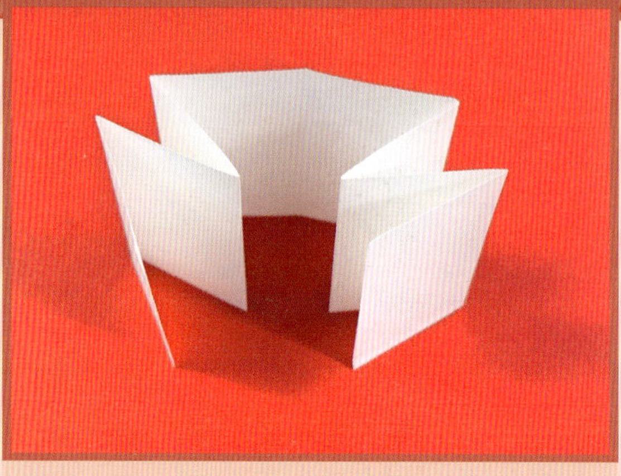

**5** Nun wiederholst du das Vorgehen auch auf der anderen Seite des Papierstreifens.

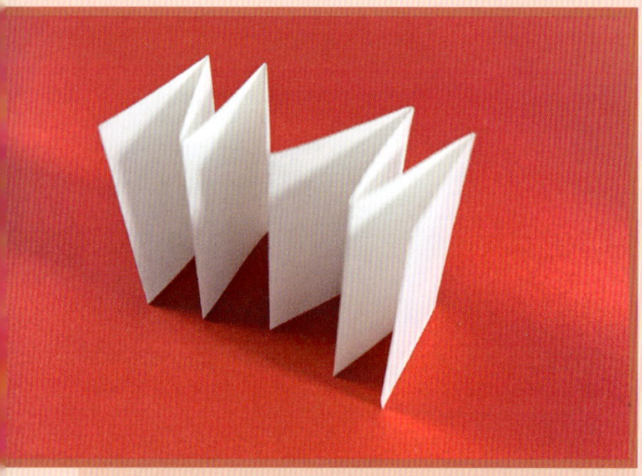

**6** Den Knick in der Mitte faltest du nun noch in die andere Richtung und schon hat dein Papierstreifen die perfekte Zickzackform.

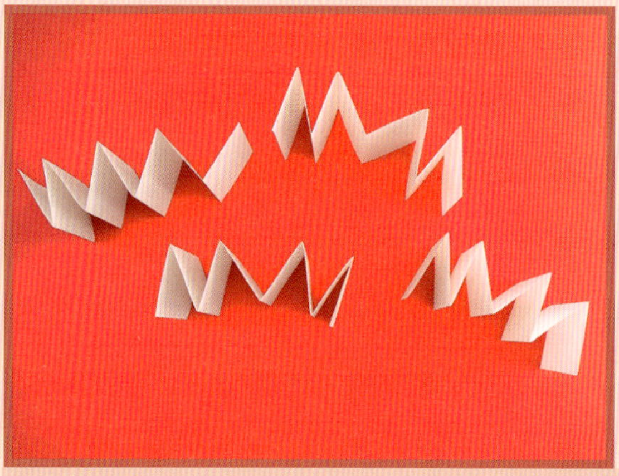

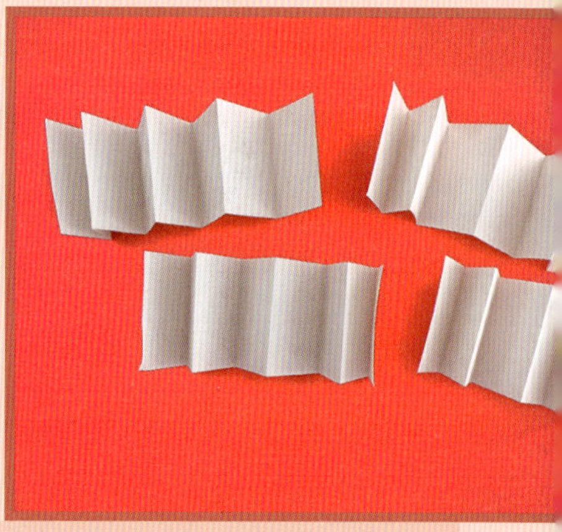

**7** So sieht es von oben und von der Seite aus, wenn du alle vier Papierstreifen gefaltet hast.

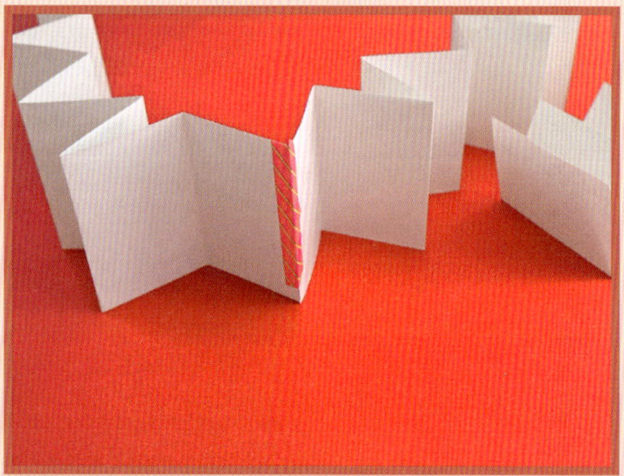

**8** Die vier Papierstreifen klebst du mit Washi Tape am „Berg" zusammen.

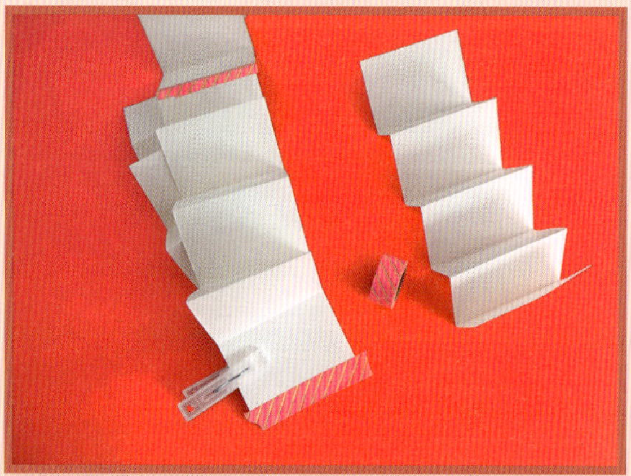

**9** Wenn dir die Papierstreifen beim Zusammenkleben zu unhandlich werden, kannst du sie mit einer Wäscheklammer bandigen.

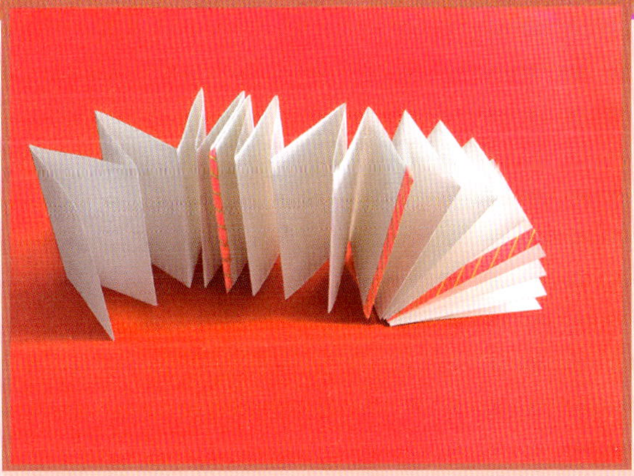

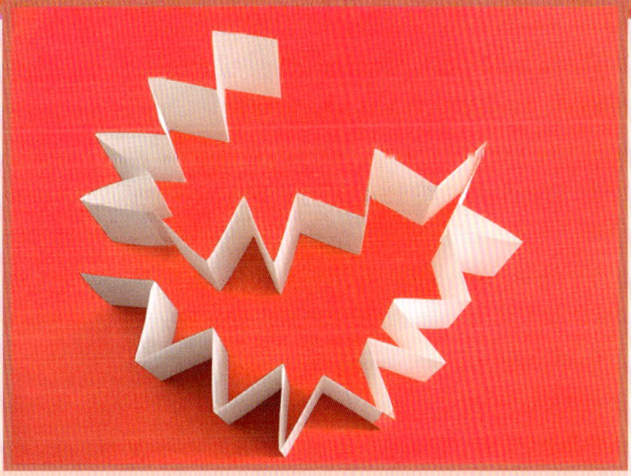

**10** So sieht deine Zickzack-Schreibschlange nun aus – einmal ist sie enger zusammengefaltet, einmal ist sie in die Länge gezogen.

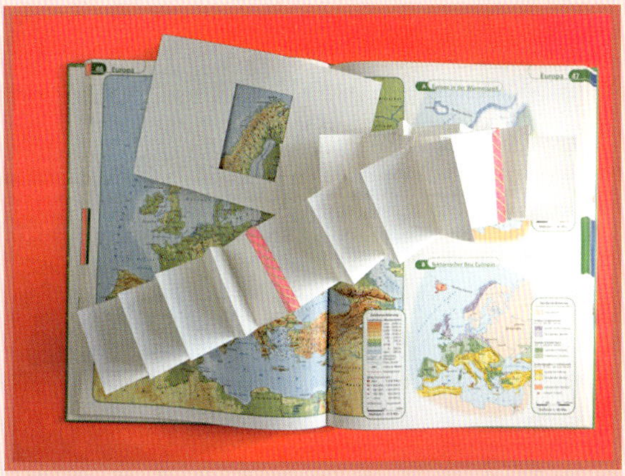

**11** Für den Einband deiner Schreibschlange suchst du dir ein festes Stück Papier mit einem Motiv aus, das dir gefällt. Dabei hilft der rechteckige Motivsucher.

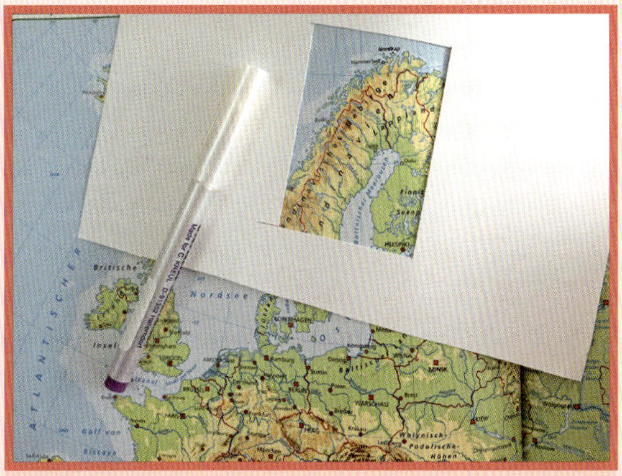

**12** Markiere am inneren „Fenster“ des Motivsuchers entlang den Ausschnitt mit dem Zauberstift.

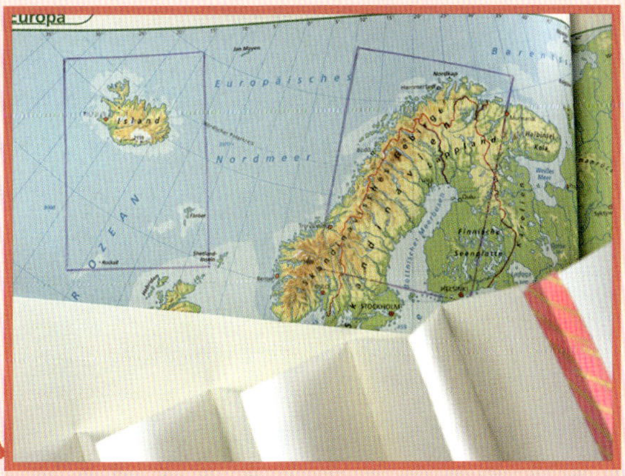

**13** An der eingezeichneten Linie entlang schneidest du das Motiv mit der Schere aus. Wähle ein zweites Motive aus und gehe wie beim ersten Motiv vor.

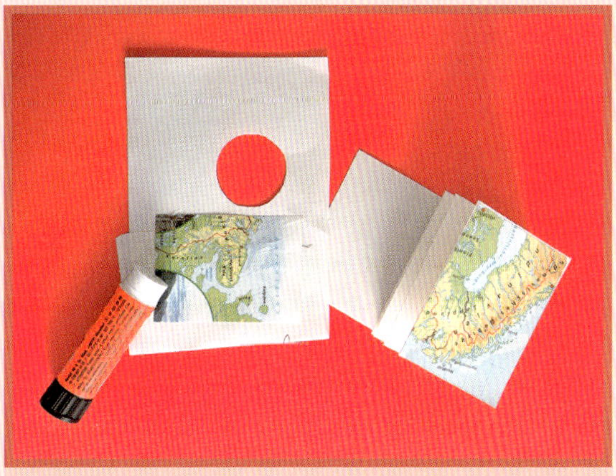

**14** Klebe die beiden Motive auf die Vorder- und die Rückseite der Zickzack-Schreibschlange.

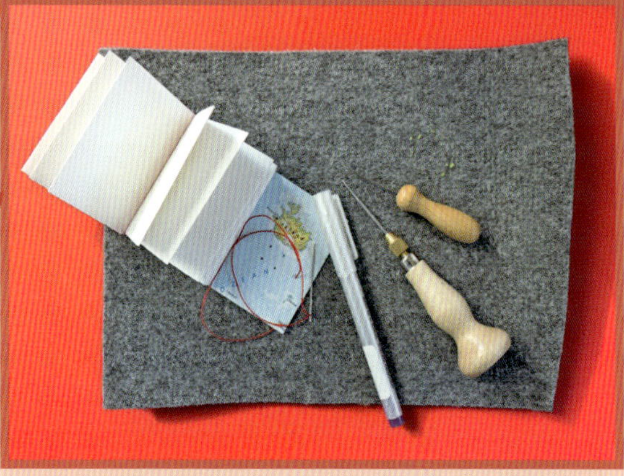

**15** Damit die Schreibschlange gebändigt werden kann, nähst du am Rücken einen Haargummi an. Für die benötigten Löcher verwendest du Ahle oder Prickelnadel. Mit einer Filzunterlage, wie auf dem Foto, schützt du den Tisch.

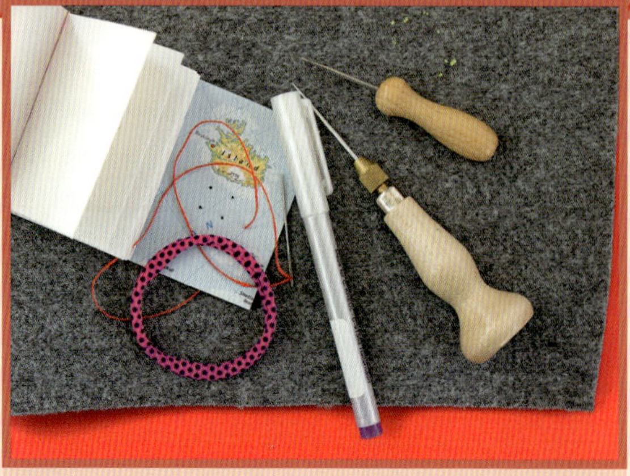

**16** Um später den Haargummi annähen zu können, stichst du mit einer Ahle oder einer Prickelnadel vier Löcher in den hinteren Einband. Um die passende Stelle für die Löcher zu finden, kannst du die Vorlage auf Seite 156 benutzen.

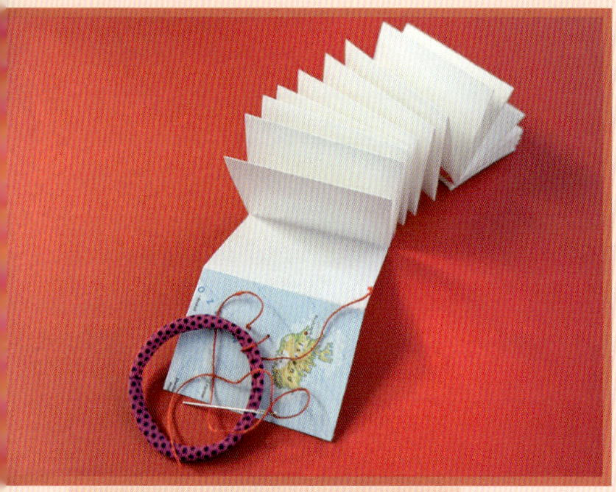

**17** Mit Nadel und Zwirn nähst du durch alle vier Löcher und auch um den Haargummi herum.
Auf der Außenseite (mit Motiv) nähst du Kreuze, auf der Innenseite führst du den Faden parallel.

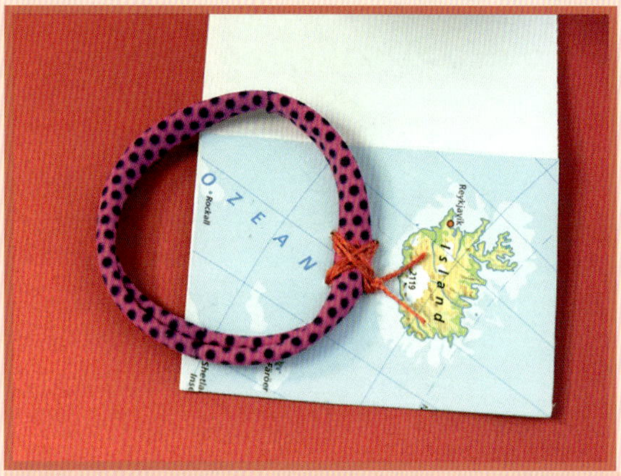

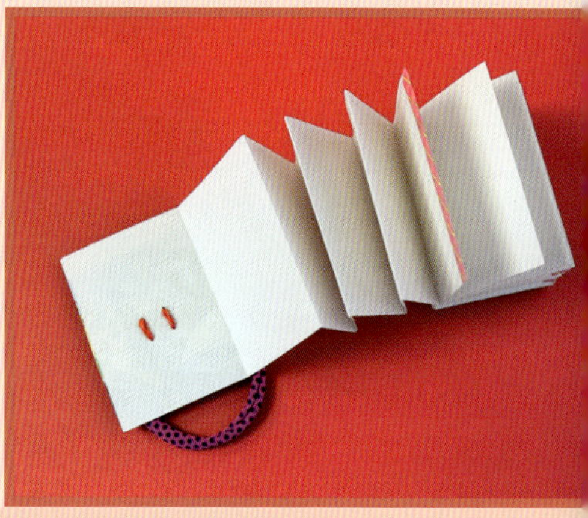

**18** Außen und innen verläuft der Zwirn jeweils wie abgebildet aus.
Am Ende knotest du die Fadenenden zusammen.

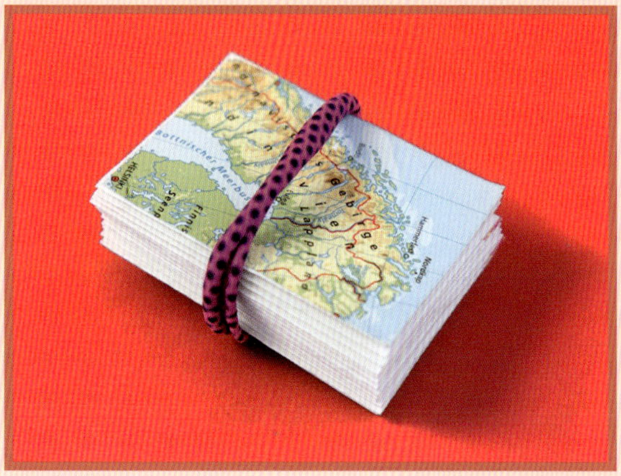

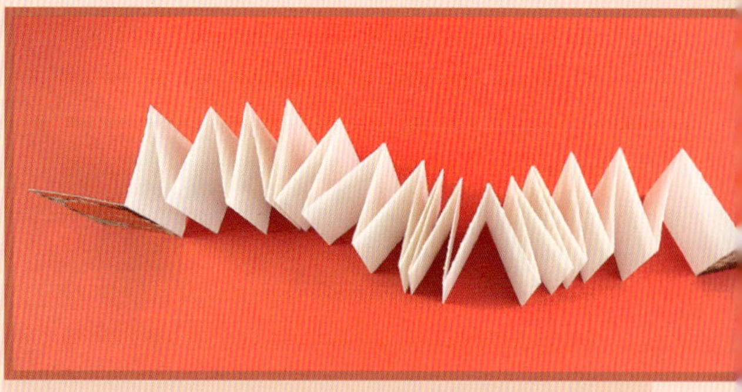

**19** Fertig ist deine Zickzack-Schreibschlange. Um sie geschlossen zu halten, ziehst du einfach den Gummi über sie.

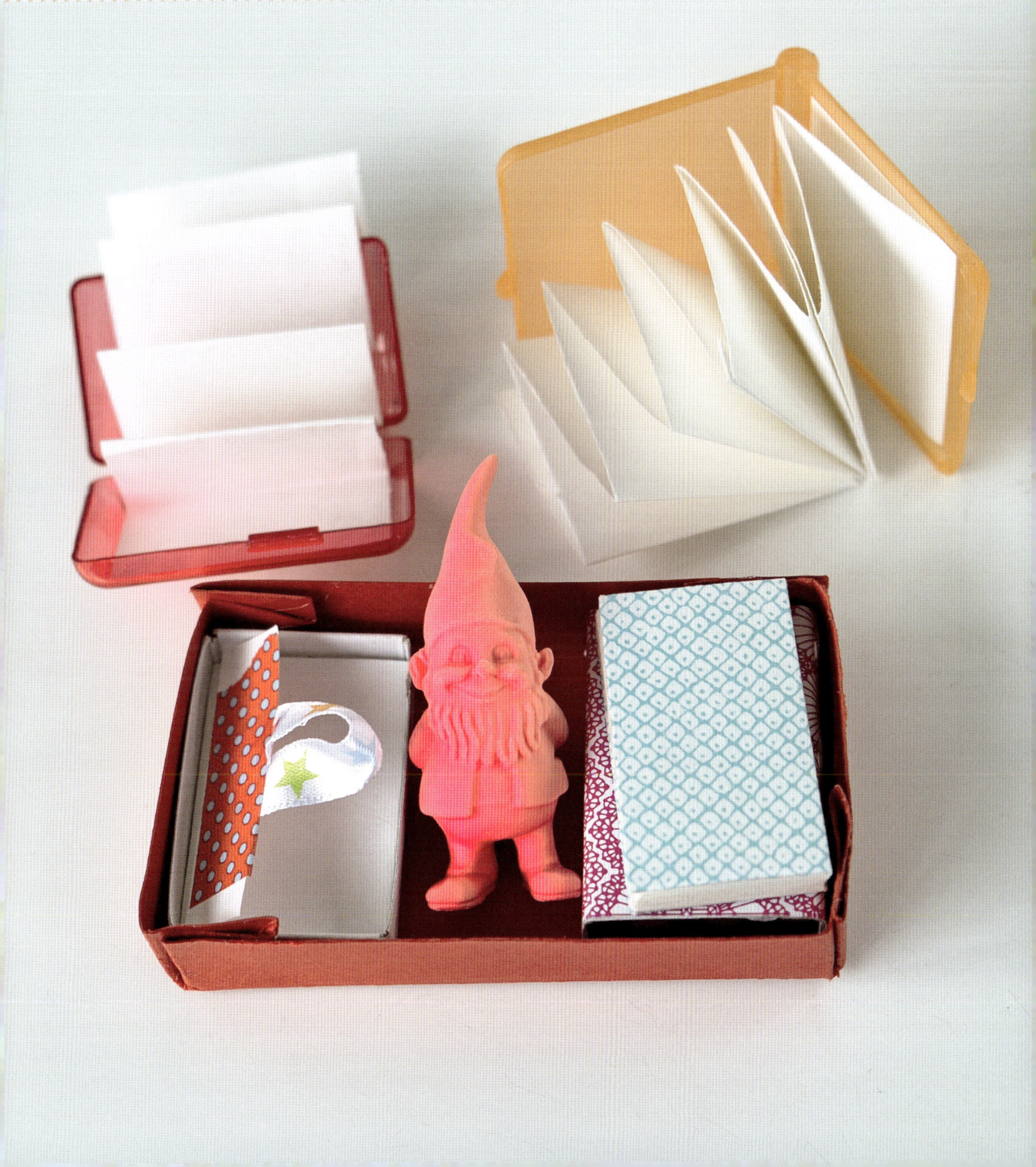

**DU BRAUCHST:**
Streichholzschachtel (oder andere kleine Schachtel)
Geodreieck
Bleistift (oder Zauberstift)
1 Bogen dünnes Papier in DIN A3
Schere
Falzbein
Klebestift
Washi Tape
bunter Papierrest
wenn vorhanden eine Motivstanze

# LIVING IN A BOX

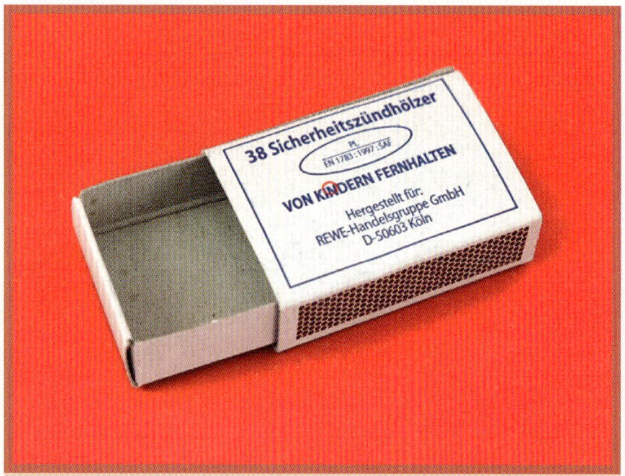


**1** Bevor du das Papierfalten angehen kannst, musst du deine Schachtel ausmessen. Die Schachtel, die du auf dem Foto hier siehst, ist 5,3 cm x 3,6 cm groß. An sich kannst du für dieses Projekt jede Schachtel nehmen, die dir gut gefällt. Du musst das Papier für die Schachtel passend zuschneiden und falten, und dafür musst du wissen, wie groß die Schachtel ist.

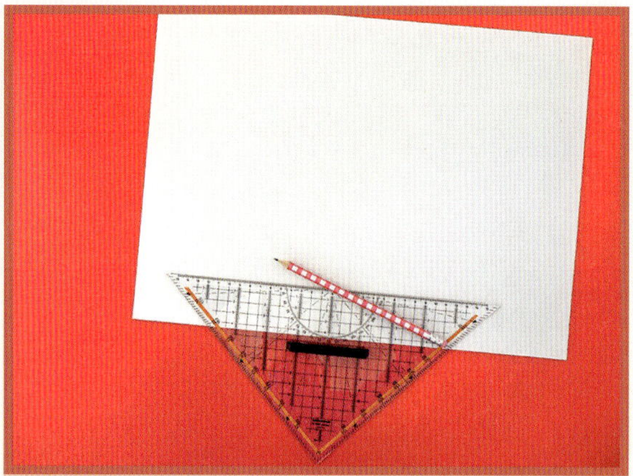

**2** Lege den Bogen Papier im Querformat vor dich. Zeichne mit Geodreieck und Stift die Breite der Schachtel auf dem Papier ein. Diesen Streifen schneidest du vom großen Blatt ab.

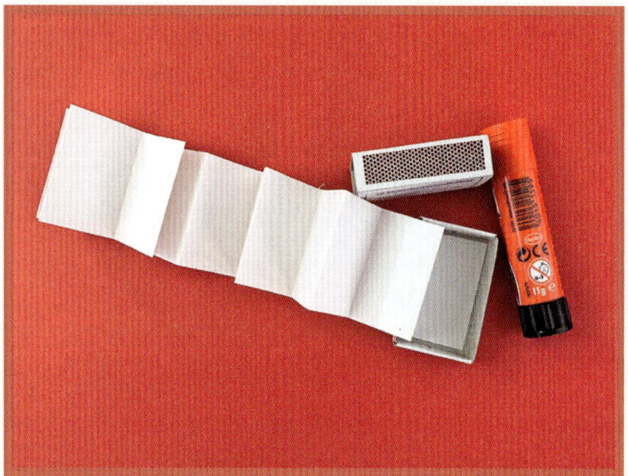

**3** Nun faltest du den Streifen Papier im Zickzack in der Größe der Schachtel. Die Faltung sollte passen, aber nicht zu genau, damit das Leporello sich leicht herausziehen lässt.

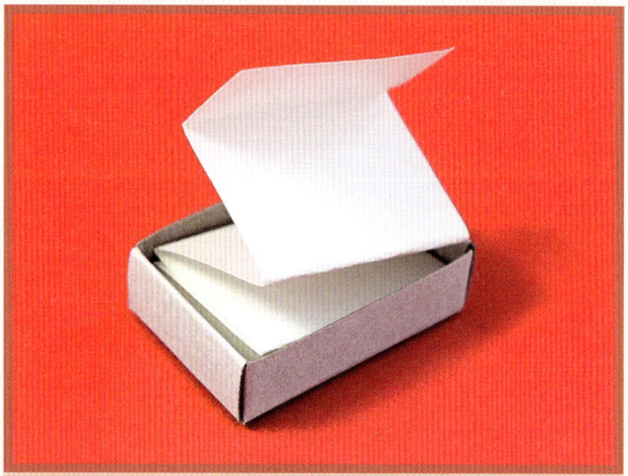

**4** Dein Streifen Papier ist zu einem Leporello geworden. Klebe dessen eines Ende mit dem Klebestift am Boden der Schachtel fest. Lege dein Leporello in die Schachtel hinein.

**TIPP**

Bei einer Streichholzschachtel kannst du von einer Länge von 5 cm ausgehen.

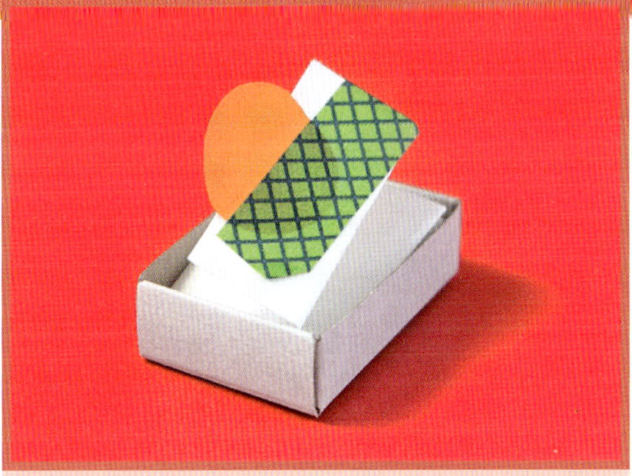

**5** Am oben liegenden Ende klebst du eine Lasche an, um das Leporello leichter herausziehen zu können. Wenn du eine Motivstanze hast, stanzt du mit dieser eine Form aus einem Papierrest heraus und befestigst diese mit Washi Tape an dem Papier. Du kannst dir aber auch ganz einfach mit der Schere ein Stück Papier zurechtschneiden und dieses ankleben.
Fertig ist dein Werk.

## TIPP

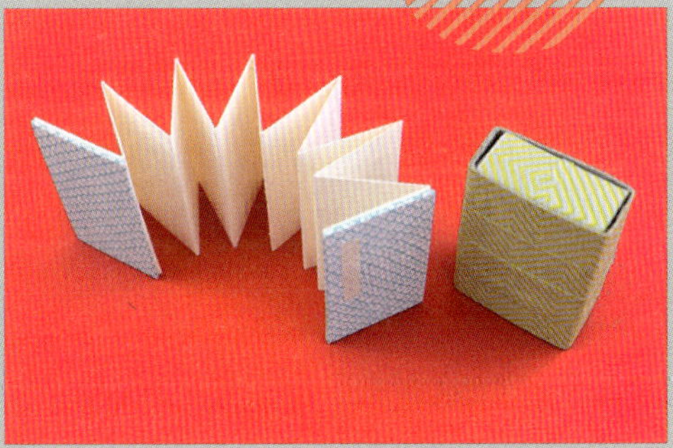

Um ein japanisches Minibuch zu gestalten, ist das Vorgehen ähnlich. Wie hübsch ein solches Minibuch ist, siehst du auf dem Foto. Das winzige Büchlein habe ich in Japan gekauft, in Tokio, das Geschäft heißt „Takeo".
Falls du mal nach Tokio kommst, musst du unbedingt im ersten Stock die Bücher in der Abteilung „Buchbinden" bestaunen.

# KINDERWERKE

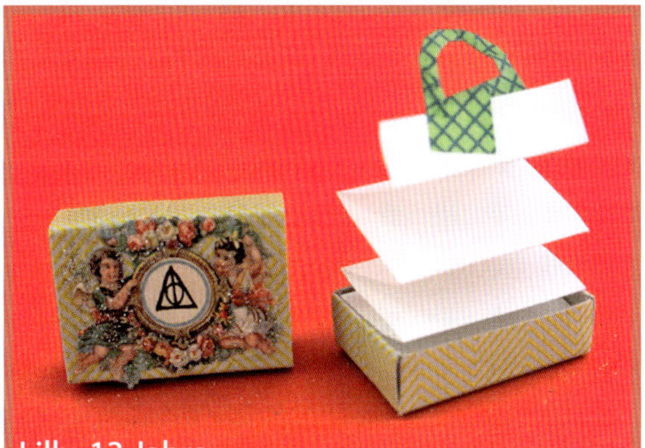

Lilly, 13 Jahre

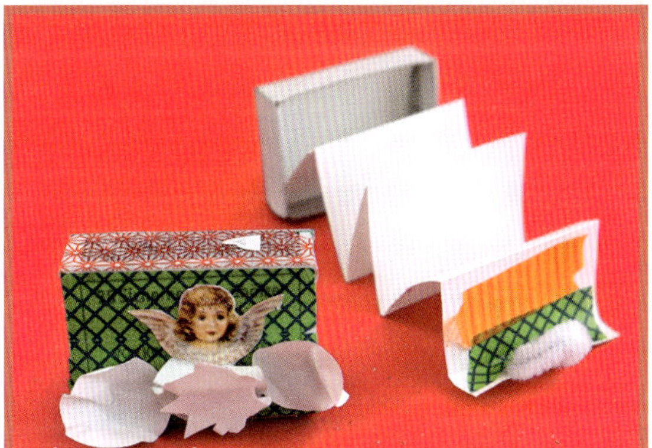

Juliane, 8 Jahre

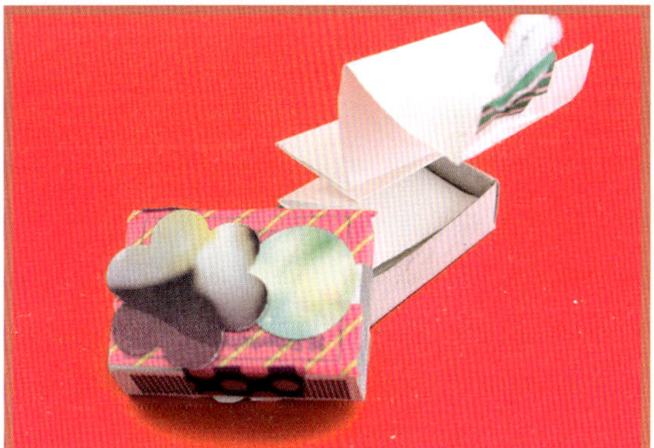

Annika, 8 Jahre

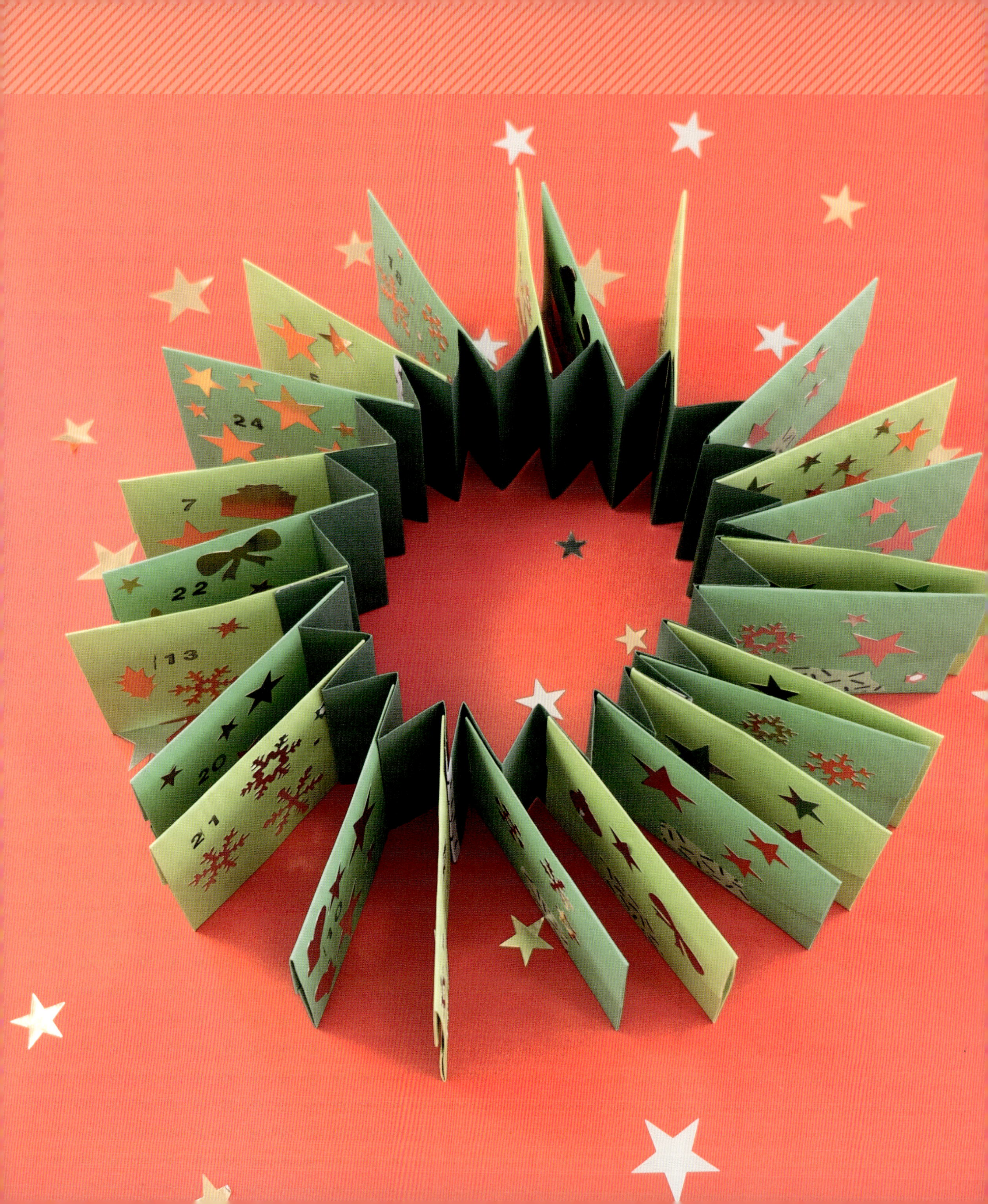
24
7
22
13
20
21

# ADVENTS-KALENDER-BUCH (ZEITAUFWÄNDIG!)

**TIPP**

Dieser Adventskalender macht schon viel Arbeit – zugegeben. Am besten du beginnst frühzeitig damit und teilst dir das Projekt in mehrere Schritte ein. Hilfe zu organisieren, ist auch eine prima Idee.

**DU BRAUCHST FÜR DIE UMSCHLÄGE:**

24 Bogen dünnes Papier in DIN A4 (farbig oder weiß)
Bleistift
Schablone für die Umschläge (Vorlage auf Seite 152)
Ahle (oder Prickelnadel)
Filzunterlage
Falzbein
Lineal
Klebestift
Schablone für die Karten (Vorlage auf Seite 153)
weihnachtliche Verzierungen und Zahlen von 1 bis 24 zum Aufkleben (oder alternativ: Stempel für die Zahlen und Stempelkissen)

## SCHRITT-FÜR-SCHRITT-ANLEITUNG FÜR DIE BRIEFUMSCHLÄGE

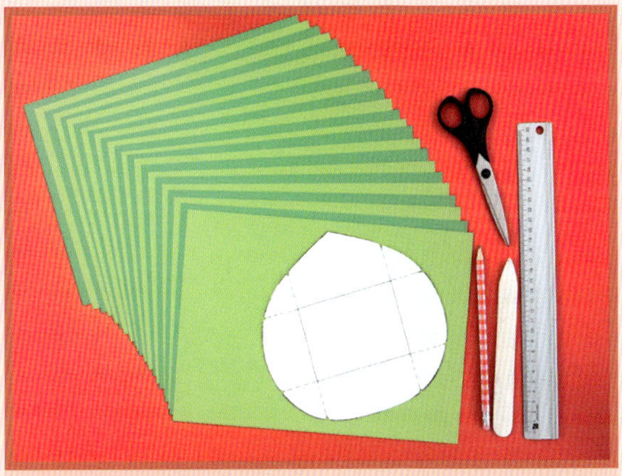

**1** Lege dir das Papier für die 24 Briefumschläge im Querformat bereit. Die Schablone für die Briefumschläge platzierst du auf dem ersten Papierbogen und fährst ihren Umriss mit dem Bleistift nach.

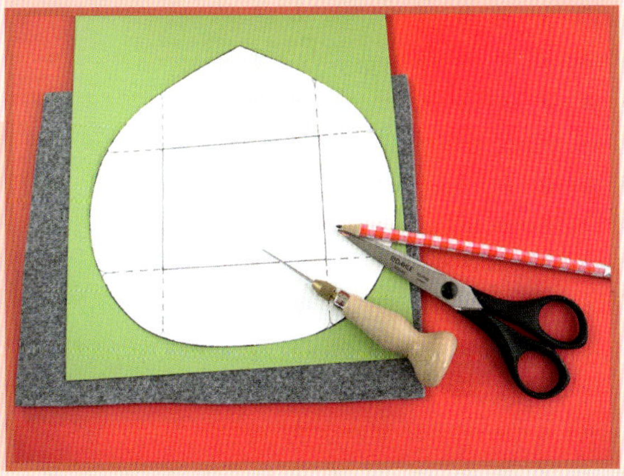

**2** Die Schablone legst du immer extra auf jedes Blatt. Nach dem Anzeichnen des Umrisses stichst du mit der Ahle oder Prickelnadel die vier Kreuzpunkte durch und überträgst sie so von der Schablone auf das Papier. Eine Filzunterlage schützt den Tisch.

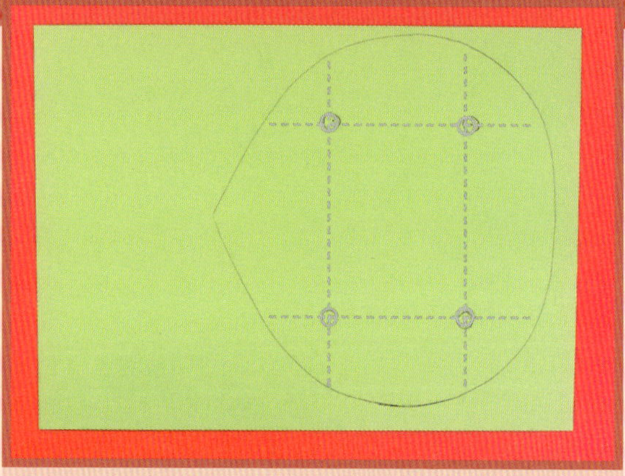

**3** Zeichne die durchgepiksten Punkte, wenn nötig, mit dem Bleistift nach – entlang dieser Punkte wirst du später die Knicke vom Papier falten.

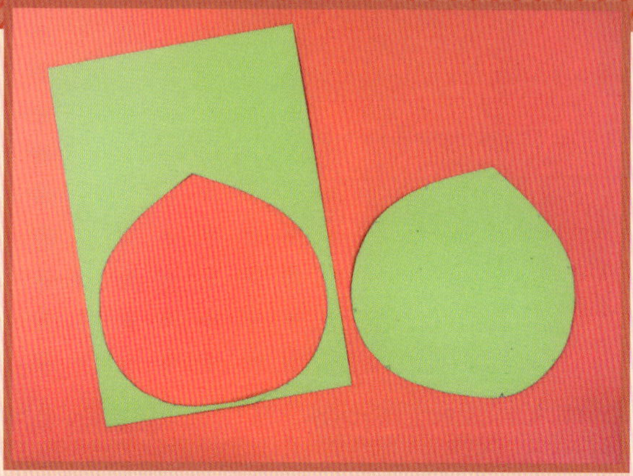

**4** Schneide die Briefumschlagform entlang der Bleistiftlinie, die du mithilfe der Schablone gezeichnet hast, aus deinem Papier aus.

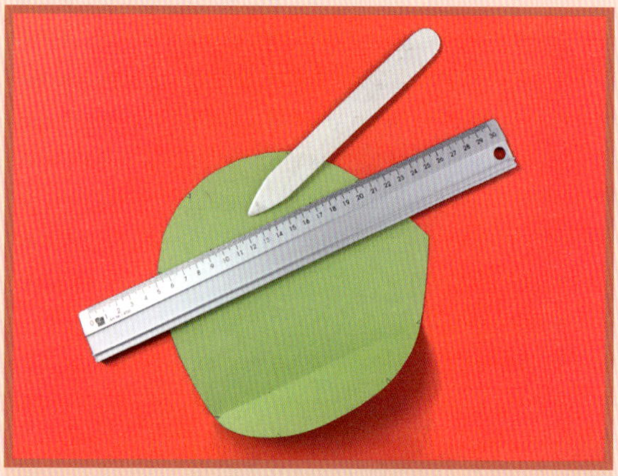

**5** Lege jeweils an zwei der durchgestochenen Punkte das Lineal an. Ziehe das Falzbein an der Linealkante entlang und drücke dabei eine Rille in das Papier .

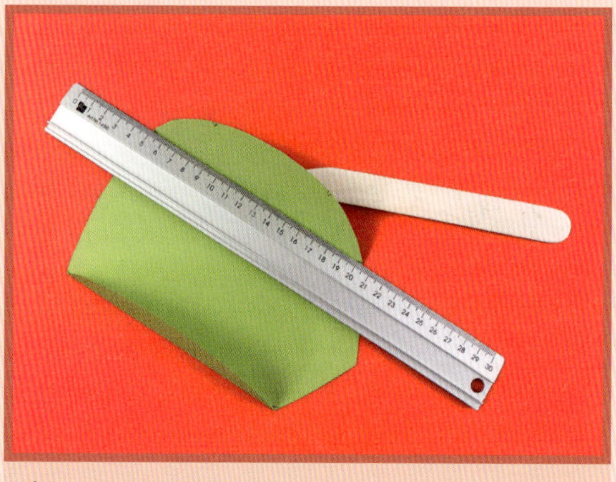

**6** Lege das Lineal an die Seite. Anschließend klappst du diesen Teil vom Papier ganz um und drückst es mit dem Falzbein fest an.

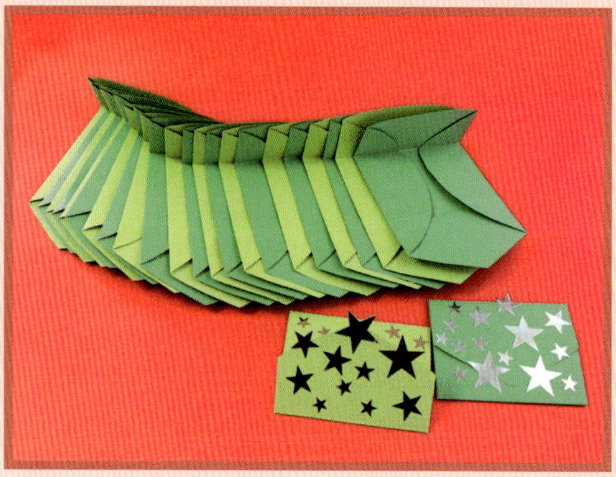

**7** Wiederhole die Schritte 6 und 7 für die anderen Seiten des Umschlags – klappe das Papier also an allen Seiten um und drücke es mit dem Falzbein fest. Wiederhole das Vorgehen, bis du 24 Umschläge vorbereitet hast.

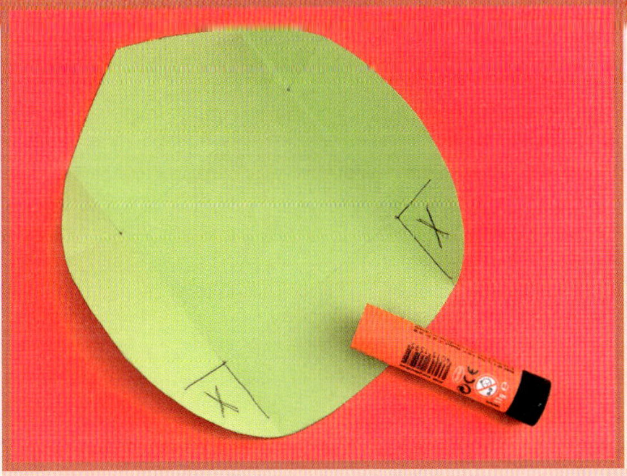

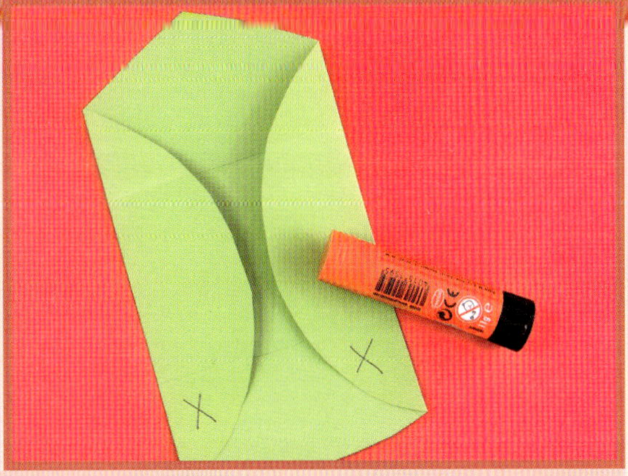

**8** Nun können alle 24 Umschläge gefaltet und mit Klebstoff zugeklebt werden. Dazu wird der Kleber an den angezeichneten Stellen aufgetragen und es werden – wie abgebildet – dann die entsprechenden Seiten geschlossen und festgedrückt. Oben bleibt der Umschlag erst mal offen. Da stecken die Eltern später die Überraschungskarten hinein.

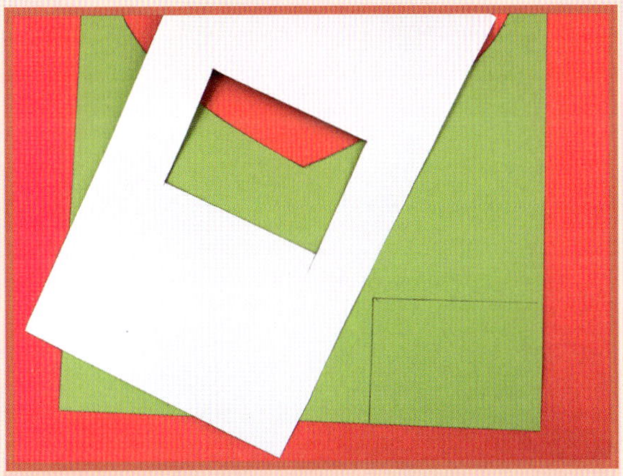

**9** Um die Karten schon mal für deine Eltern und die ausgedachten Überraschungen vorzubereiten, brauchst du die Schablone für die Karten. Nimm das Papier, das von der Umschlaggestaltung übrig geblieben ist und zeichne mithilfe der Schablone darauf 24 Kärtchen ein. Schneide sie aus – und schon bist du mit den Umschlägen fast fertig .

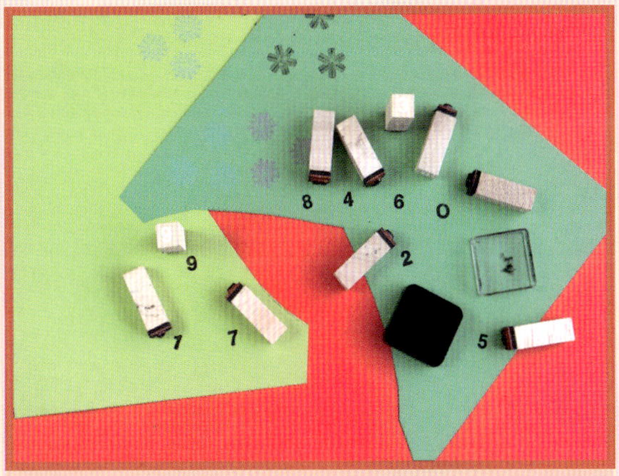

**10** Jetzt werden noch die Zahlen und Verzierungen auf die Umschläge geklebt oder gestempelt. Das Stempeln übst du am besten vorher auf Papierresten, damit du bei den Umschlägen die passende Menge Stempelfarbe nimmst.

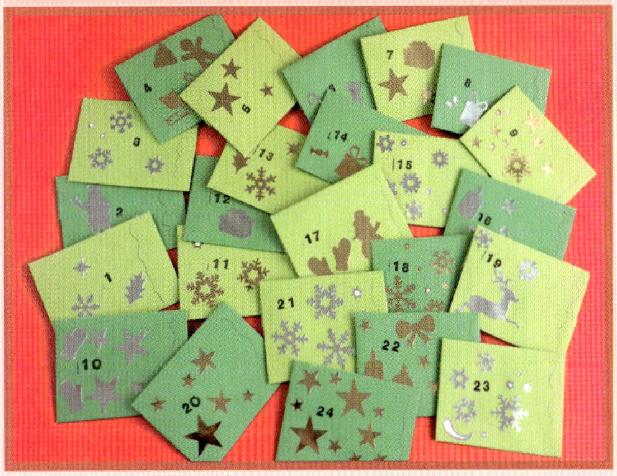

**DU BRAUCHST FÜR DAS LEPORELLO:**
- 2 Bogen festes farbiges Papier in DIN A4
- Falzbein
- stumpfes Küchenmesser
- Schere
- Washi Tape
- Klebestift
- Wäscheklammern

## SCHRITT-FÜR-SCHRITT-ANLEITUNG FÜR DAS LEPORELLO

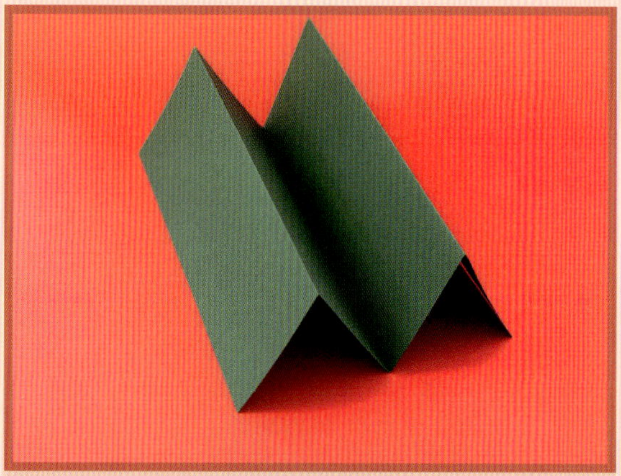

**1** Lege das feste Papier für das Leporello ins Hochformat. Falte die beiden DIN-A4-Blätter in der Mitte und halbiere die beiden abgeknickten Hälften wieder (siehe Schritte1 bis 3, Seite 63).

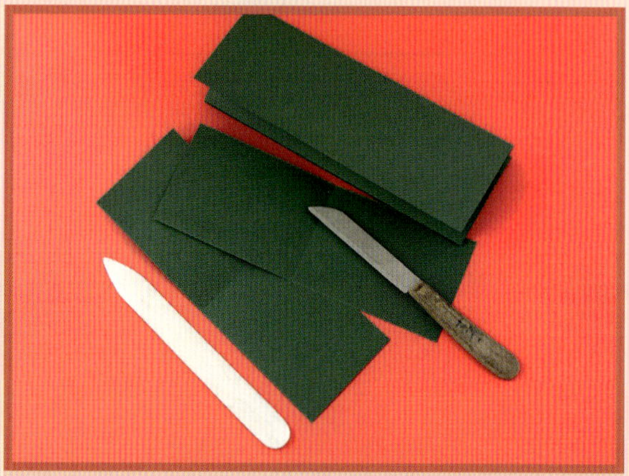

**2** An den Knicken entlang trennst du das Papier mit einem stumpfen Küchenmesser in einzelne Streifen. Von den Streifen brauchst du sechs Stück.

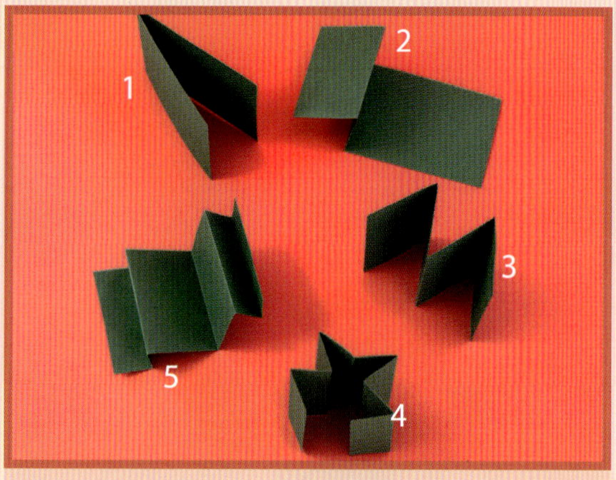


**3** Aus den eben zugeschnittenen Streifen faltest du Leporellos. Gehe dabei so vor, wie es auf Seite 64 erklärt ist. Zur Erinnerung sind oben die Zwischenstufen abgebildet, über die du zum Leporello kommst.

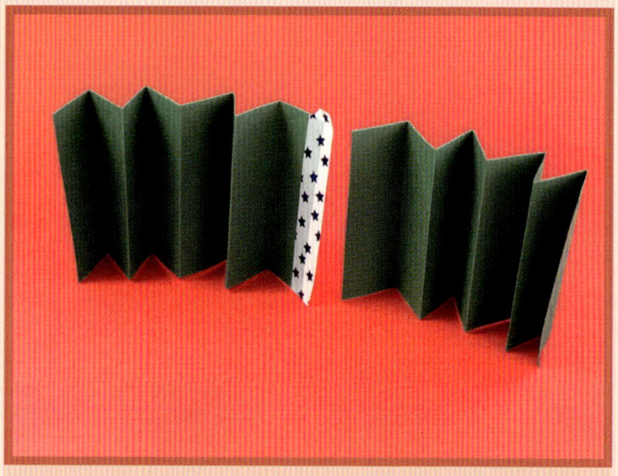

**4** Die Leporellos klebst du mit Washi Tape so aneinander, dass du Bergfalten erhältst (siehe Seite 10). Schneide vom Tape ab, was übersteht, sonst kann sich das Leporello nicht entfalten.

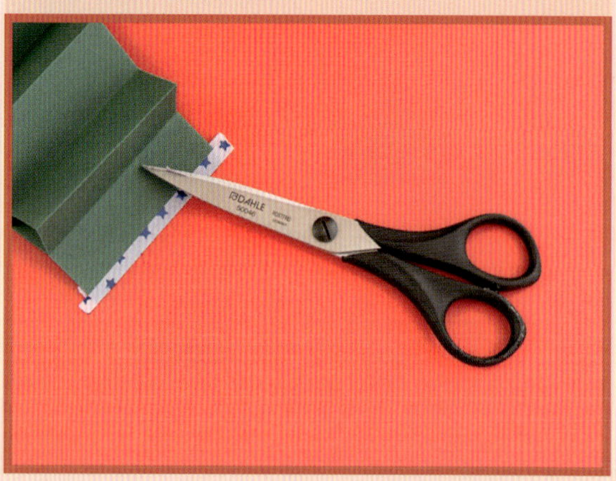

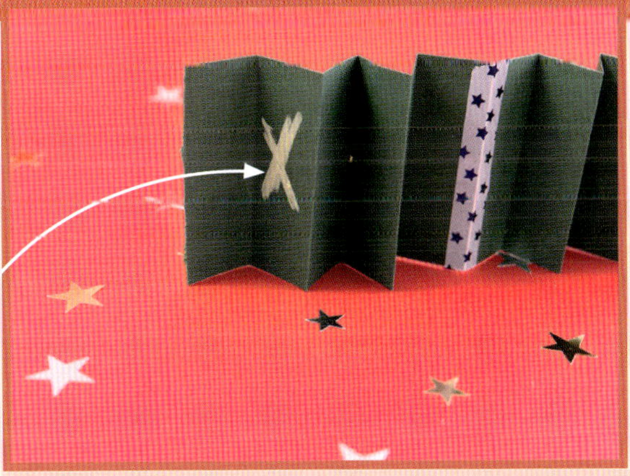

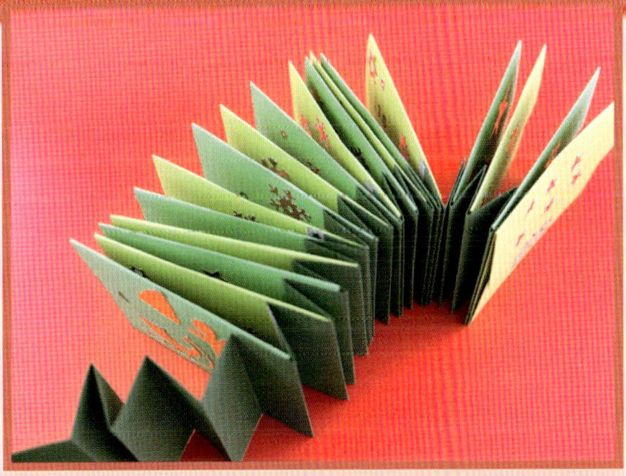

**5** Nun werden die Umschläge an das Leporello geklebt. Beginne damit an der angezeichneten Stelle. Wichtig ist, dass die Öffnung eines Umschlags immer weg vom Leporello zeigt, – denn die Umschlagöffnung darf nicht angeklebt werden.

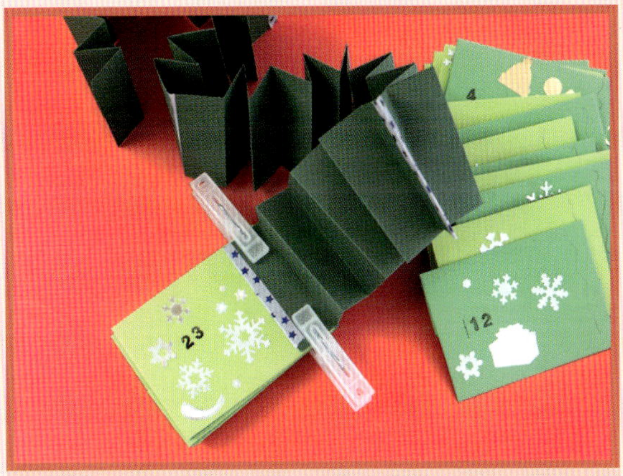

**6** Nimm Wäscheklammern, um die Umschläge so lange am Leporello zu befestigen, bis der Kleber getrocknet ist.

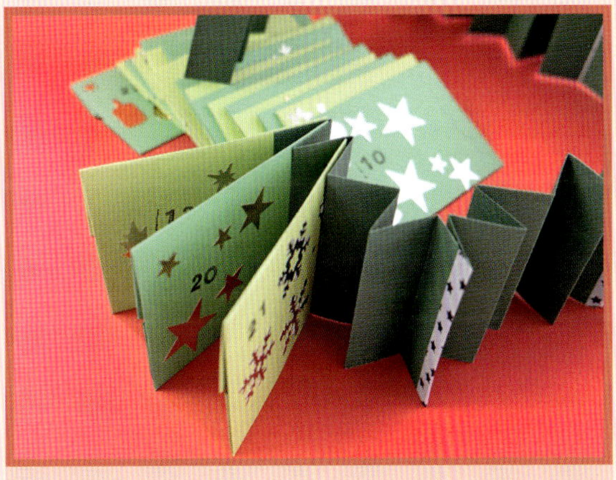

**7** Und in welcher Reihenfolge klebst du all die Umschläge nun an das Leporello? Du kannst dich an die Reihenfolge 1 bis 24 halten oder die Zahlen durcheinander mischen – mach es, wie es dir gefällt.

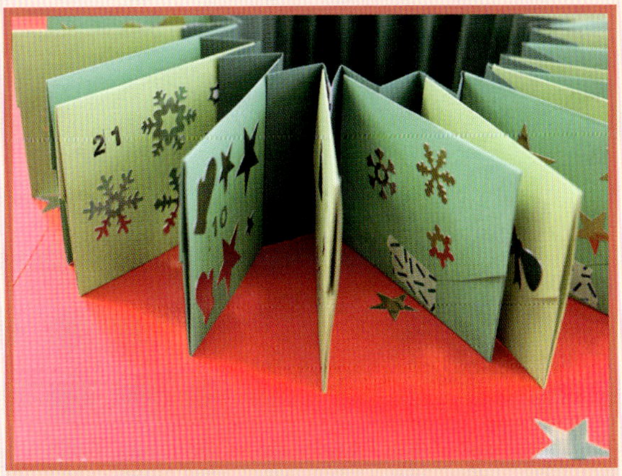

**8** Wenn alle Briefumschläge angebracht sind, kannst du den Anfang und das Ende des Leporellos zusammenkleben, sodass ein Kreis entsteht.

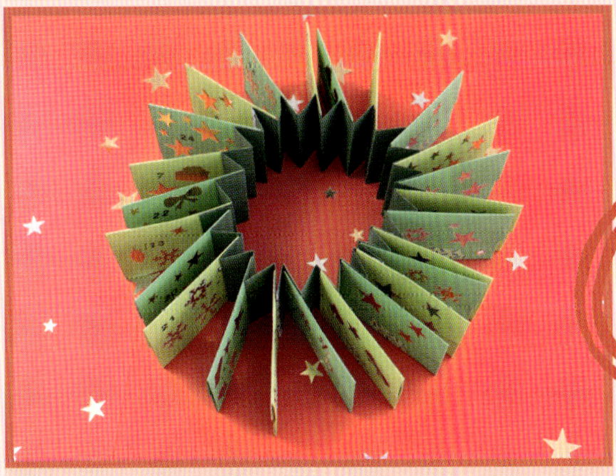

**9** Wow, du hast es geschafft!
Das große Projekt Adventskalender-Buch ist nun abgeschlossen.

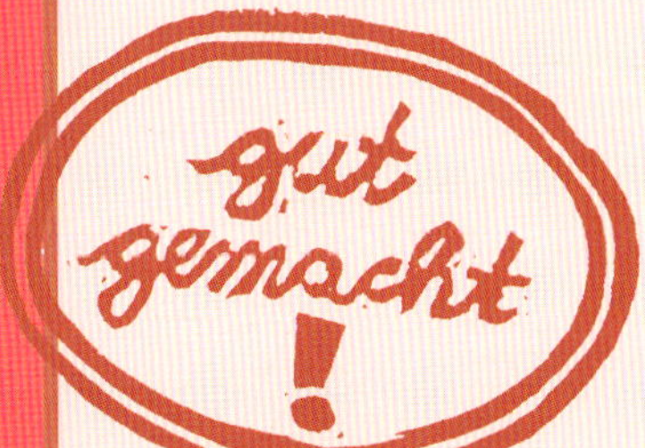

# KAPITEL 4

# GUMMIBAND-BINDUNGEN

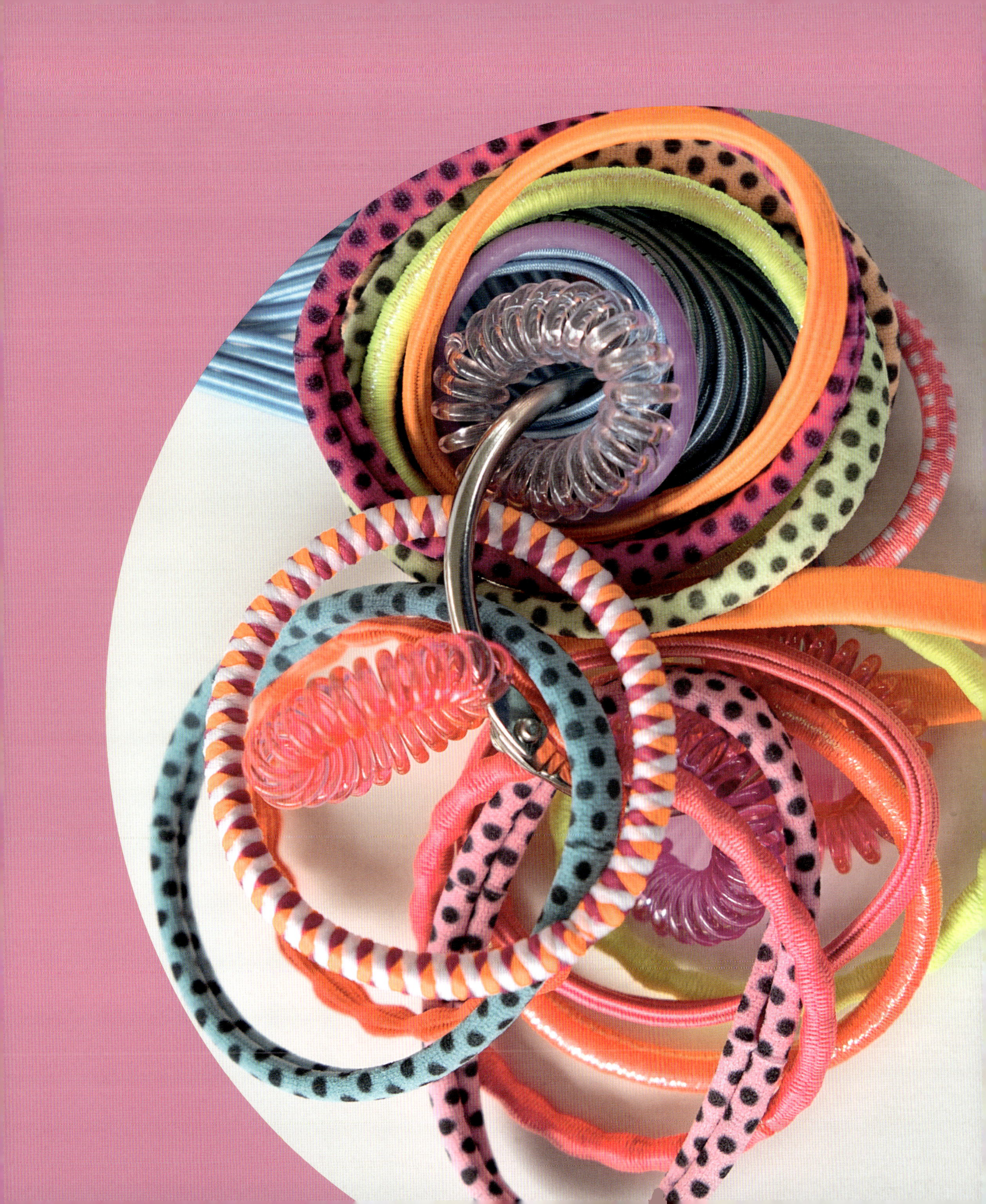

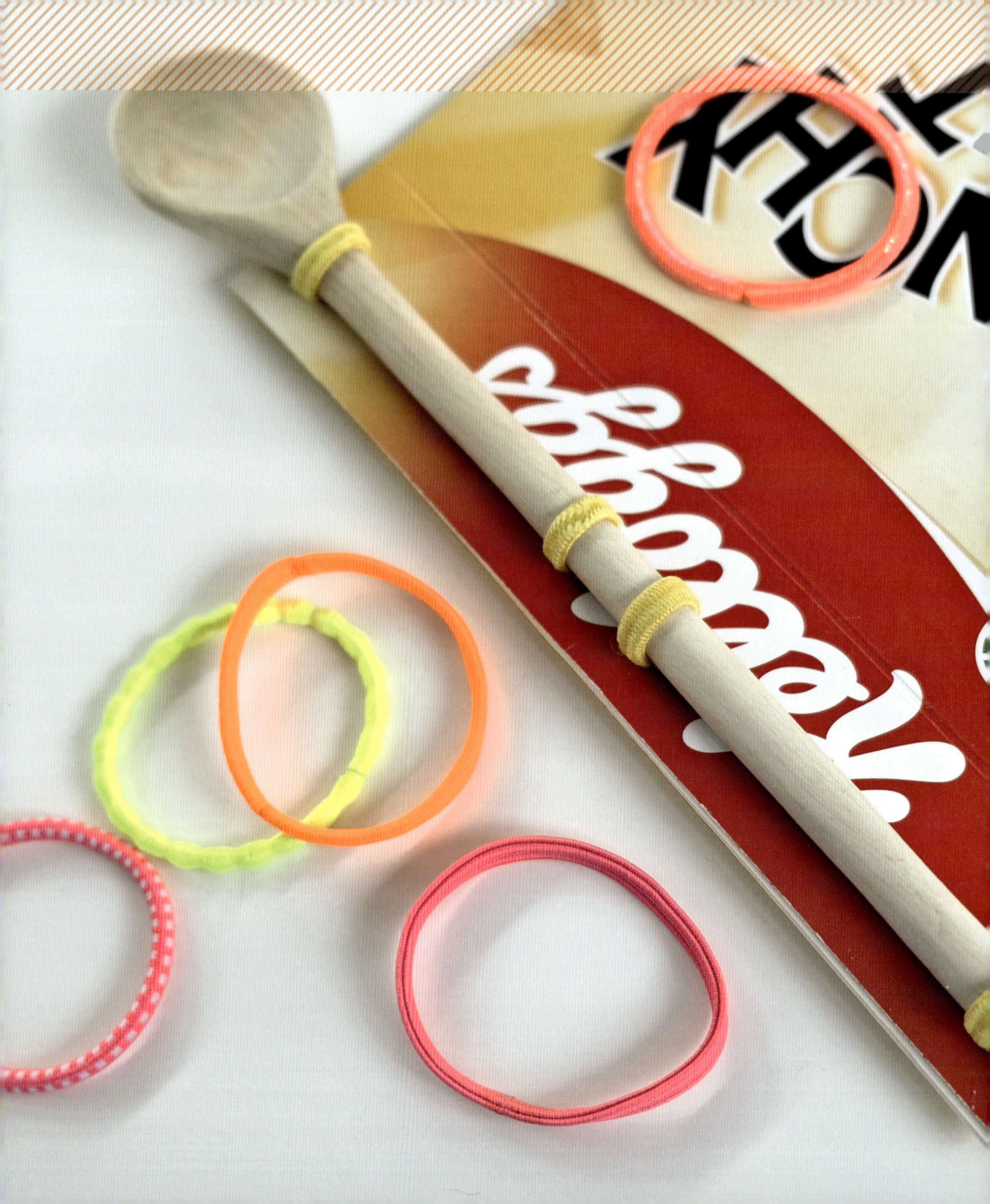

# LIRUM, LARUM, LÖFFELSTIEL

**DU BRAUCHST:**
1 festen Verpackungskarton
Cutter
Lineal
Schneideunterlage
1 Bogen festes farbiges Papier in DIN A4 (für die Buchrückseite)
Bleistift (oder Zauberstift)
Schere
10 bis 14 Bogen dünnes Papier in DIN A4 (für die Innenseiten)
Schablone für vier Löcher (Vorlage auf Seite 156)
2 Wäscheklammern,
Lochzange (oder Papierbohrer mit Holzbrett)
Falzbein
zwei Haargummis
als Hilfsmittel eine Häkelnadel
kleiner Kochlöffel (oder asiatisches Essstäbchen)
Geodreieck

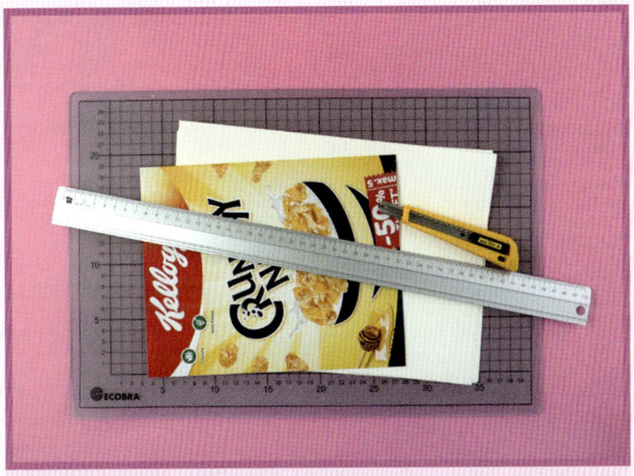


**1** Schneide dir mit dem Cutter und mithilfe eines Lineals den Verpackungskarton zu. Der Karton wird die Vorderseite deines Buchs werden. Lege beim Schneiden unbedingt eine Schneidematte unter.

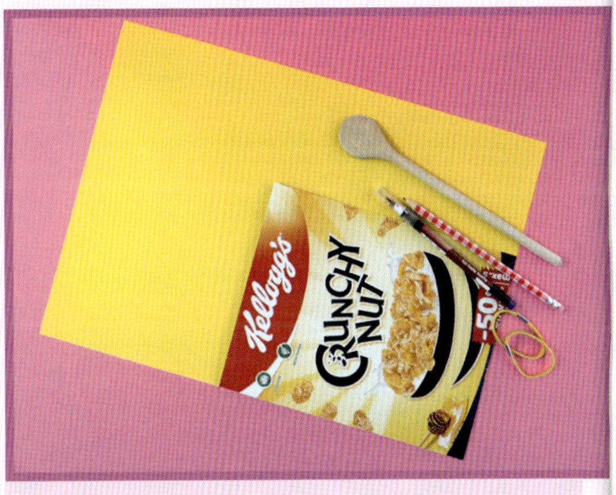


**2** Die Karton als Buchvorderseite gibt die Größe für die Buchrückseite vor. Mit Bleistift oder Zauberstift überträgst du die Größe auf das feste Papier und schneidest es aus. Auch das dünne Papier für die Innenseiten passt du an den Karton an.

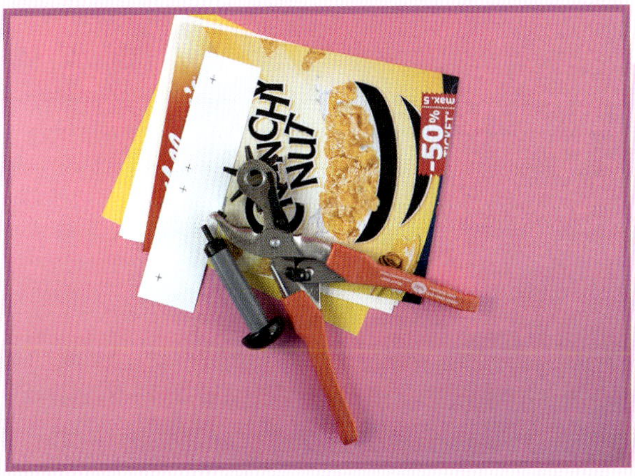


**3** Lege das feste und das dünne Papier auf einen Stapel. Obendrauf kommt der Karton. An der linken Seite des Stapels – an den späteren Rücken des Buchs – legst du die Schablone für vier Löcher an. Richte sie mittig aus und markiere die Stellen für die Löcher. Achte darauf, dass Rücken und Schablone von der Größe in etwa passen. Wenn das nicht der Fall ist, markiere dir selbst vier Stellen für die Löcher.

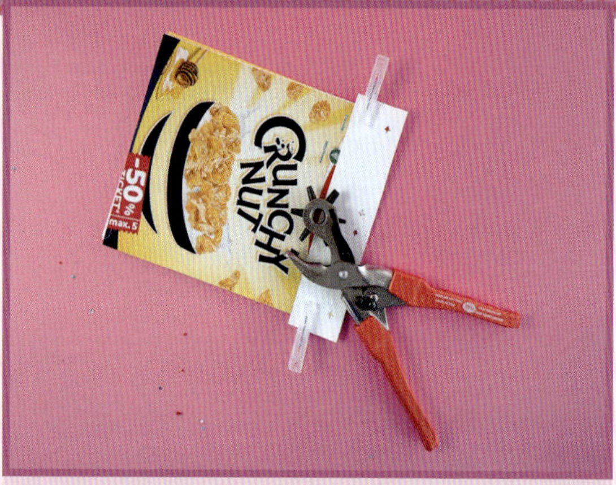


**4** Prüfe noch einmal, ob alle Papierlagen ordentlich und in der richtigen Reihenfolge übereinanderliegen? Passt alles? Dann nimm zwei Wäscheklammern, damit der Stapel gut zusammenhält.

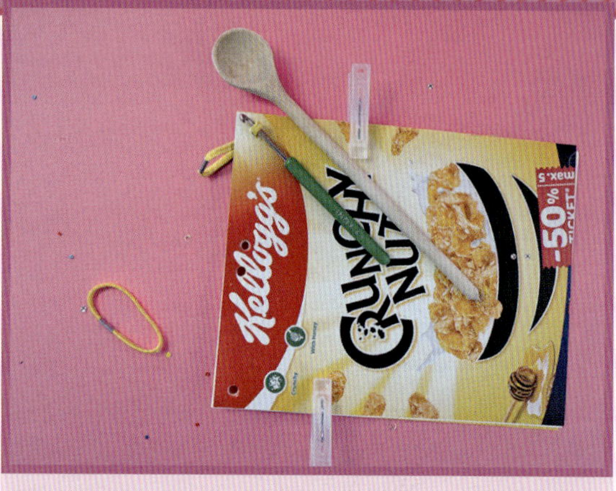


**5** Die Löcher stanzt du mit der Lochzange (oder dem Papierbohrer) durch alle Papierlagen aus. Achte darauf, dass die Löcher groß genug sind, damit der Haargummi hindurchpasst. Von hinten schiebst du den Haargummi durch das erste oberste Loch. Klappt das nicht, kannst du mit einer Häkelnadel den Haargummi von vorne hangeln und durch das Loch hindurchziehen.

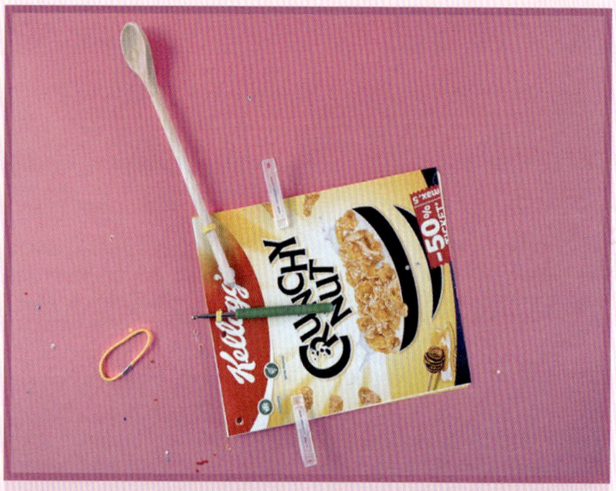


**6** Schiebe den Stiel vom Kochlöffel durch die erste Schlaufe. Danach „angelst" du am zweiten Loch das andere Haargummiende und ziehst es durch dieses hindurch. Schiebe den Kochlöffelstiel auch durch diese Schlaufe.

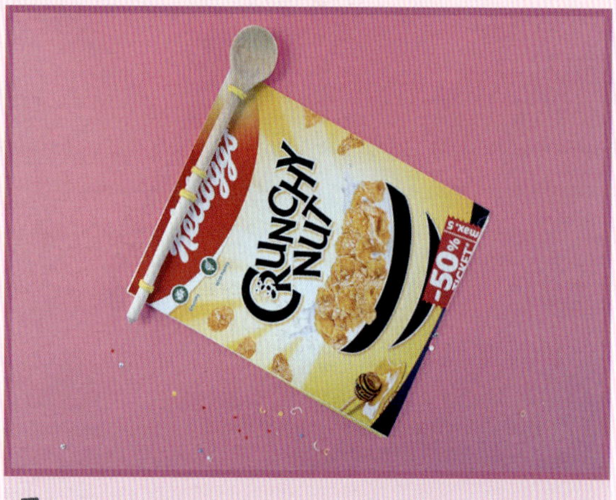


**7** Den zweiten Haargummi ziehst du auf die eben durchgeführte Weise durch das dritte und vierte Loch. Den Kochlöffelstiel schiebst du weiter, damit er auch diesen Gummi halten kann.

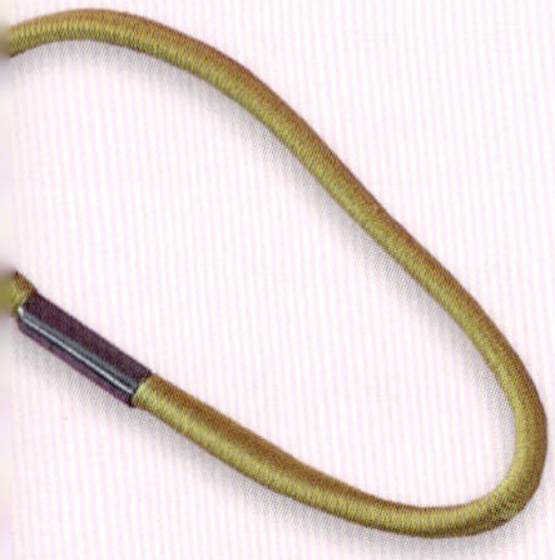

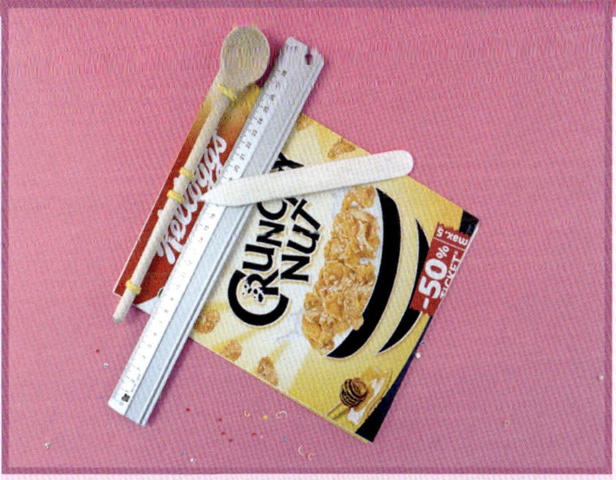


**8** Dein Buch ist schon fast fertig. Damit der Einband sich leicht aufschlagen lässt, ziehst du mit Lineal und Falzbein eine Rille in das Papier, die ungefähr 1 cm vom Kochlöffel entfernt parallel zu diesem verläuft. Das dünnere Papier brauchst du nicht rillen, es lässt sich später von alleine bei der Benutzung umklappen.

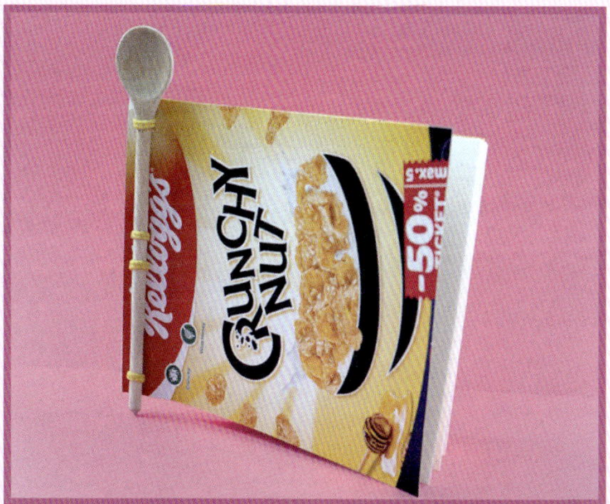


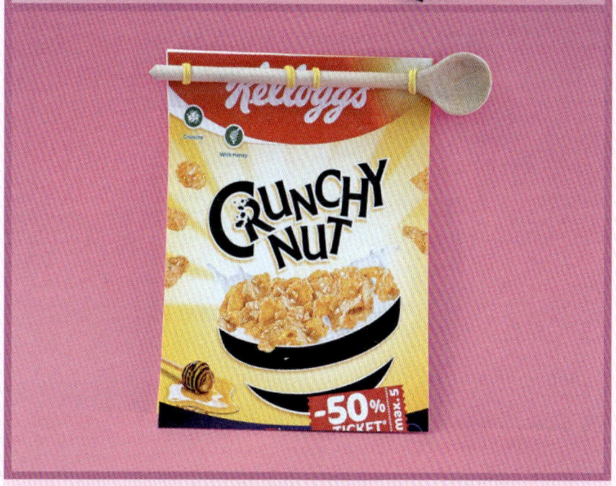


**9** Wie rum du dein Buch nun auch wendest – es ist fertig und kann nun benutzt werden.

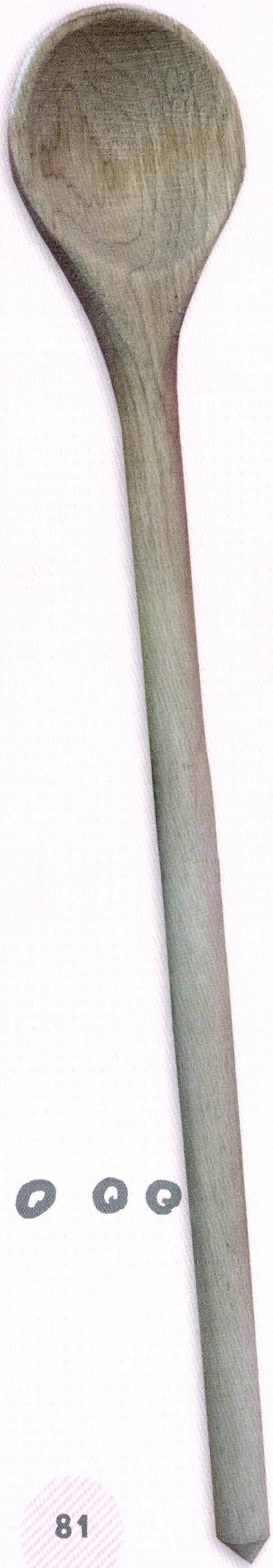

**TIPP**

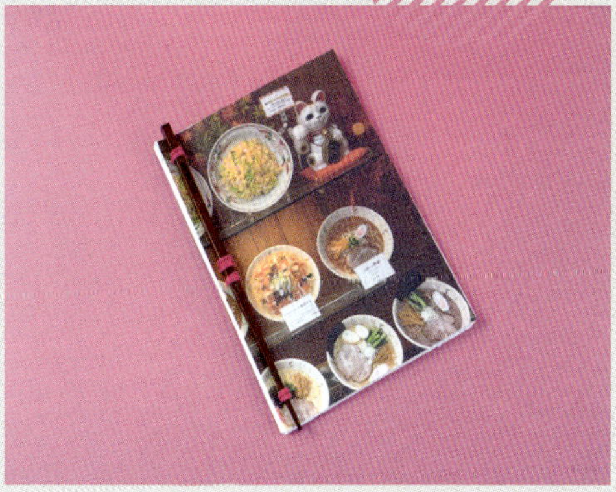

Hier siehst du ein Buch, bei dem die Haargummis ein asiatisches Essstäbchen halten. Außerdem kam ein ausgedrucktes Urlaubsfoto zum Einsatz – eine tolle Alternative, oder?

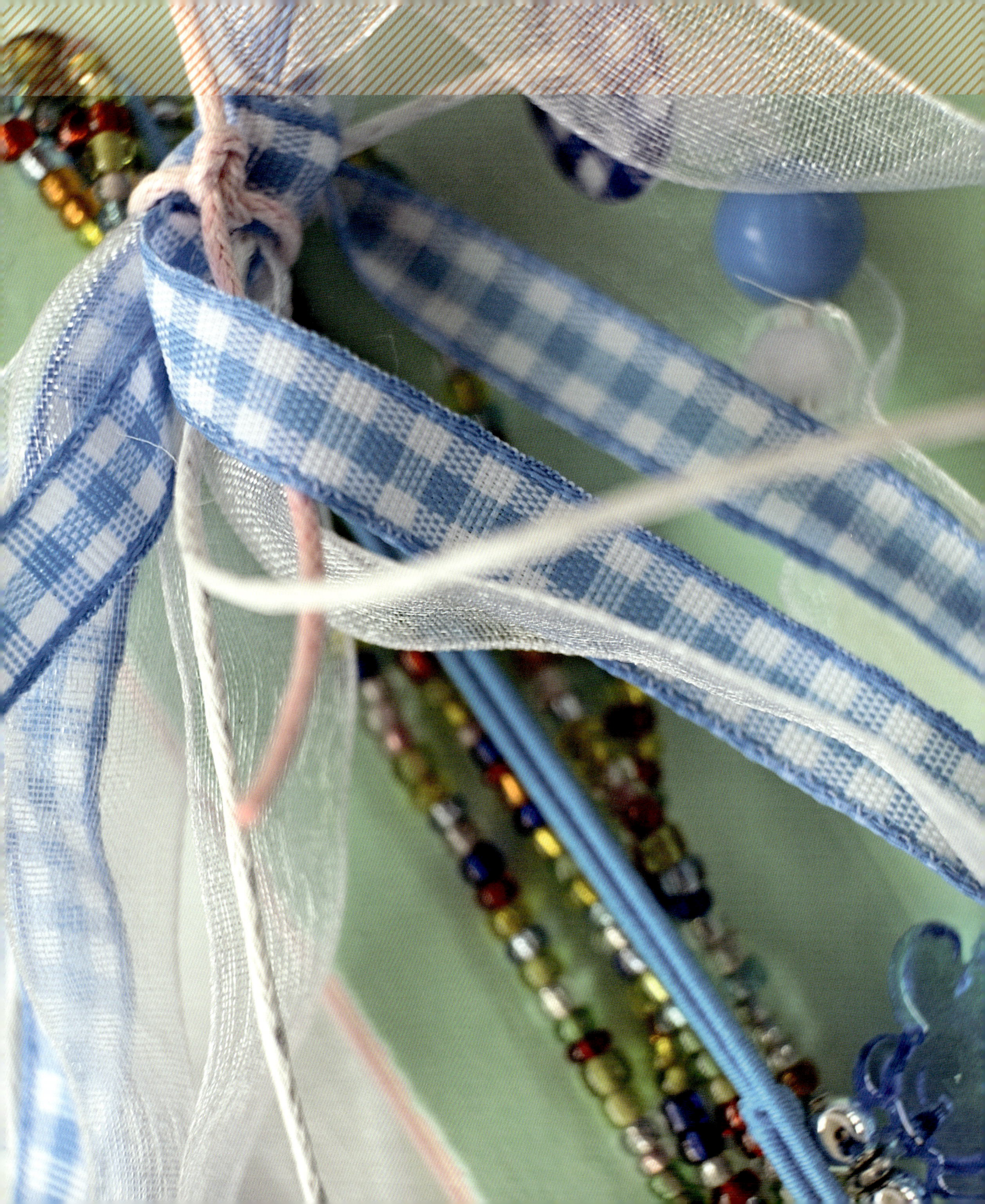

# FIRLEFANZ AM SPIESS

**DU BRAUCHST:**
10 Bogen dünnes DIN-A4-Papier in zwei oder mehr Farben (für die Innenseiten)
2 Bogen festes farbiges Papier in DIN A4 (für den Einband)
Falzbein
stumpfes Küchenmesser
Schablone für vier Löcher (Vorlage auf Seite 156)
Bleistift (oder Zauberstift)
2 Wäscheklammern
Lochzange (oder Papierbohrer mit Holzbrett)
Gummiarmbänder mit dekorativen Anhängern
als Hilfsmittel eine Häkelnadel
ein Schaschlikspieß
Geschenkband
Geodreieck (oder Lineal)

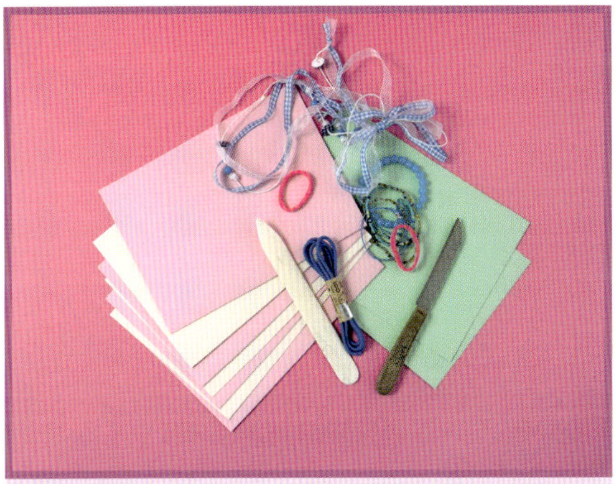

**1** Lege alle Blätter ins Hochformat und falte sie einmal in der Mitte um (siehe auch Seite 22, Schritt 1). Das feste Papier für den Einband schneidest du mithilfe eines stumpfen Küchenmessers am Knick auseinander.

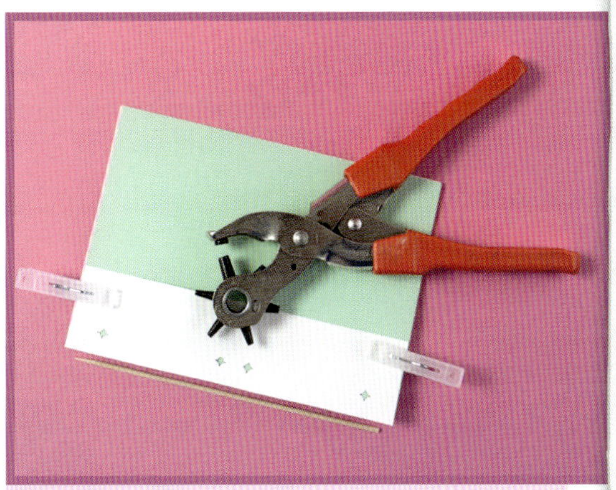

**2** Nun stapelst du dein Papier. Das dünne Schreibpapier legst du – so wie bei einem Sandwich – zwischen das feste Einbandpapier.
An den linken Blattrand, also an den Rücken, legst du die Schablone für vier Löcher an und markierst mit dem Bleistift (oder Zauberstift) die Löcher. Zwei Wäscheklammern halten den Stapel zusammen.

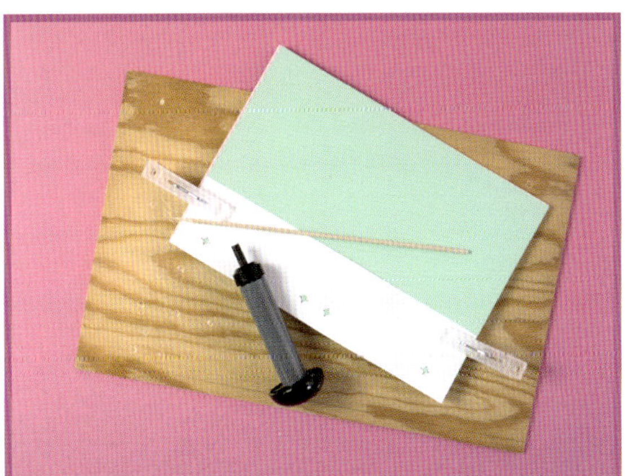

**3** Stanze die vier Löcher mit der Lochzange oder dem Papierbohrer aus. Wenn du den Papierbohrer nimmst, lege unbedingt ein Holzbrett unter.

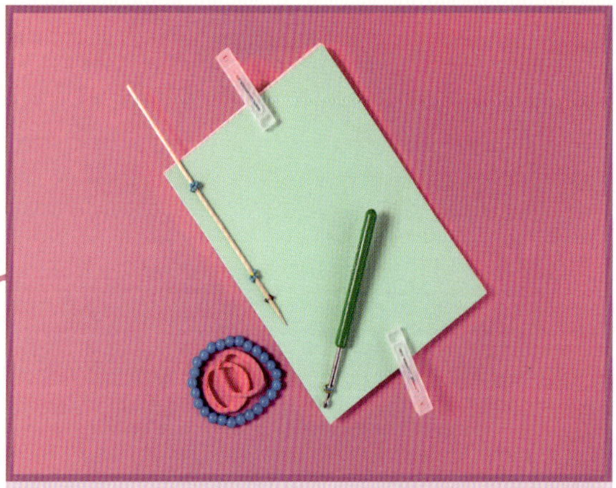

**4** Lege das Gummiarmband vorne auf den Einband und ziehe eine Schlaufe des Gummis durch das oberste Loch nach hinten durch. Ist die Schlaufe hinten angekommen, stecke den Schaschlikspieß hindurch, um diese zu halten. Das andere Ende vom Gummiband ziehst du durch das zweite Loch. Eine Häkelnadel kann hierbei sehr hilfreich sein.

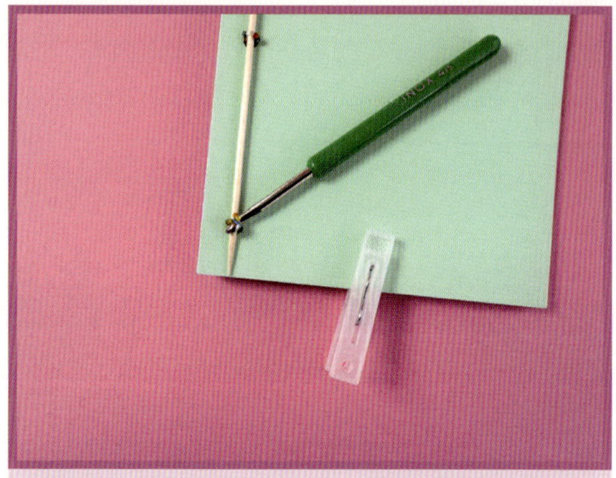

**5** Auf die eben beschriebene Weise ziehst du das zweite Gummiarmband durch das dritte und vierte Loch. Zwischenzeitlich schiebst du auch hier den Schaschlikspieß weiter, um die Schlaufen an ihm zu befestigen.

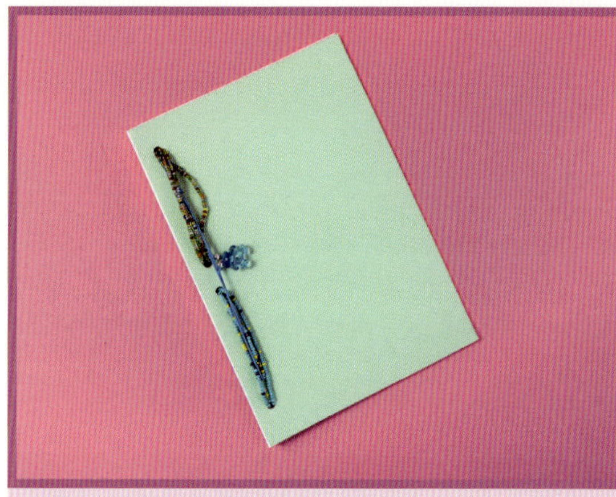

**6** Vorne bleibt das dekorierte Gummiarmband sichtbar, weil du nur die Schlaufen des Gummis nach hinten gezogen hast.

**TIPP**

Bei diesem Projekt ist das Vorgehen beim Durchziehen des Gummis prinzipiell mit dem des Projekts „Lirum, larum, Löffelstiel“ (Seite 78) identisch. Du kannst dir auch die ausführliche Erklärung dort ab Seite 80 durchlesen, falls dir die Anleitung hier zu kurz ist. Allerdings gibt es einen wichtigen Unterschied zwischen den beiden Projekten: Bei dem Projekt hier liegt das Gummiband mit den dekorativen Verzierungen – dem Firlefanz – vorne und der Gummi wird nach hinten durch die Löcher gezogen. Bei „Lirum, larum, Löffelstiel“ war es dagegen anders herum.

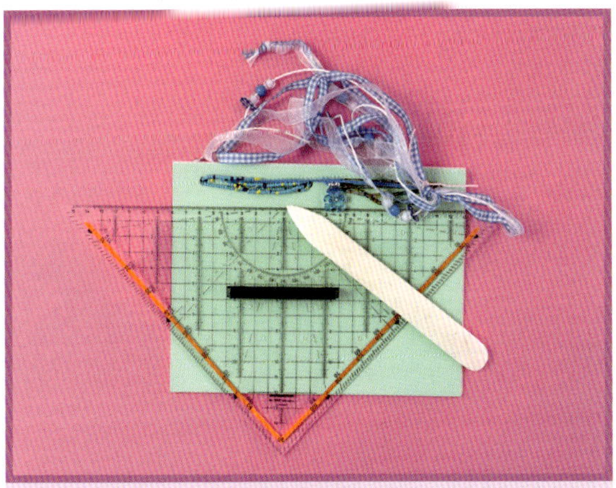

**7** Das Buch heißt ja „Firlefanz am Spieß“ und so kannst du jetzt das Buch nach Lust und Laune weiter dekorieren. An das Buch hier ist noch eine Schleife aus Geschenkband geknotet. Damit das Buch sich leicht öffnen lässt, ist außerdem noch eine Rille am Einband gezogen worden. Für die Rille ziehst du das Falzbein einfach am Geodreieck entlang – lass dabei ausreichend Abstand zu dem „Firlefanz“ des Buchs.

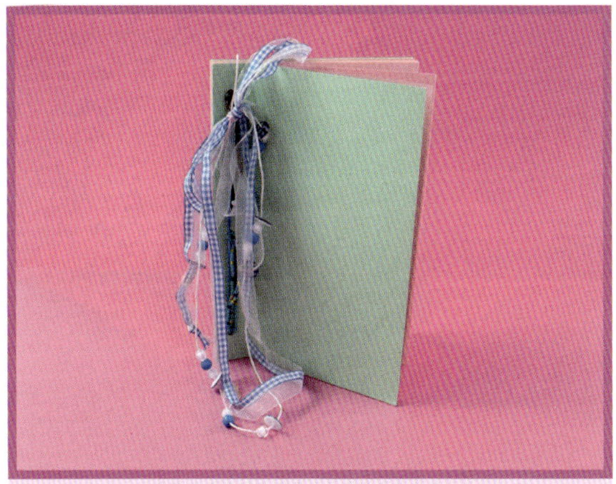

Und schon liegt es fertig da – dein „Firlefanz am Spieß“. Ich wünsche dir viel Spaß damit.

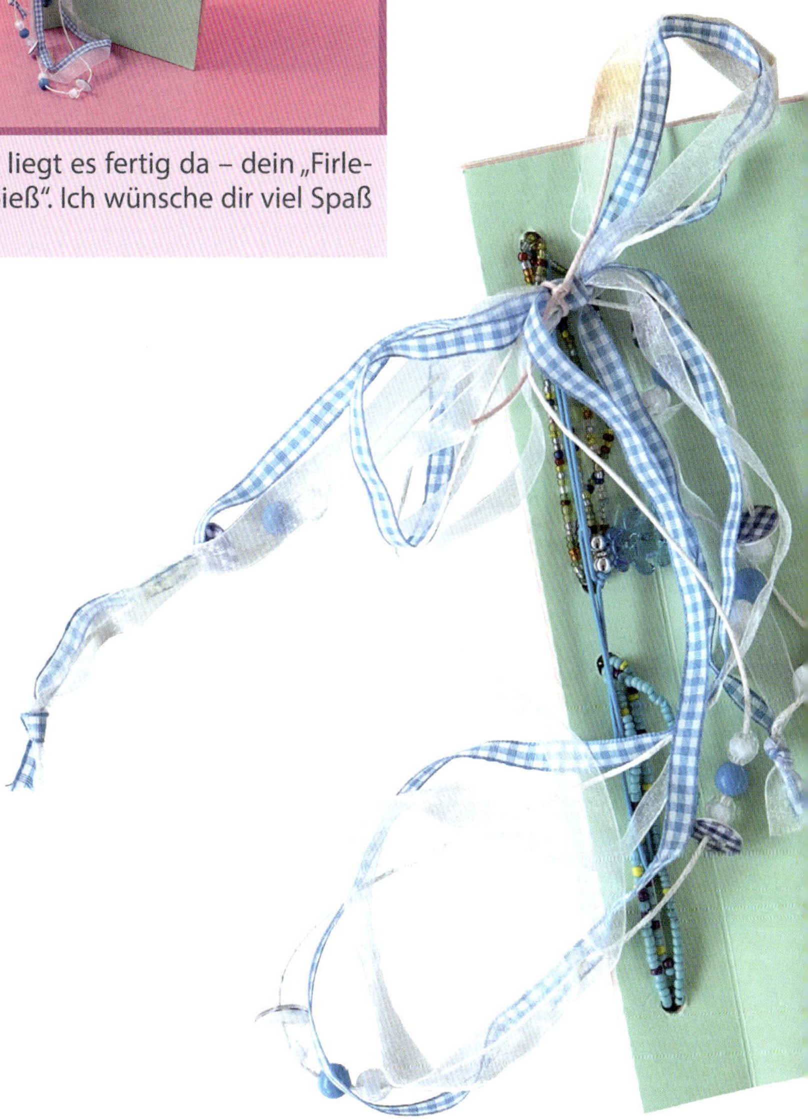

## TIPP

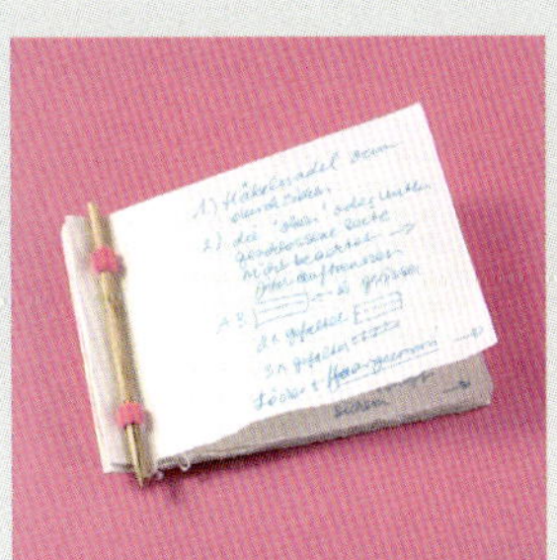

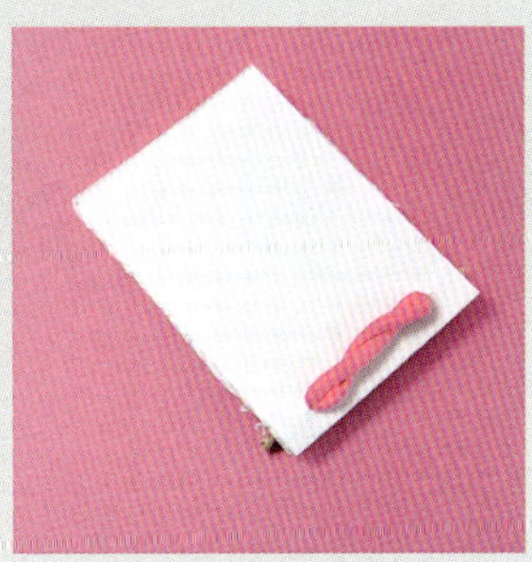

Wirklich blitzschnell geht diese Variante hier. Du brauchst Papierreste, einen Haargummi und ein Stückchen Schaschlikspieß. Was du nicht mehr brauchst, ist eine Anleitung hierfür, denn bestimmt bastelst du dieses Buch inzwischen so gut wie im Schlaf.

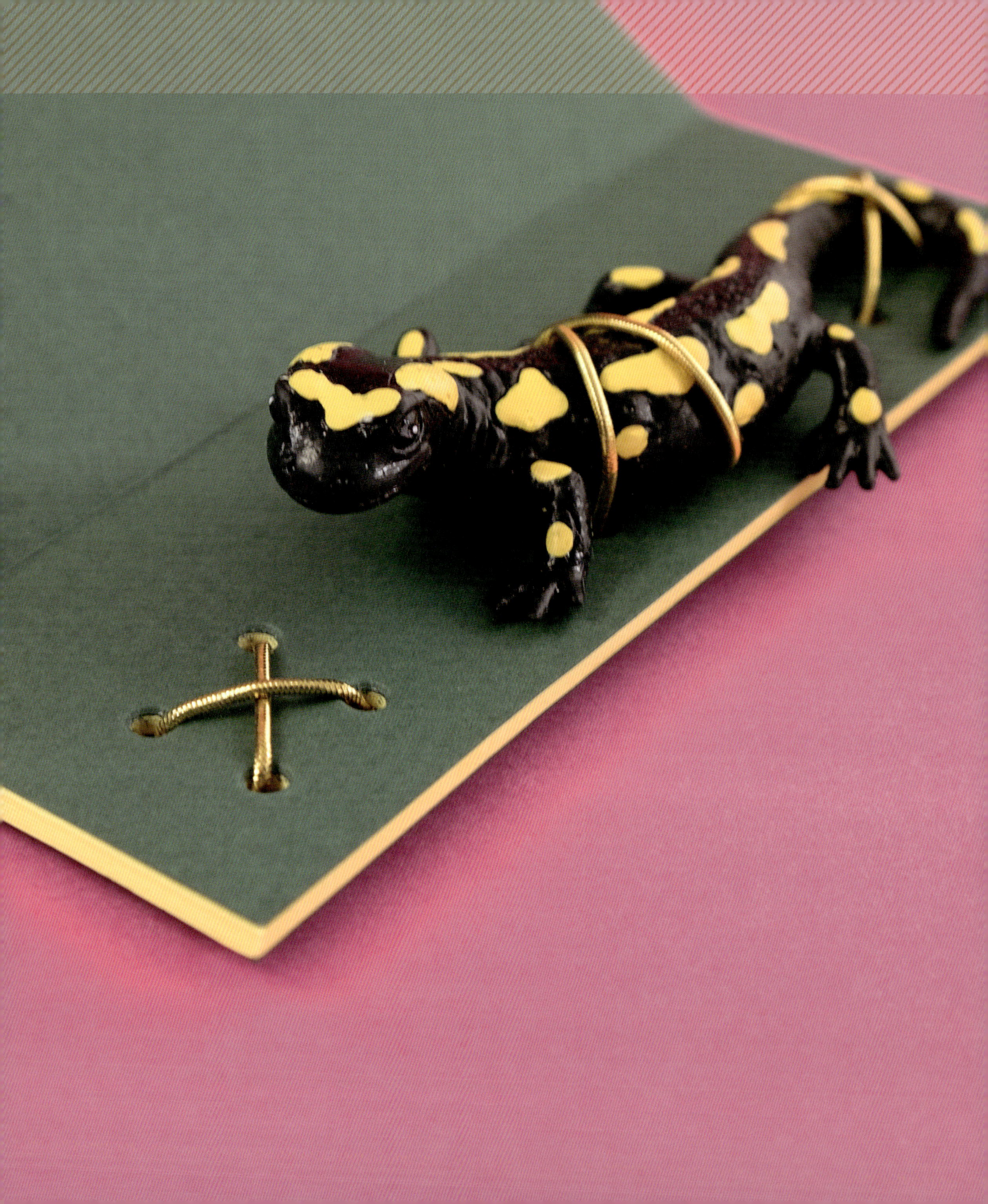

# FUNDSTÜCK

**DU BRAUCHST:**
8 Bogen dünnes Papier in DIN A4 (für die Innenseiten)
1 Bogen festes farbiges Papier in DIN A4 (für den Einband)
Falzbein, stumpfes Küchenmesser
2 Wäscheklammern
Schablone für zwölf Löcher (Vorlage auf Seite 156)
Bleistift (oder Zauberstift)
farbiges Rundgummiband aus dem Schneiderbedarf (oder ein anderes schönes Band)
Lochzange (oder Papierbohrer und Holzbrett)
ein „Fundstück" (wie etwa der Salamander)
Geodreieck (oder Lineal)
eventuell Häkelnadel

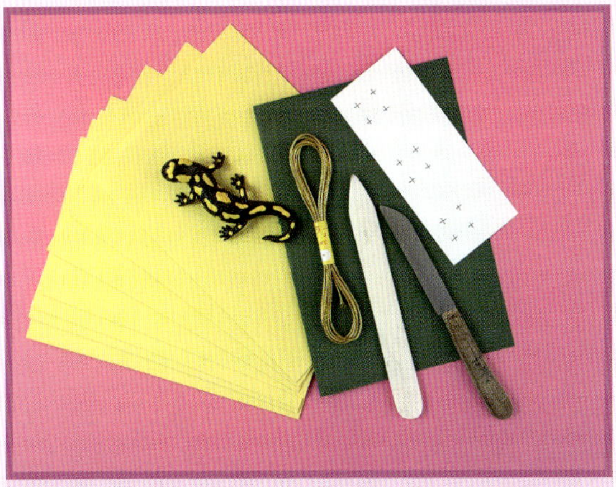

**1** Lege dein Papier ins Hochformat und falte das Papier in der Mitte. Entlang des Knicks schneidest du das Papier dann mithilfe des stumpfen Küchenmessers auseinander. Auch das farbige feste Papier faltest du und halbierst es.

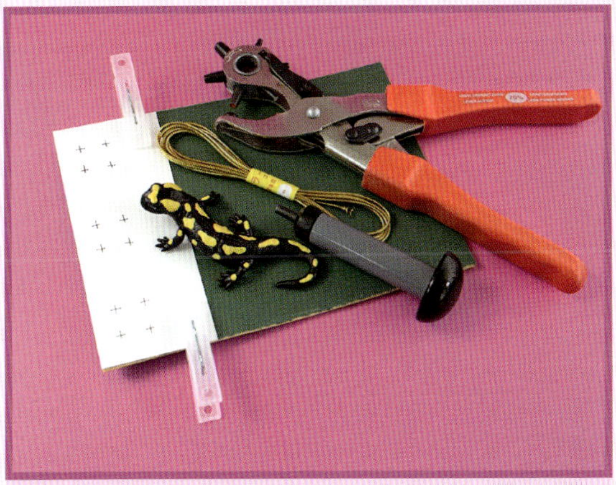

**2** Sortiere das Papier in der richtigen Reihenfolge, lege also zwischen das feste Papier, das den Einband bildet, das dünne Papier für die Innenseiten. Zwei Wäscheklammern halten den Stapel zusammen.

**3** An der linken Seite des Stapels – an dem späteren Rücken des Buchs – legst du die Schablone für zwölf Löcher an. Die Stellen für die Löcher markierst du auf dem Papier mit dem Bleistift oder Zauberstift. Anschließend stanzt du die Löcher mit der Lochzange aus. Alternativ kannst du auch den Papierbohrer nehmen, lege dann aber zum Schutz der Arbeitsfläche ein Holzbrett unter.

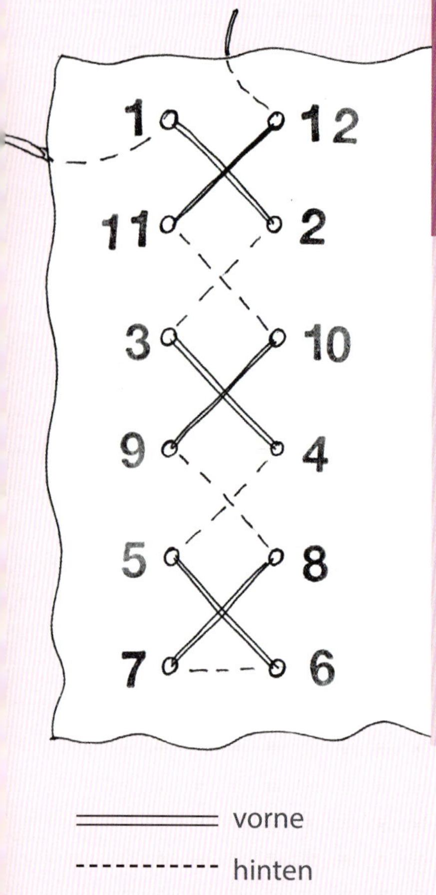


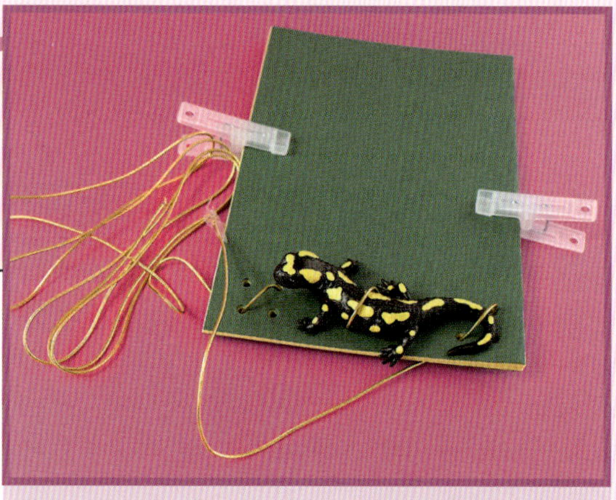

**4** Nun fädelst du das Gummiband durch die Löcher. Du beginnst links oben, wobei du das Gummiband nicht komplett bis zum Loch nachziehst, sondern ein Stück davon hinten hängen lässt. Folge dann den Zahlen der Anleitung links.
Mit jedem Schritt ziehst du das Band vorsichtig nach und noch enger um das Fundstück. Achte dabei darauf, dass das Gummiband bei Loch Nummer 1 nicht nach vorne rutscht. Gehe mit Fingerspitzengefühl ans Werk. Arbeite dich so weiter vor, bis du an Loch Nummer 12 angekommen bist.

**5** Wenn das Band durch alle zwölf Löcher gezogen ist, bist du am Ausgangsloch angekommen. Nun ziehst du das Gummiband fest und verknotest es hinten mit dem Anfang. Zur Sicherheit machst du zwei Knoten.

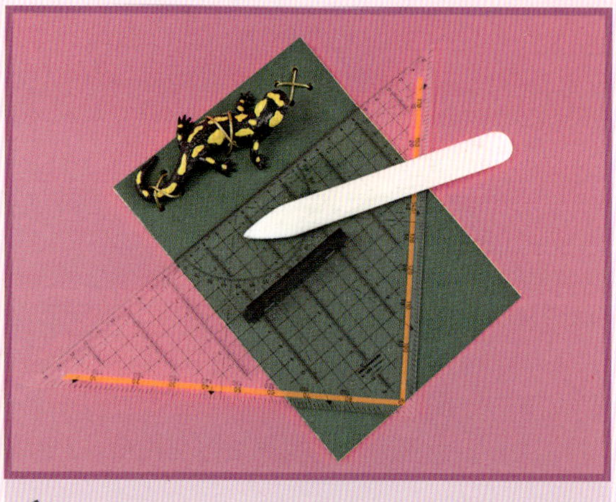

**6** Damit das Buch sich leicht öffnen lässt, drückst du mit dem Falzbein eine Rille in den Einband. Lege das Geodreieck oder ein Lineal  parallel zum Fundstück und ziehe das Falzbein mit Druck am Geodreieck entlang.

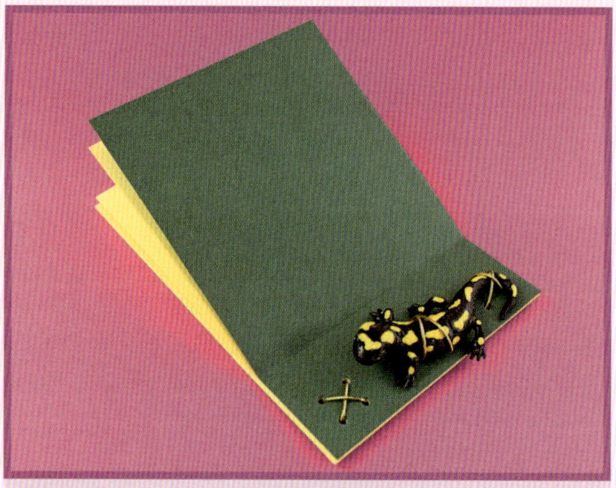

Und schon bist du fertig mit deinem Buch mit Fundstück.

# SCHREIBIDEEN

Bücher und Hefte zu gestalten, das ist sehr kreativ. Für das Schreiben gilt das ebenfalls. Schau dir mal die folgenden Schreibideen an.

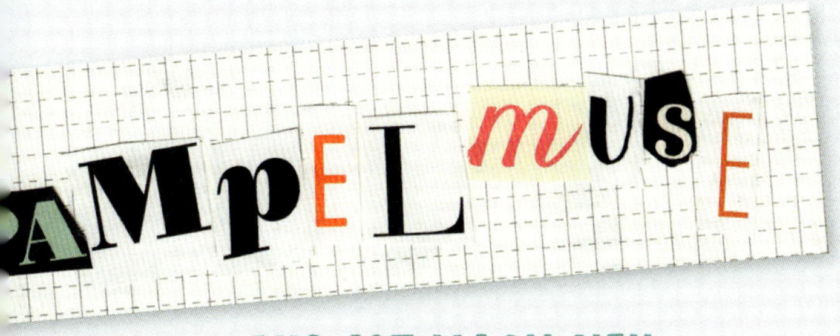


## AUS ALT MACH NEU

Viel Spaß macht es, Wörter aus Zeitungen und Zeitschriften auszuschneiden und sie zu neuen Geschichten oder Gedichten zusammenzufügen. Bei diesen Collagen sind deiner Fantasie keine Grenzen gesetzt.

## UNGEWÖHNLICHE PORTRÄTS

Das ist eine Idee für ein wunderbares Geschenkbuch. Porträtiere einen Menschen, dem du mit einem ganz persönlichen Buch eine Freude machen möchtest. Für dein geschriebenes Bild vergleichst du die Person mit Tieren oder Dingen. Welchem Tier ähnelt die Person? Einer anmutigen Gazelle, einem pfiffigen Fuchs oder einem gemütlichen Bärenbaby? Schreibe dazu einen Satz: „Als Tier wärst du ein aufmerksames, geselliges Erdmännchen.“ Auf den weiteren Seiten des Buchs bestimmst du dann, was deine Person als Speise, Getränk, Bauwerk, Blume, Baum, Farbe, Musikstück oder Kinderbuchheld(in) wäre. Sicher fallen dir noch weitere Zuordnungen ein. Wenn du magst, kannst du dein Buch mit Zeichnungen oder Fotos illustrieren.

## ABC-BUCH

Jede Buchseite (oder Doppelseite) ist einem Buchstaben gewidmet – und zwar in der alphabetischen Reihenfolge von A bis Z. Überleg dir Namen von A bis Z und schreib zu jedem einen Satz, in dem alle Wörter den gleichen Anfangsbuchstaben haben: „Anna angelt am Abend Aale.“

## FALTSÄTZE FÜR EIN FALTBUCH

So kannst du gemeinsam mit Freunden aus einem Leporello ein witziges Gemeinschaftsbuch gestalten. Die Grundidee kennst du vielleicht aus dem Schreibspiel „Onkel Otto sitzt in der Badewanne“: Keiner weiß, was der andere geschrieben hat, weil die Wörter weggeknickt werden. Vorab wird festgelegt, welche Wortart in jeder Spalte stehen darf. In der 1. ein Verwandtschaftsgrad (Onkel) oder Beruf, in der 2. ein Name (Otto), in der 3. eine Tätigkeit (sitzt), in der 4. ein Verhältniswort (in), in der 5. ein Artikel (der) und in der 6. ein konkretes Hauptwort (Badewanne). Jeder Mitspieler schreibt ein Wort, knickt das Blatt (bzw. die Buchseite) um und reicht es an den Nachbarn weiter. So füllt sich das Leporello mit komischen Sätzen.

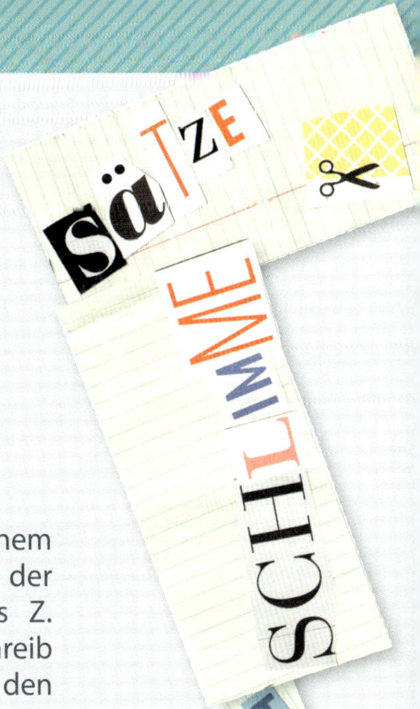


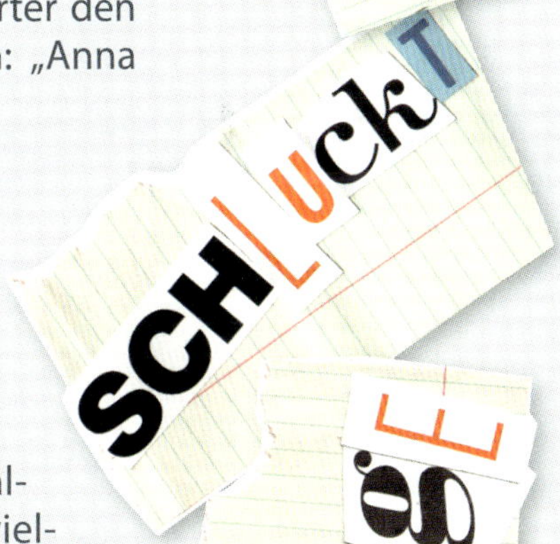


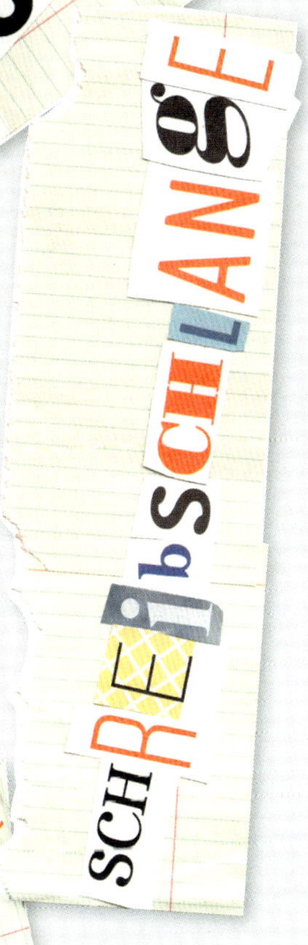


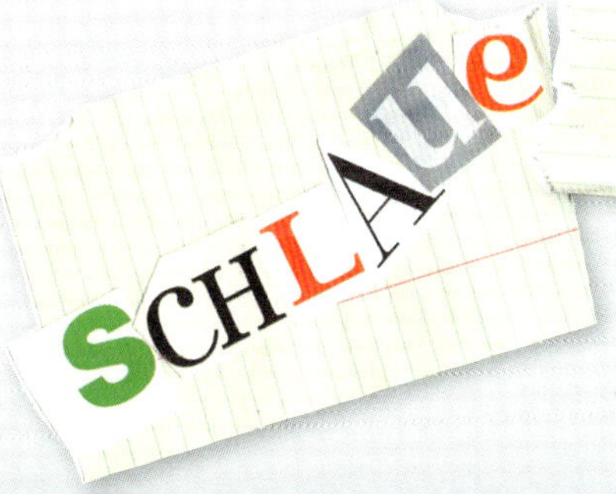

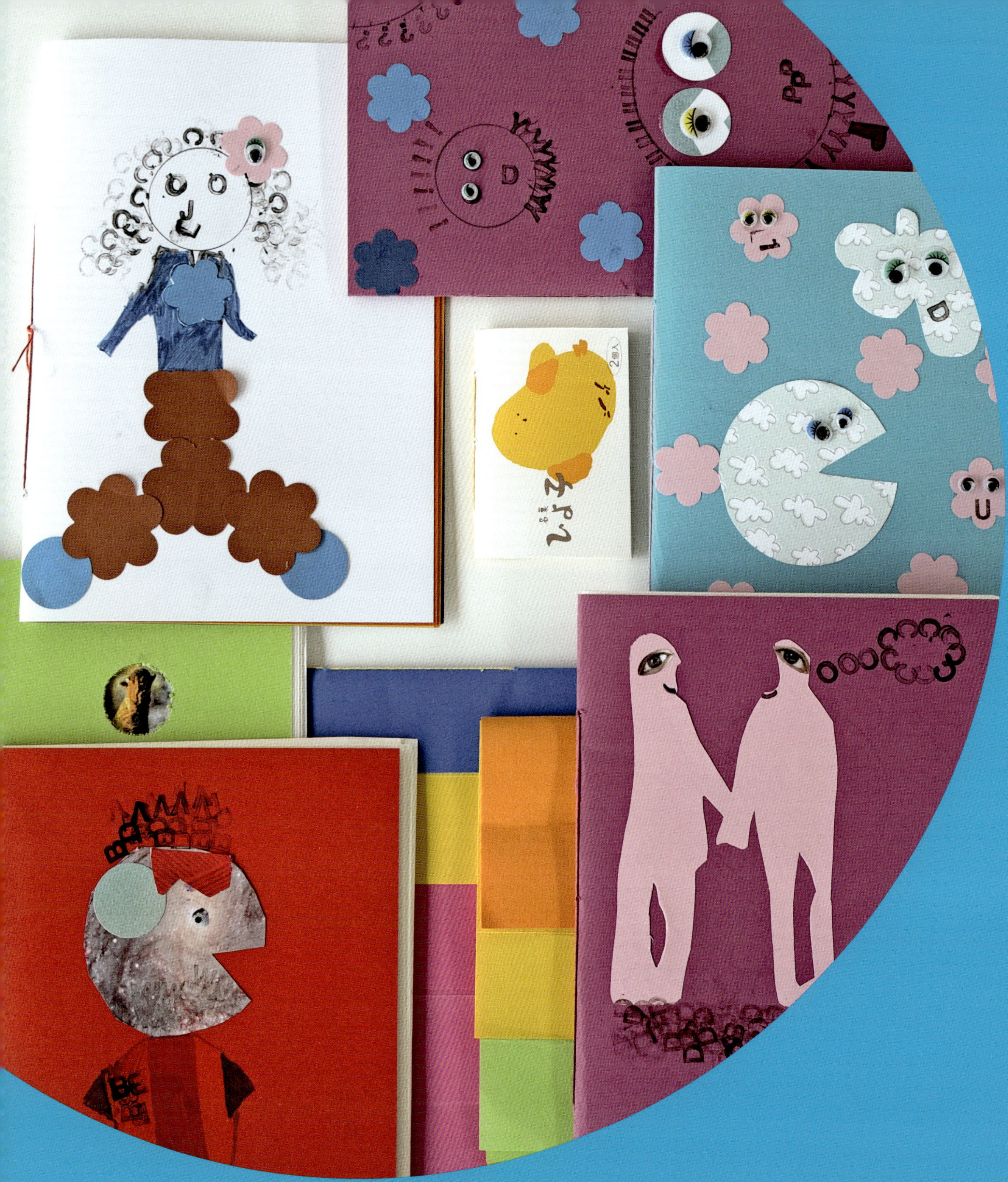

# KAPITEL 5

# VERSCHIEDENE HEFTE

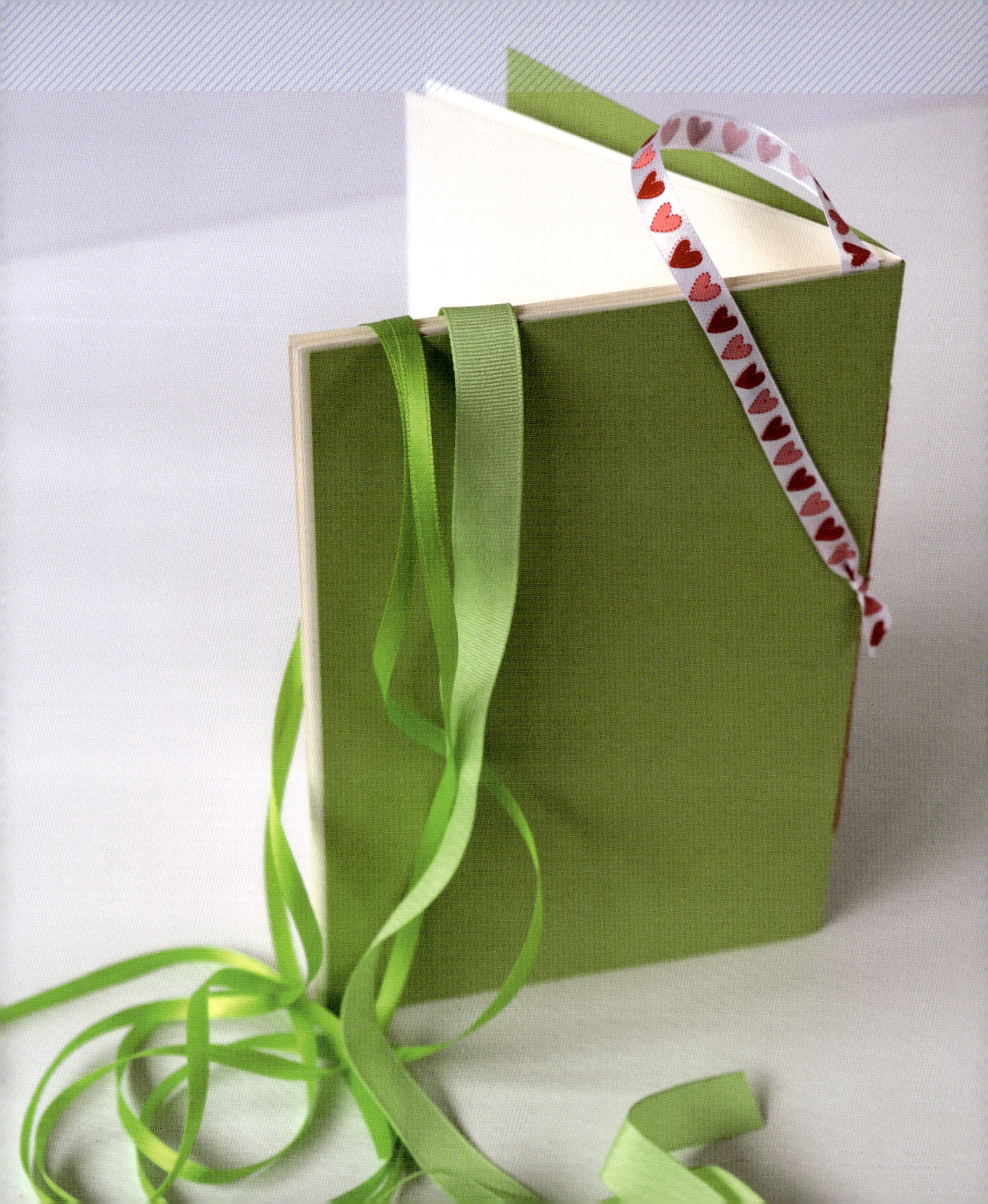

# HEFT MIT LESEBÄNDCHEN

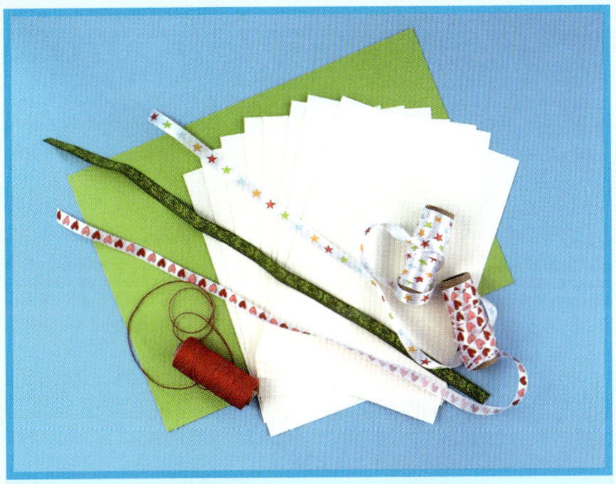

**1** Lege dir alle Materialien bereit. Dann nimmst du dein Papier und drehst es in das Hochformat. Du faltest alle Bogen des dünnen Papiers und auch das feste Papier einmal in der Mitte um (siehe auch Seite 23, Schritt 1).

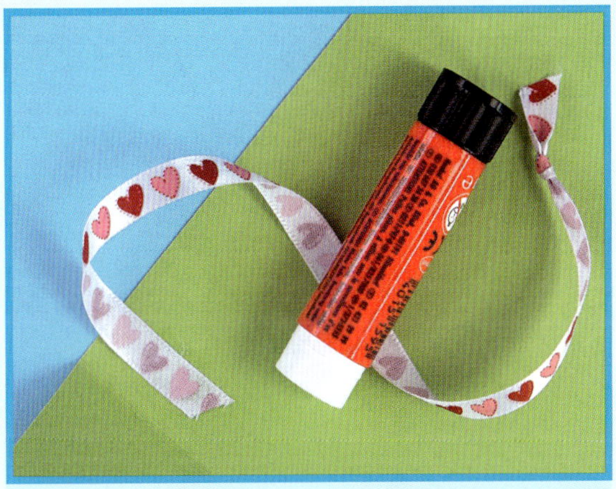

**2** Das Lesebändchen schneidest du so ab, dass es etwas länger ist als dein Heft hoch ist. Dann klebst du das Bändchen auf der rechten Seite des Umschlags nah am Knick fest.

**DU BRAUCHST:**
6 Bogen dünnes Papier in DIN A4 (für die Innenseiten)
1 Bogen festes farbiges Papier in DIN A4 (für den Umschlag)
Falzbein
Dekoband (für das Lesebändchen)
Schere
Klebestift
bunter Papierrest für eine Blüte o. Ä.
2 Wäscheklammern
Schablone für drei Löcher (Vorlage auf Seite 156)
Bleistift (oder Zauberstift)
Ahle (oder Prickelnadel)
Katalog als Unterlage
stumpfe Nadel und Zwirn

**TIPP**
Die Stelle, an der du das Lesebändchen aufgeklebt hast, kannst du auch ganz einfach mit einem schönen Washi Tape abkleben. Das dauert keine zwei Sekunden und sieht ebenso gut aus.

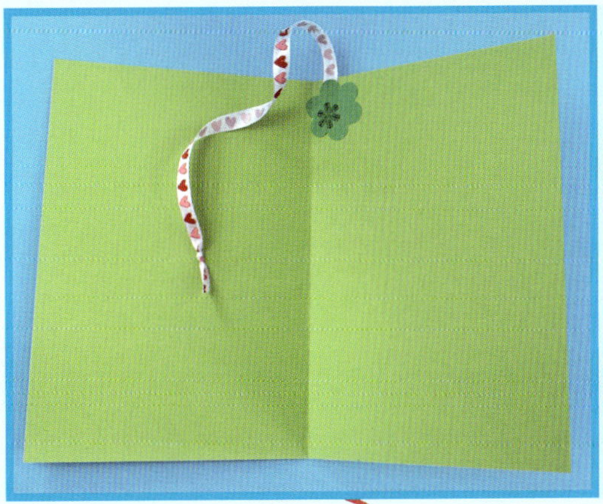

**3** Um die Klebestelle zu verdecken, bastelst du dir aus einem Papierrest noch etwas Hübsches – ich habe mich in dem gezeigten Beispiel für eine Blüte entschieden. Die Blüte habe ich mit einer Stanze gemacht, das Blüteninnere ist mit einem Stempel entstanden. Gestalte du mit dem, was dir zur Verfügung steht. Außerdem kannst du in das Lesebändchen noch einen Knoten machen, damit das Band dort etwas schwerer wird und nach unten fällt.

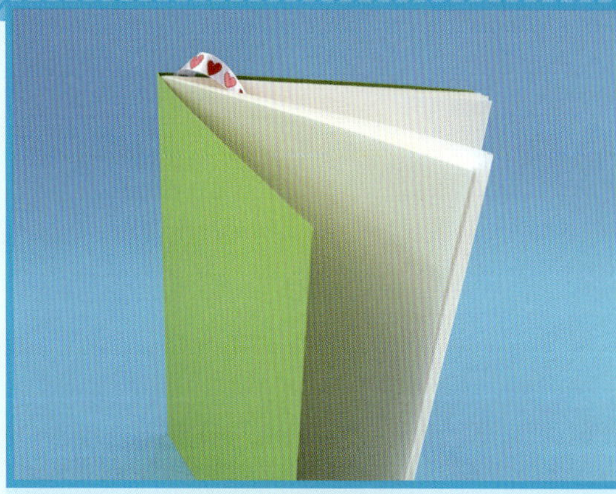

**4** Stecke nun das gefaltete Papier für die Innenseiten in das gefaltete feste Papier für den Umschlag – das sieht schon wie ein Heft aus.

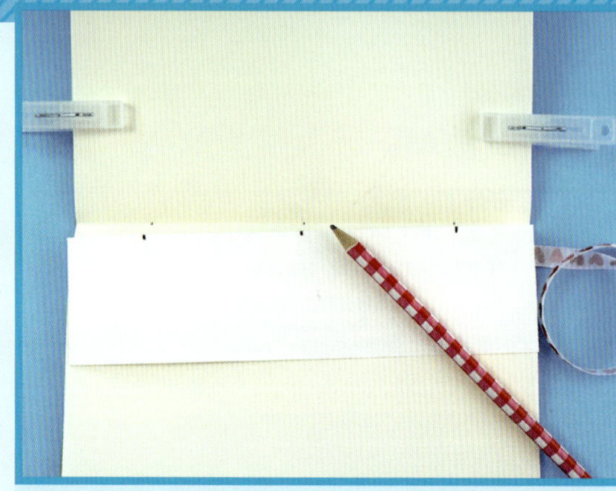

**5** Klappe dein „Heft" in der Mitte auf und nimm die beiden Wäscheklammern, um die Papierlagen zusammenzuhalten. Lege möglichst nah am Knick die Schablone für drei Löcher an. In der Papierfalte zeichnest du die Punkte für die Löcher an.

**6** Lege einen aufgeschlagenen Katalog unter dein Papier. Mit der Ahle (oder Prickelnadel) stichst du die Löcher durch alle Papierlagen hindurch.

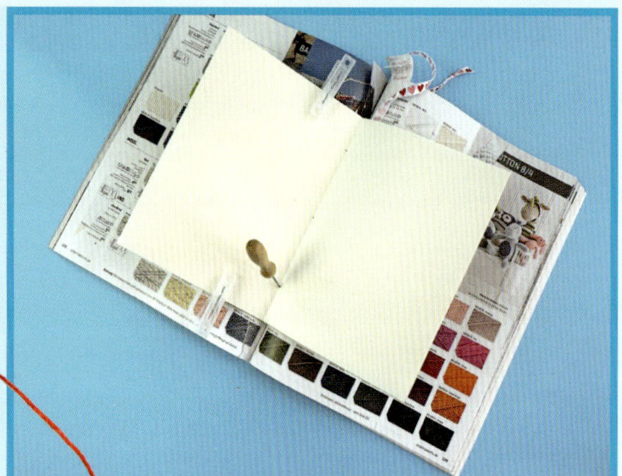

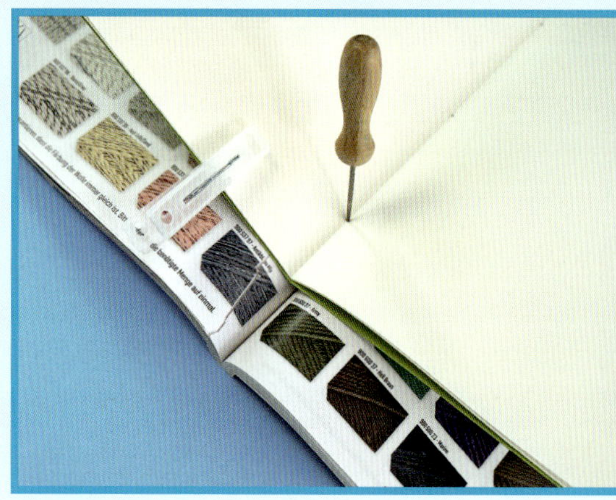

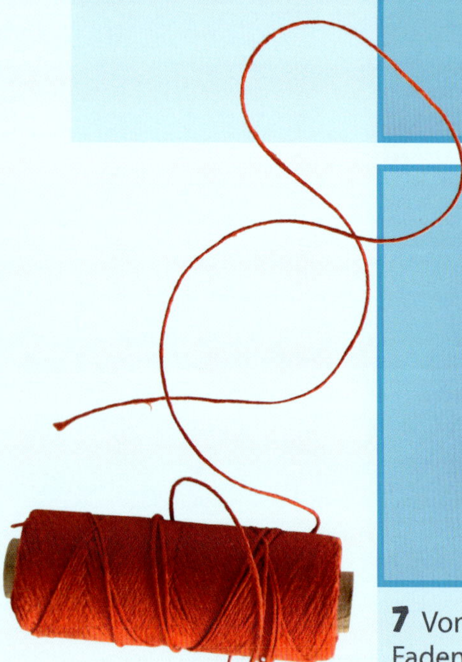

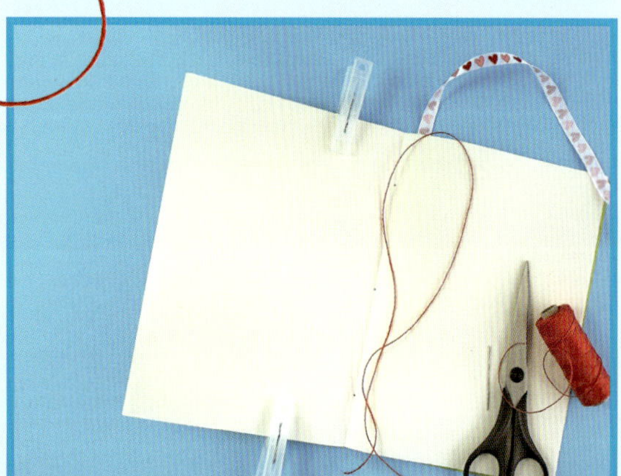

**7** Von der Zwirnrolle schneidest du einen Faden ab, der zweimal so lang ist, wie das Heft hoch ist, und fädelst ihn in deine Nadel.

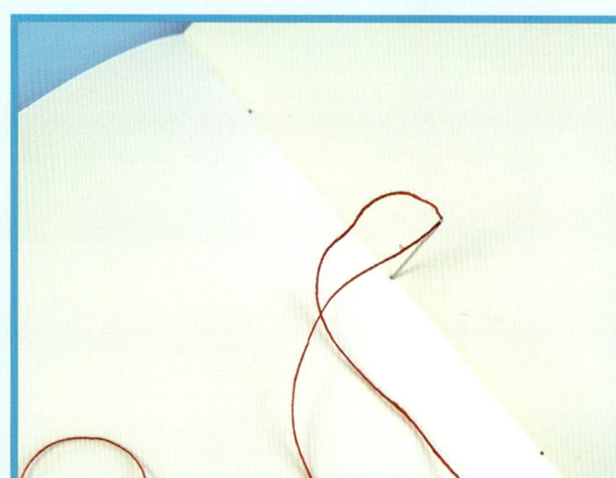

**8** Du beginnst mit dem Nähen innen und stichst den Faden durch das mittlere Loch. Ein Stück des Fadens bleibt innen liegen – es muss so lang sein, dass du später damit bequem einen Kreuzknoten (Seite 14) binden kannst.

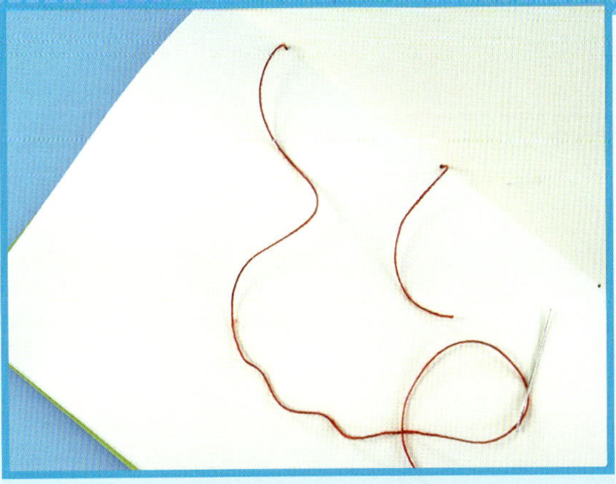

**9** Führe nun den Faden nach links und steche durch dieses Loch von außen nach innen. Ziehe den Faden vorsichtig nach.

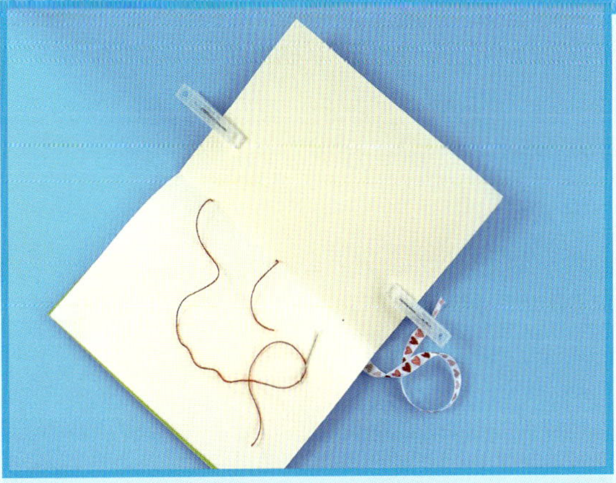

**10** Vom linken Loch führst du den Faden im Heftinneren zum rechten Loch. Hier stichst du wieder nach außen hindurch und ziehst den Faden nach.

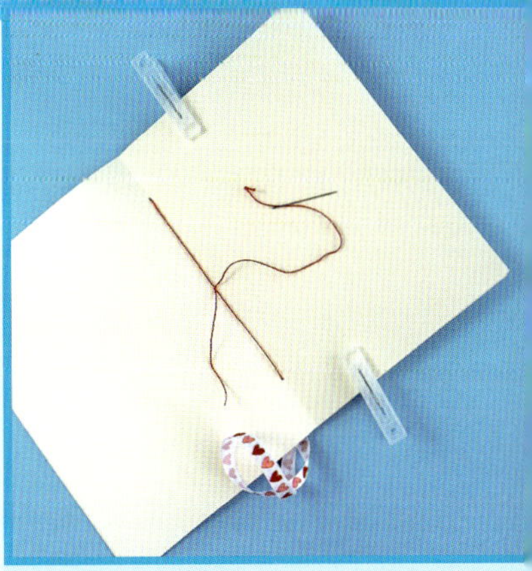

**11** Am Heft außen entlang führst du den Faden zum mittleren Loch. Stich durch das Loch in der Mitte und komme so mit Nadel und Faden zurück in das Innere des Hefts. Zieh den Faden nach und achte darauf, dass er gespannt ist. Wenn du magst, schau noch mal auf Seite 18, (Rückenstichheftung) nach wie es funktioniert.

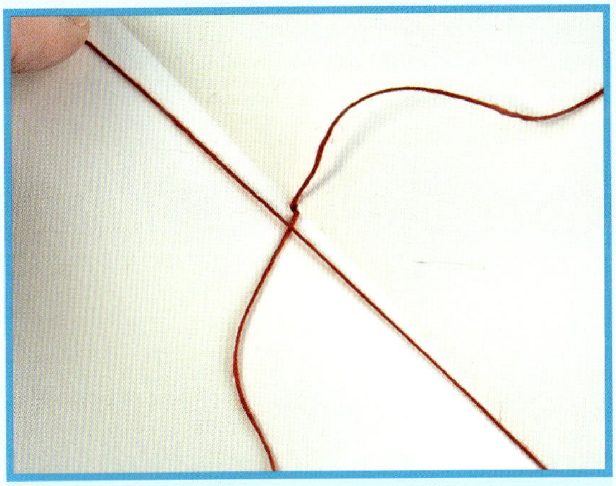

**12 WICHTIG:** Die beiden Enden müssen rechts und links von dem Faden liegen, der bereits innen verläuft! Dann machst du einen doppelten Kreuzknoten und knotest so den anderen Faden auch gleich mit an.

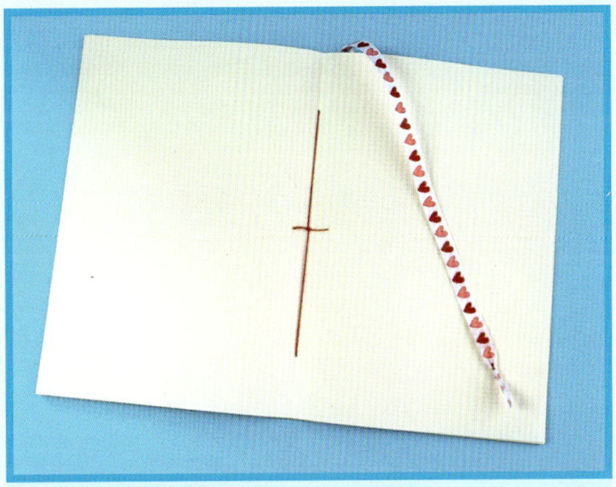

**13** Die Fadenenden schneidest du ab, aber nicht zu knapp. Lass etwas Abstand zum Knoten.

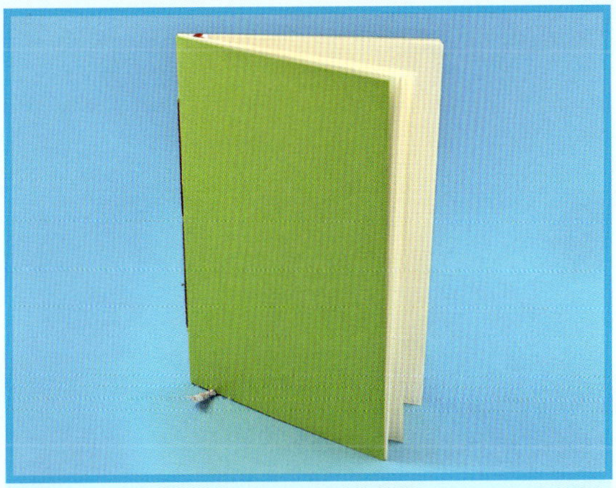

**14** Fertig. Wenn du es einmal geschafft hast, ein Heft zu binden, ist es wirklich „kinderleicht".

**TIPP** Wenn du magst, kannst du deinen Hefteinband noch witzig oder spannend oder bunt gestalten. Auf den nächsten beiden Seiten sind Hefte zu sehen, die Kinder gemacht haben. Ganz verschiedene kreative Techniken wurden ausprobiert. Lass dich inspirieren von den unterschiedlichen Einbandgestaltungen.

# KINDERWERKE

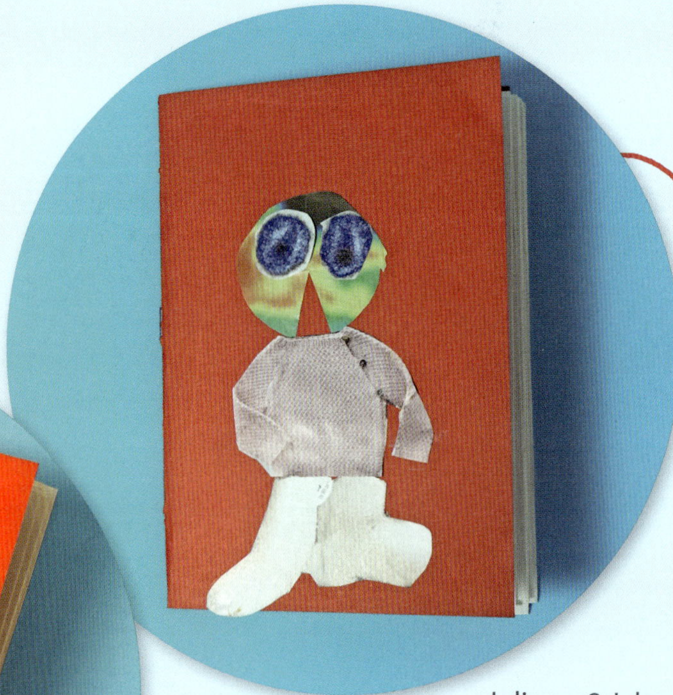

Juliane, 8 Jahre

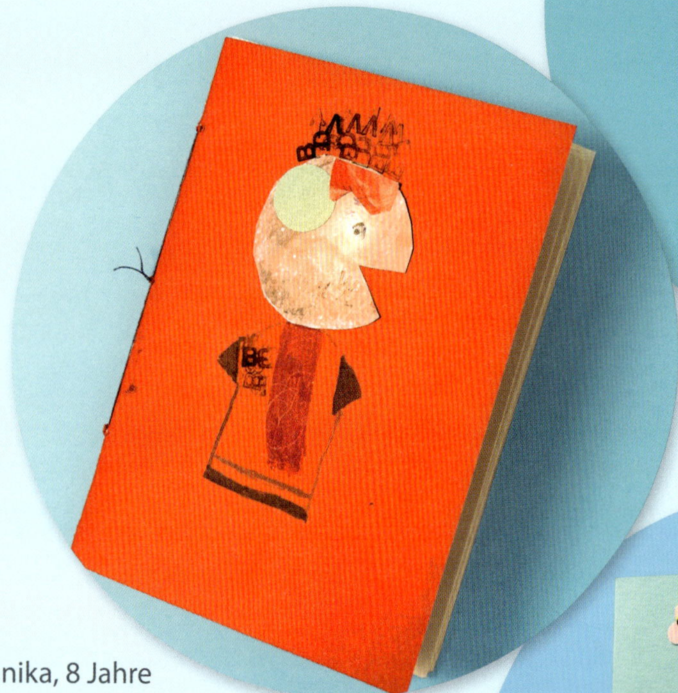

Annika, 8 Jahre

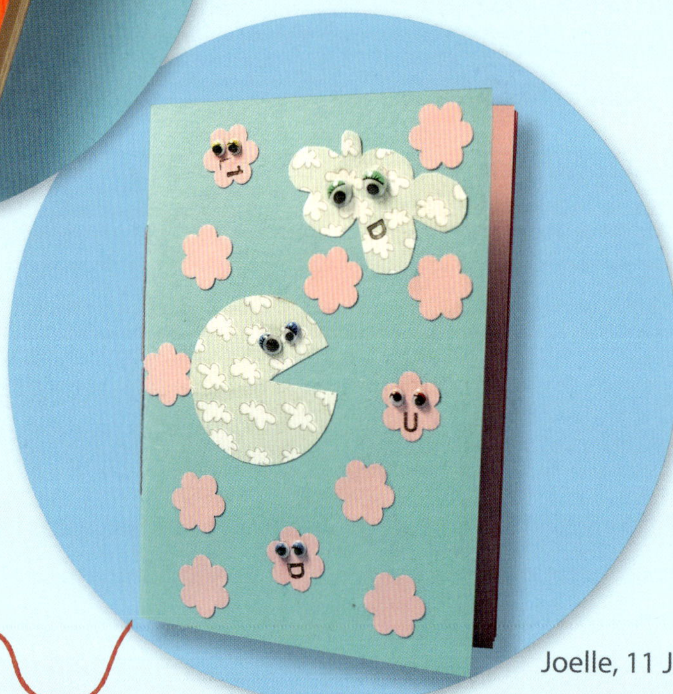

Joelle, 11 Jahre

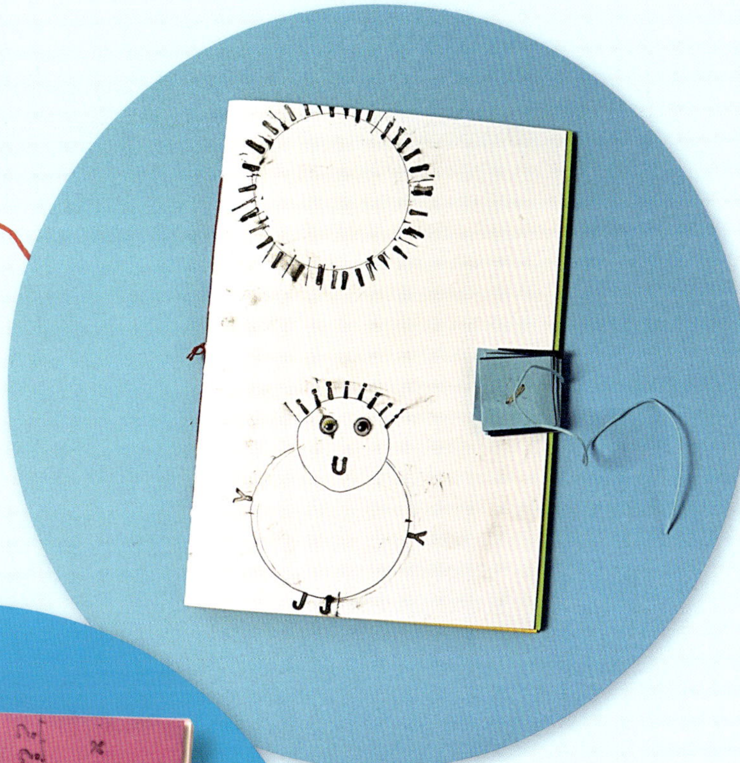

Juliane, 8 Jahre

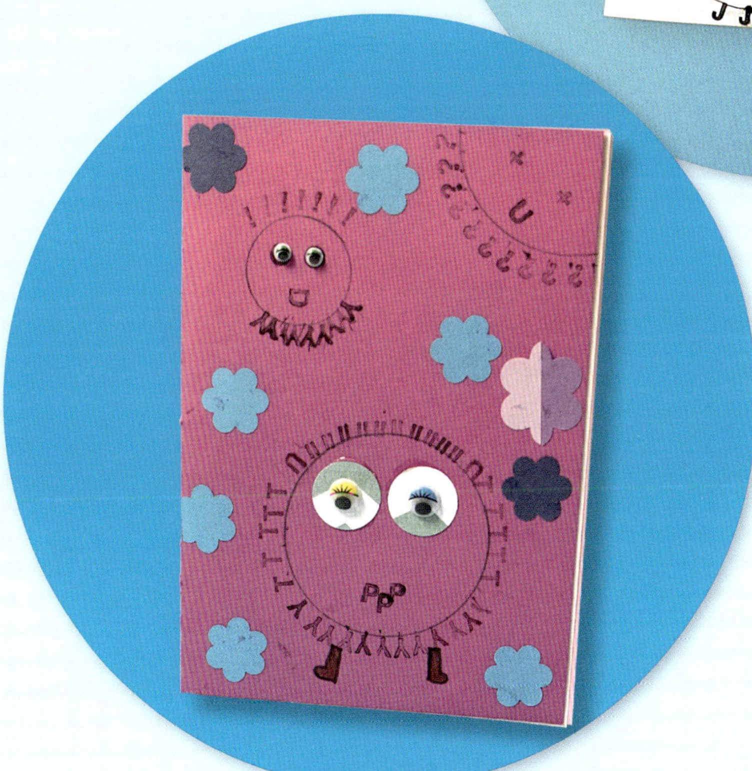

Joelle, 11 Jahre

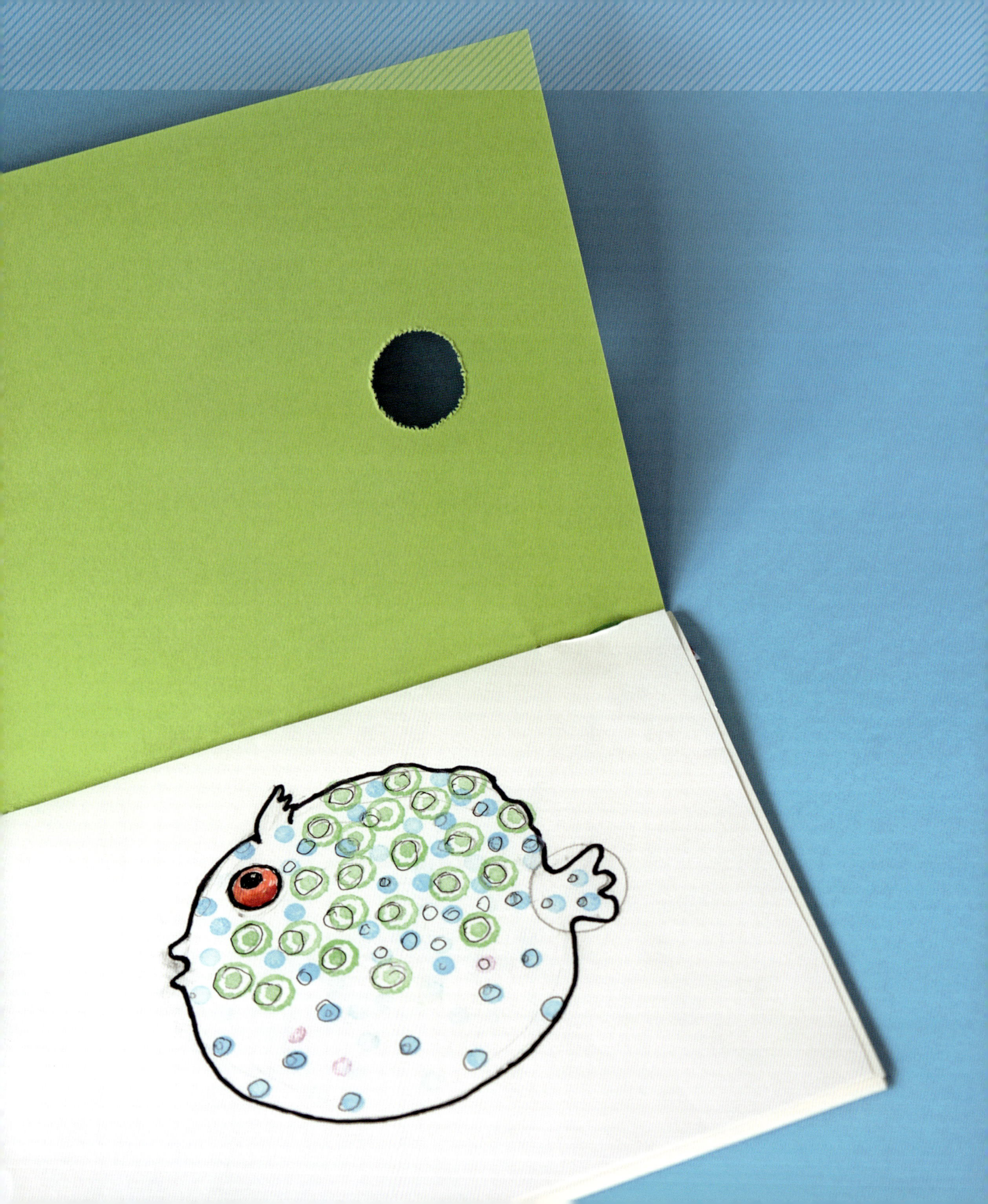

# SPIONAGEHEFT „FUGU"

**DU BRAUCHST:**
6 Bogen dünnes Papier in DIN A4 (für die Innenseiten)
1 Bogen festes farbiges Papier in DIN A4 (für den Umschlag)
Falzbein
Schere
Klebestift
2 Wäscheklammern
Schablone für drei Löcher (Vorlage auf Seite 156)
Bleistift (oder Zauberstift)
Prickelnadel (oder Ahle)
Katalog als Unterlage
stumpfe Nadel
Filzunterlage
Schablone für das Spionageloch (Vorlage auf Seite 156)
Stifte oder Bild, um die erste Seite des Hefts zu gestalten

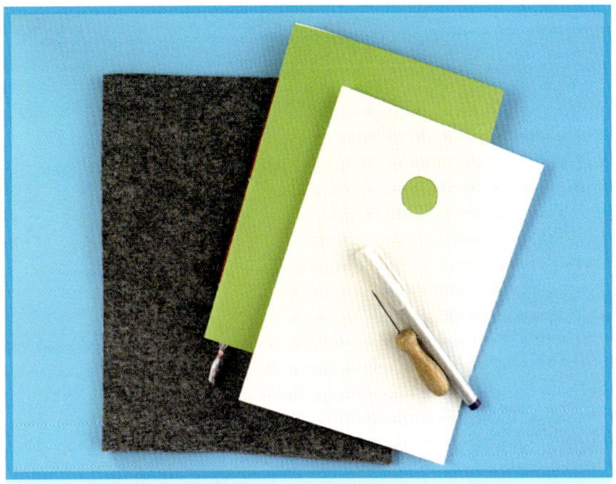

**1** Das Spionageheft entsteht aus einem Heft, das aus dem dünnen Papier, dem festen Papier und anderen rechts aufgeführten Materialien gemacht ist. Stelle das Heft so her, wie beim Projekt „Heft mit Lesebändchen" ab Seite 93 beschrieben. Ist das Heft fertig? Dann benötigst du noch die Filzunterlage und die Schablone für das Spionageloch – lege sie dir bereit.

**2** Für das Spionageguckloch nimmst du die Vorlage, aus der das Spionageloch schon herausgeschnitten ist. Diese legst du vorne auf den Einband und überträgst nun das Guckloch mit Bleistift oder Zauberstift.

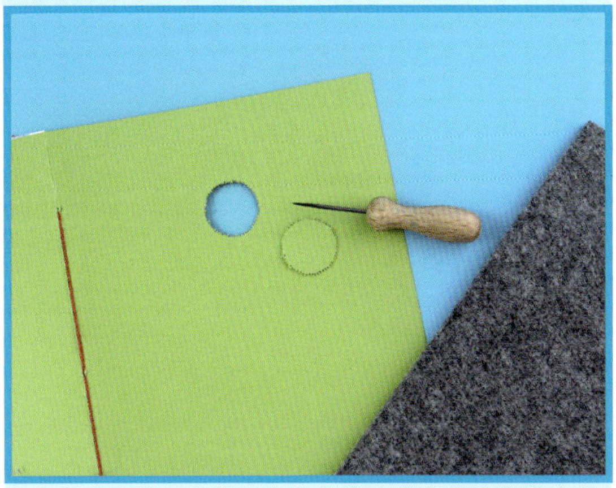

**3** Mit der Prickelnadel (Filzunterlage o. Ä. unterlegen) stichst du ganz dicht beieinanderliegende Löcher. Die Löcher machst du so dicht liegend, dass du am Schluss das Stück Papier herausdrücken kannst.

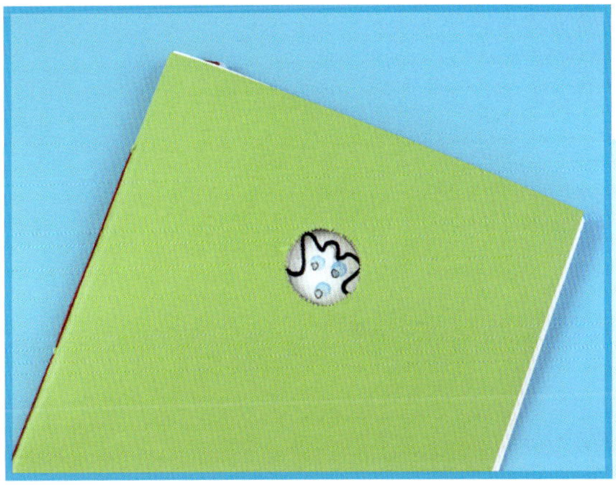

**4** Das Loch soll den Leser neugierig machen auf den Inhalt des Hefts – das ist die Idee, die hinter diesem Projekt steckt. Was sich wirklich hinter dem Loch verbirgt, wird dem Leser nämlich erst klar, wenn er das Heft aufschlägt. Dafür denkst du dir ein spannendes Bild aus, welches du auf die erste Seite des Hefts malst.

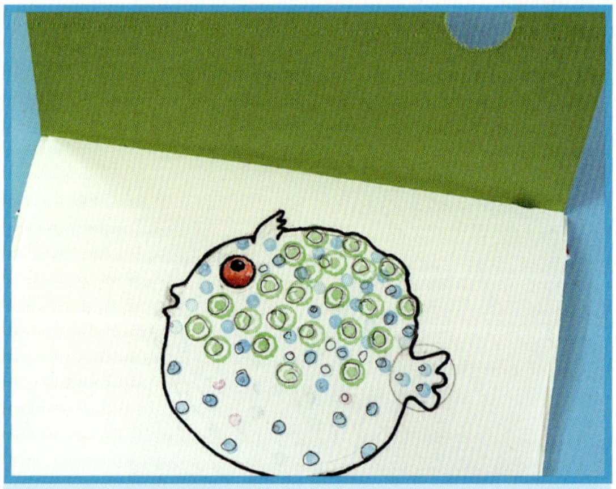

**5** Der Clou an dem Spionageheft ist: Von deinem Bild, das du auf die erste Innenseite des Hefts malst, sieht man auf den ersten Blick nur einen kleinen Ausschnitt durch das Guckloch. Auf dem Beispiel oben habe ich einen „Fugu“ gemalt. „Fugu“ ist ein japanischer Kugelfisch. Den Fisch erkennt aber niemand, wenn er „nur“ durch das Guckloch schaut. Natürlich kannst du auch etwas auf die erste Seite kleben. Wenn du noch Ideen suchst, dann schau dir doch mal die „Kinderwerke“ auf der nächsten Seite an.

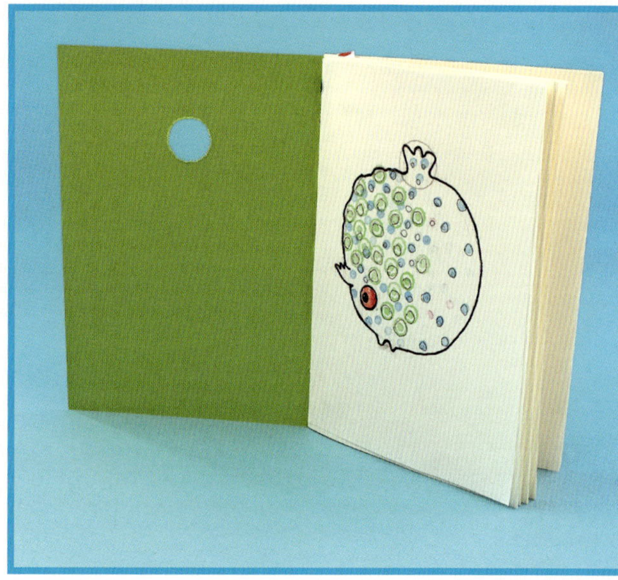

# KINDERWERKE

Die Kinder haben diese tollen Spionagehefte erfunden.

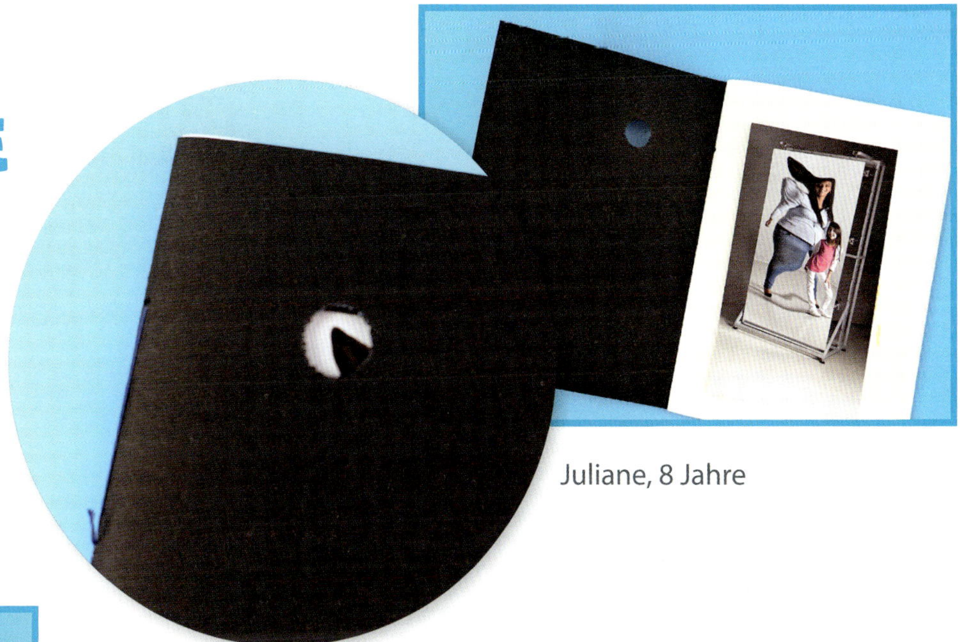

Juliane, 8 Jahre

Annika, 8 Jahre

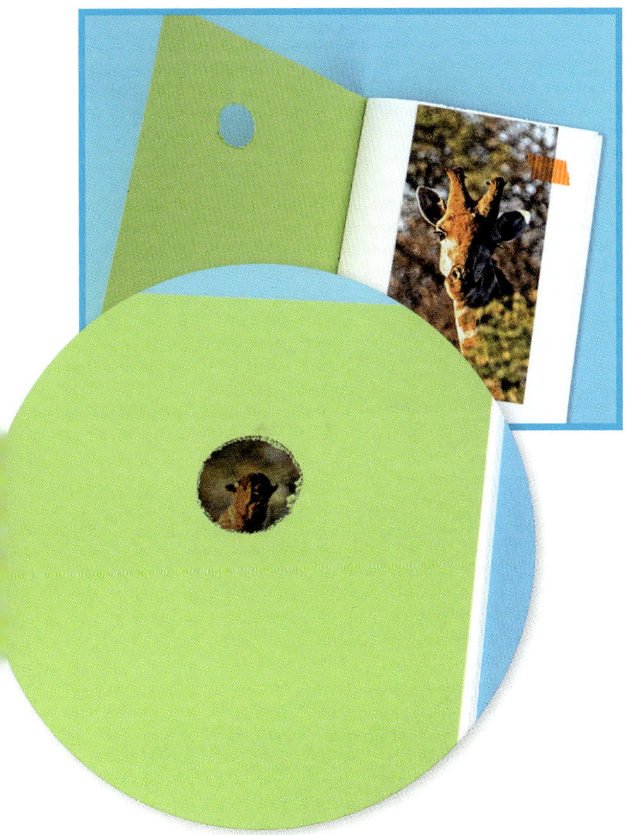

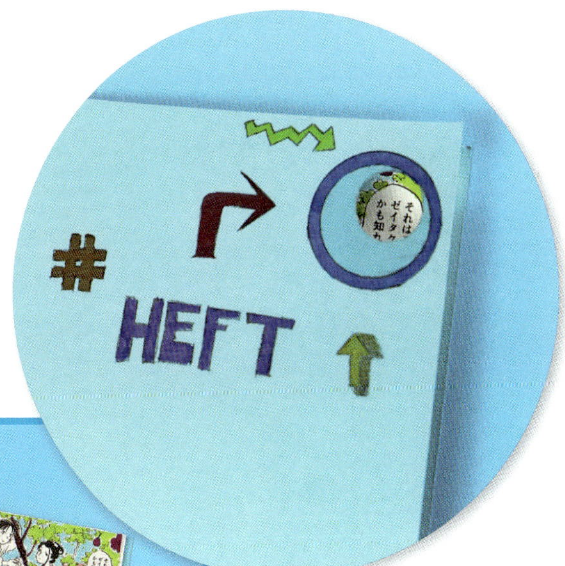


Lilly, 13 Jahre

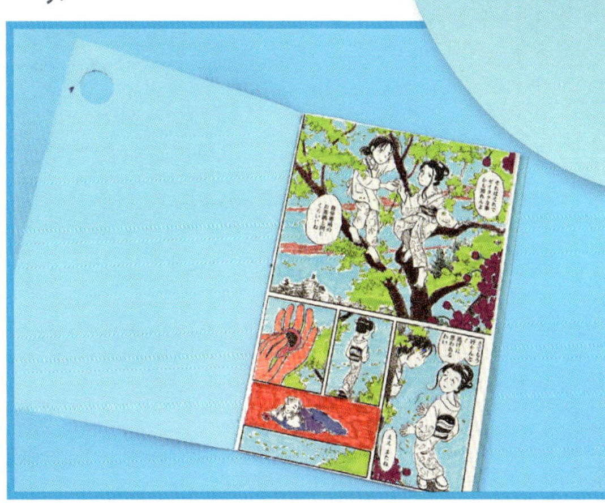

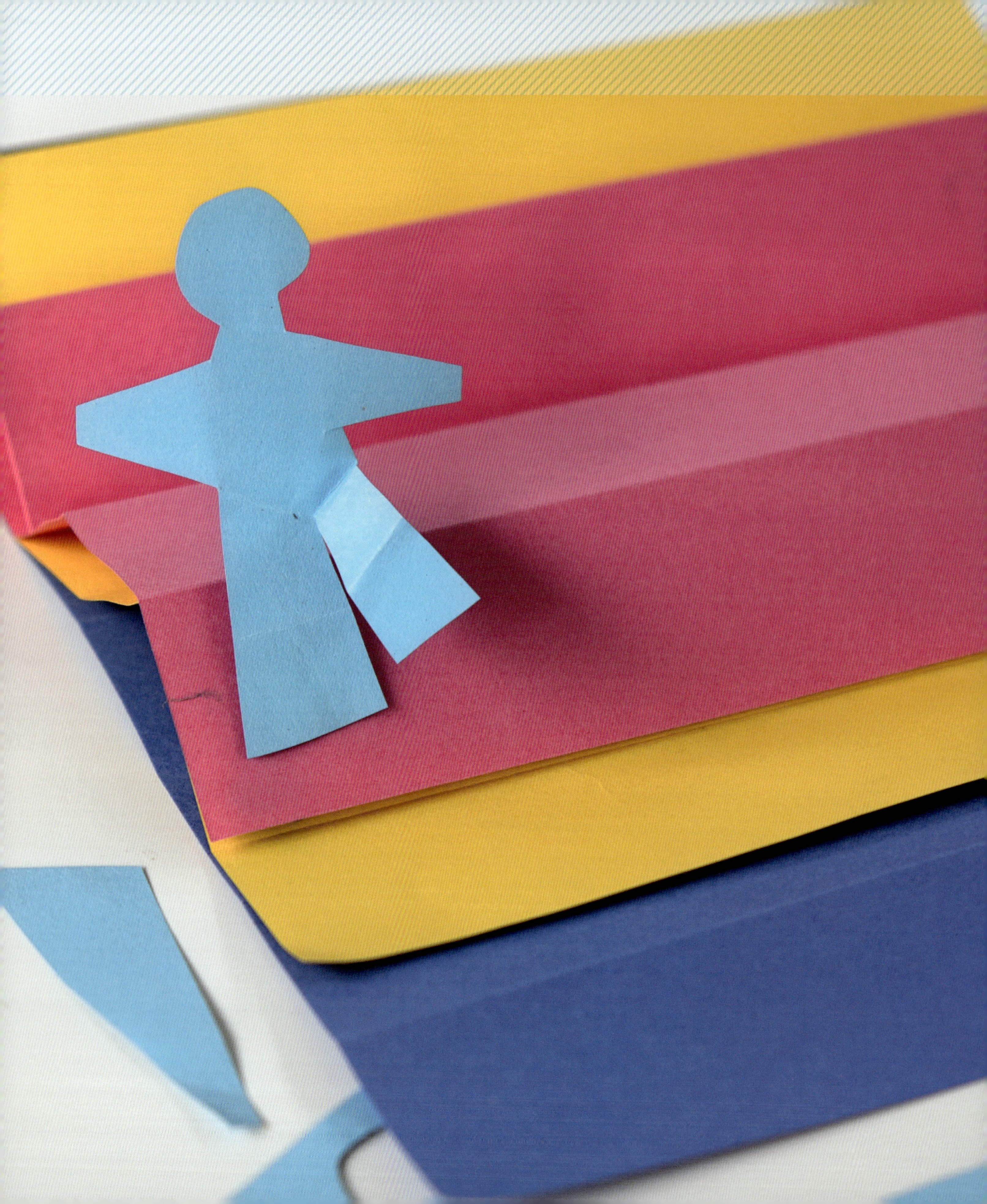

# TREPPEN-STUFEN-HEFT

**DU BRAUCHST:**
3 Bogen dünnes Papier in DIN A4 (in 3 verschiedenen Farben)
Falzbein
2 Wäscheklammern
Schablone für drei Löcher (Vorlage auf Seite 156)
Bleistift (oder Zauberstift)
Ahle (oder Prickelnadel)
Katalog als Unterlage
stumpfe Nadel und Zwirn
Schere

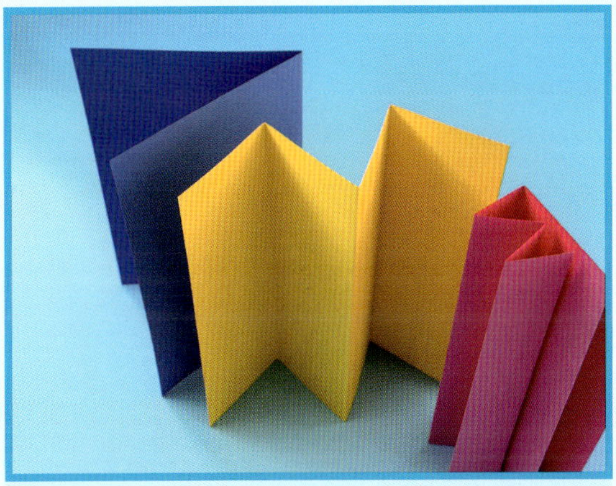

**1** Lege deine Papierbogen ins Hochformat und falte sie zur Mitte. Die abgeknickten Bereiche faltest du anschließend jeweils wieder mittig um. Und auch diese Blattbereiche knickst du erneut um. Die Zwischenschritte sind auf dem Foto oben dargestellt. Du kannst auch die ausführliche Erklärung dazu auf Seite 23 (Schritte 1 bis 3) lesen.

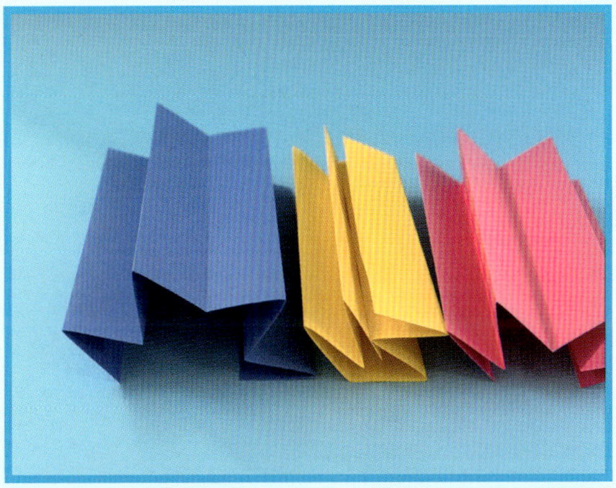

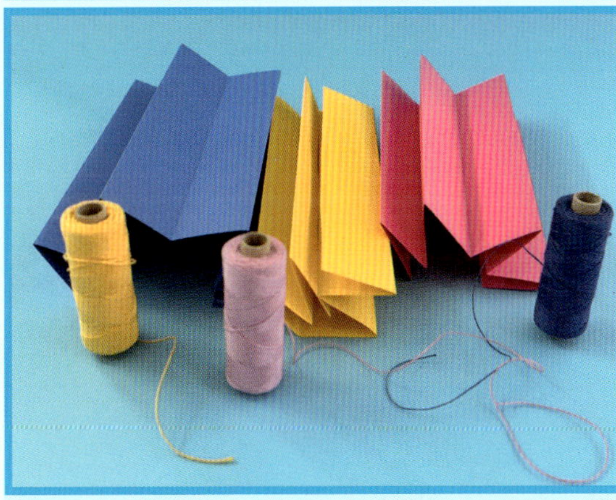

**2** Deine drei Papierbogen sollten jetzt wie die oben abgebildeten aussehen. Wenn dem so ist, nimmst du dir einen zu dem Papier passenden Zwirn zur Hand.

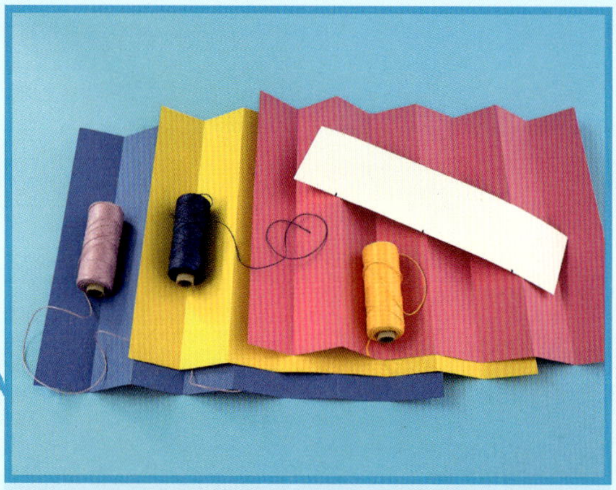

**3** Falte nun deine Bogen wieder auf die gesamte Blattgröße auseinander. Hat jedes Blatt acht erkennbare Abschnitte? Prima, dann stimmt alles. Im Prinzip liegt eine Leporellofaltung jetzt vor dir – hast du es bemerkt?

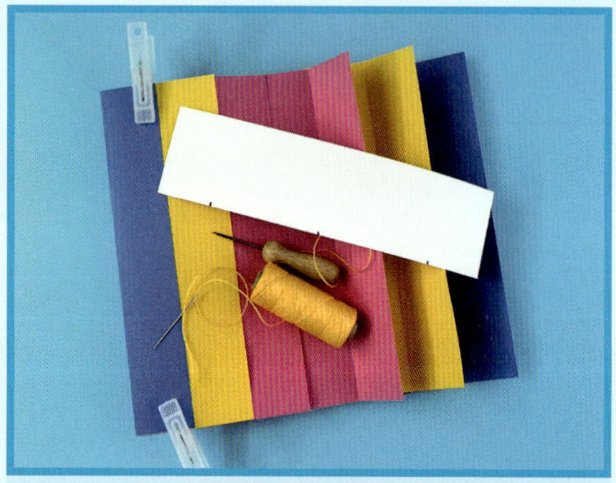

**4** Gehe vor, wie es auf dem Bild dargestellt ist: Das blaue Blatt ist am ersten Knick mit einem Abschnitt umgeschlagen. Das gelbe Blatt ist mit zwei Abschnitten umgefaltet, beim pinkfarbenen Blatt sind es drei Abschnitte. So gefaltet sind die Blätter – auch das siehst du auf der Abbildung – ineinandergelegt. Mit Wäscheklammern werden die drei Lagen vor dem Verrutschen gesichert.

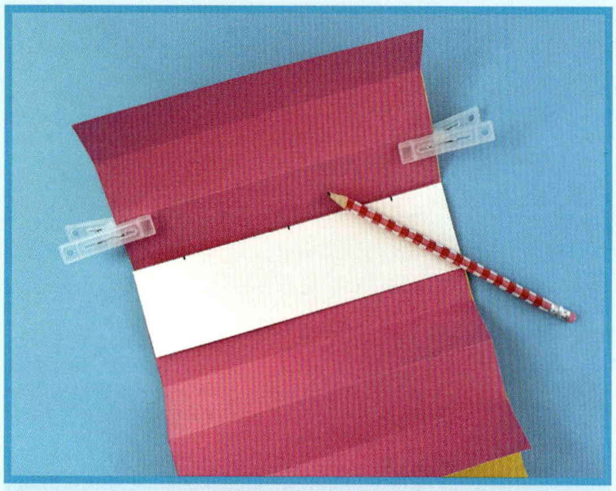

**5** Die Schablone legst du innen an, dort wo der dritte Abschnitt seinen Knick hat. Hier im Bereich des pinken Blatts soll der Heftrücken entstehen.

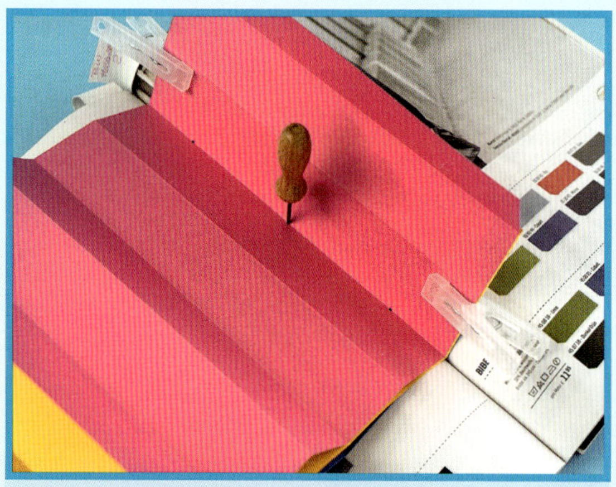

**6** Nimm einen Katalog als Unterlage und Stich mit der Ahle oder Prickelnadel die Löcher durch alle drei Papierlagen hindurch.

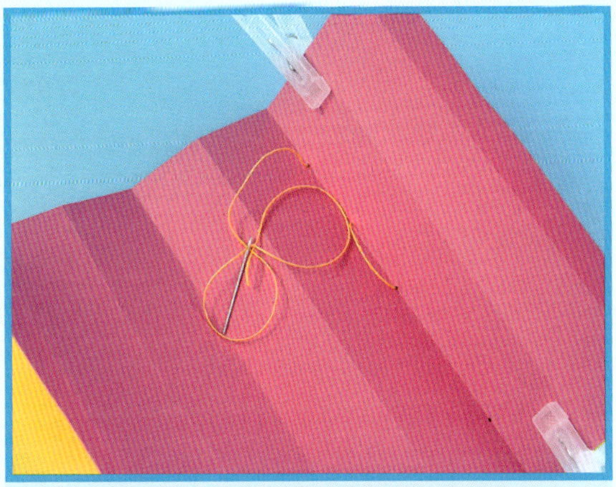

7 Schneide dir vom Zwirn ein Stück ab, das zweimal so lang ist, wie das Heft hoch ist.

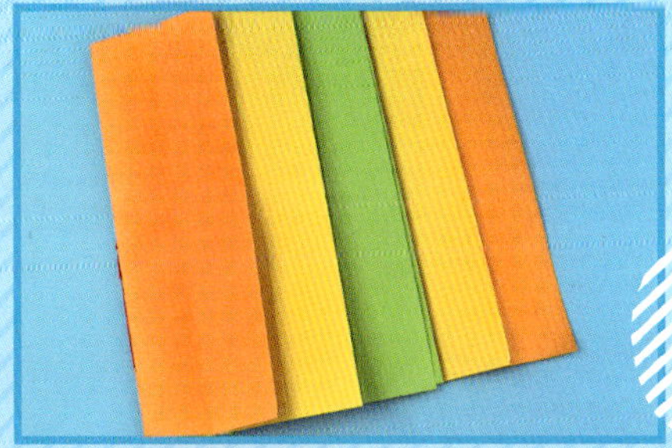

**TIPP**

Bei Heften mit Treppenstufen kannst du gerne experimentieren. Es sind auch andere Faltungen möglich. Beispielsweise kann man auch beginnen, indem man beim ersten Bogen Papier zwei Abschnitte umfaltet.

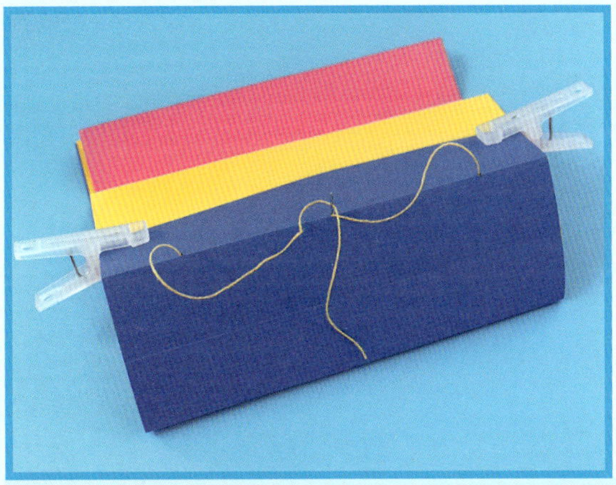

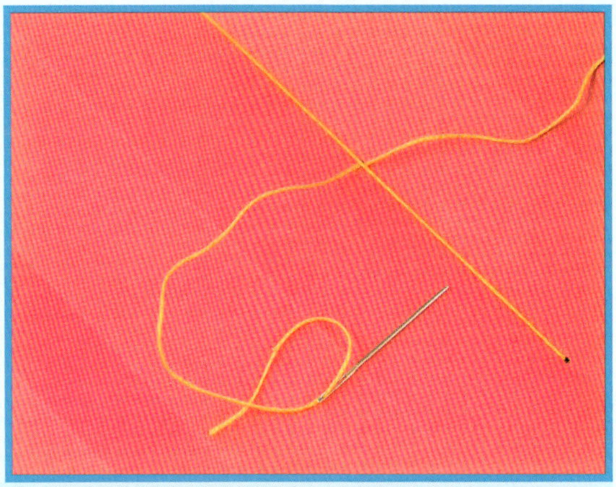

8 Ziehe den Faden so durch die Löcher, wie es beim Projekt „Heft mit Lesebändchen" ab Seite 94 erklärt ist. Auf der linken Abbildung oben erhältst du einen Eindruck, wie das bei diesem Projekt hier von außen aussieht, das rechte Bild zeigt die Ansicht von innen.

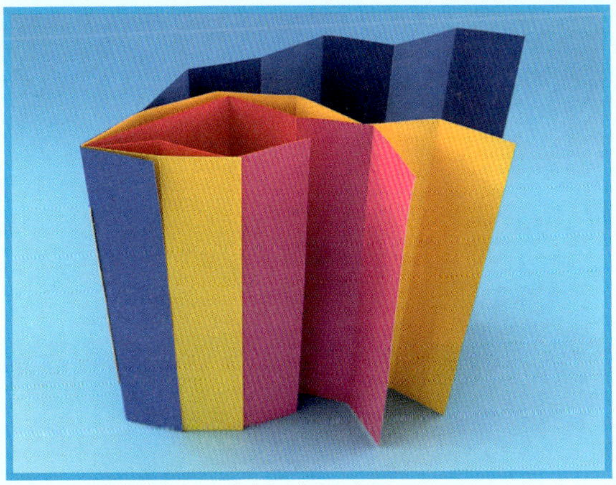

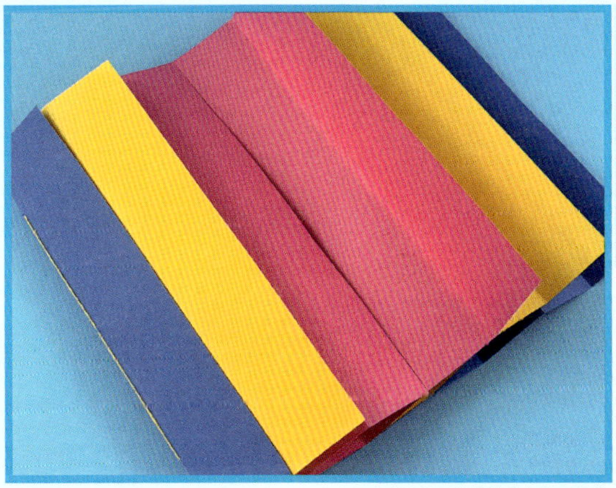

9 Hast du den Faden schon verknotet und abgeschnitten? Falls ja: Gratulation, du bist fertig mit deinem Treppenstufen-Heft.

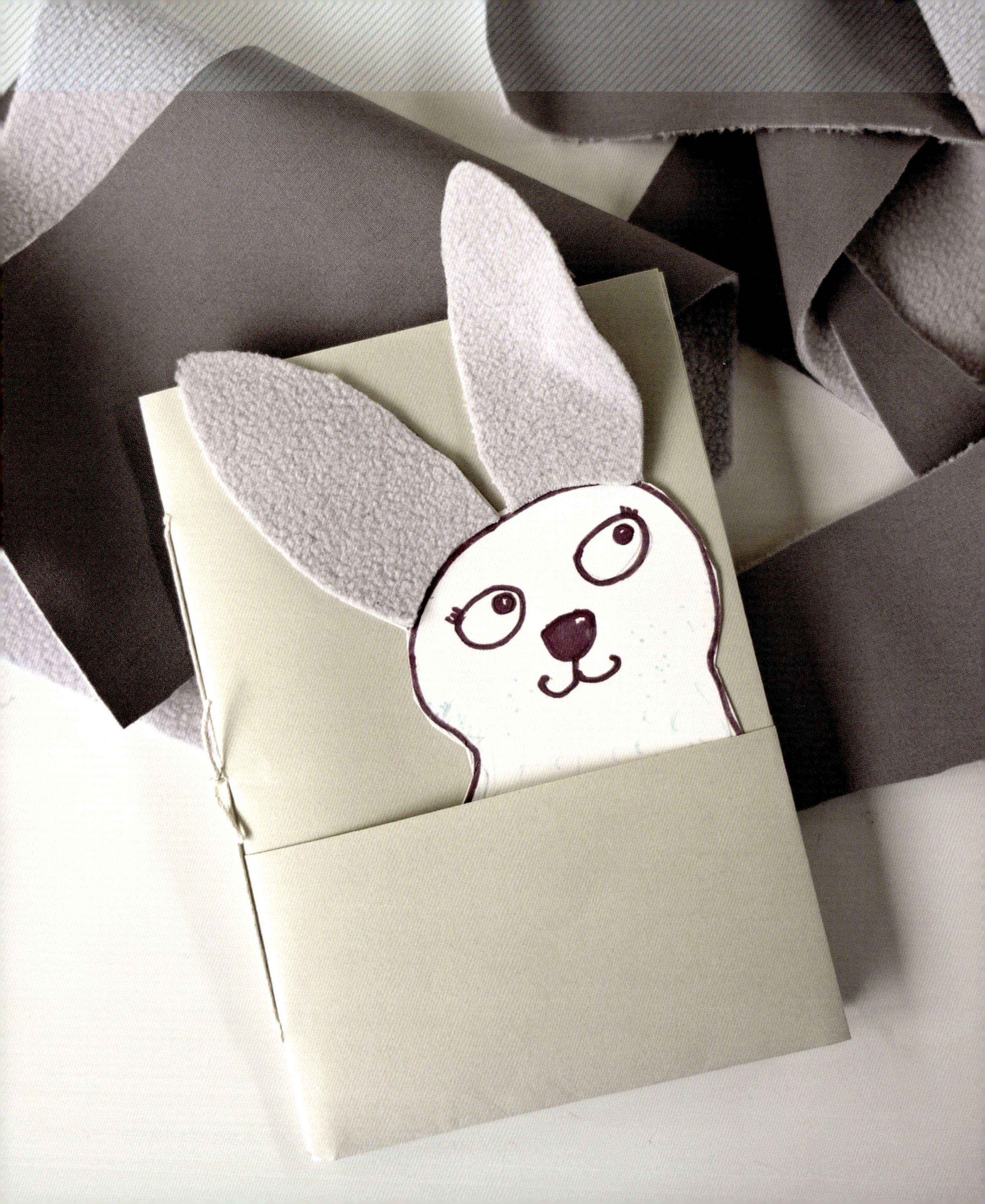

# TASCHENHEFT MIT HASE

**DU BRAUCHST:**
1 Bogen festes Papier in DIN A4
Geodreieck
Falzbein
Washi Tape (oder Papierrest und Klebestift)
6 Bogen dünnes Papier in DIN A4
stumpfes Küchenmesser
2 Wäscheklammern
Schablone für drei Löcher (Vorlage auf Seite 156)
Bleistift (oder Zauberstift)
Ahle (oder Prickelnadel)
Katalog als Unterlage
stumpfe Nadel und Zwirn
Stoff- und Papierrest für den Hasen
Filzstift
Schere

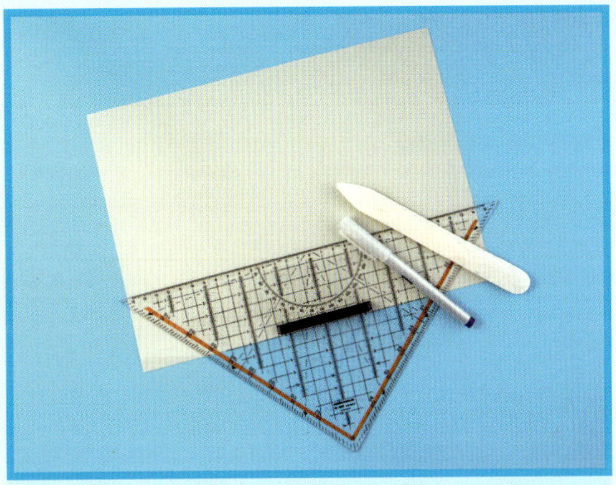

**1** Für den Einband nimmst du ein festes DIN-A4-Blatt. Du legst es ins Querformat und misst mit dem Geodreieck 6 cm vom unteren Rand nach oben. Dort legst du das Geodreieck parallel zum Rand und ziehst mit dem Falzbein an seiner Kante entlang. So entsteht eine Rille in dem Papier. Knicke den unteren Blattbereich an der Rille nach vorne um. Drücke anschließend den Knick mit dem Falzbein noch einmal richtig flach.

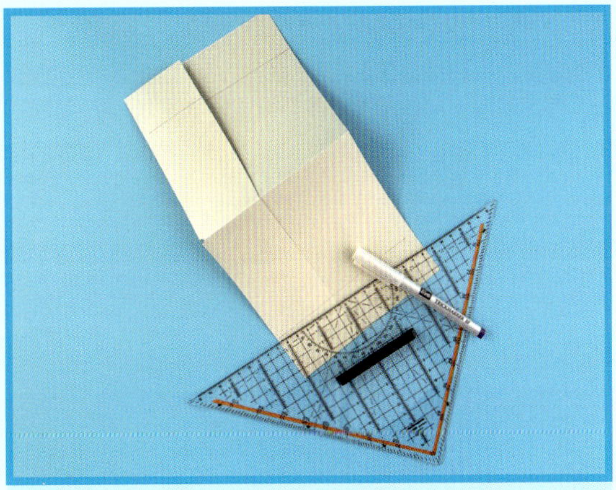

**2** Dein festes Papier bleibt quer liegen. So faltest du es in der Mitte. Falte es wieder auf und messe vom rechten und linken Rand jeweils 4 cm mit dem Geodreieck ab. Knicke das Papier hier nach innen um. Es gilt auch diesmal: Vorher eine Rille zu machen, ist hilfreich. Anschließend drückst du die Knicke mit dem Falzbein wieder gut flach.

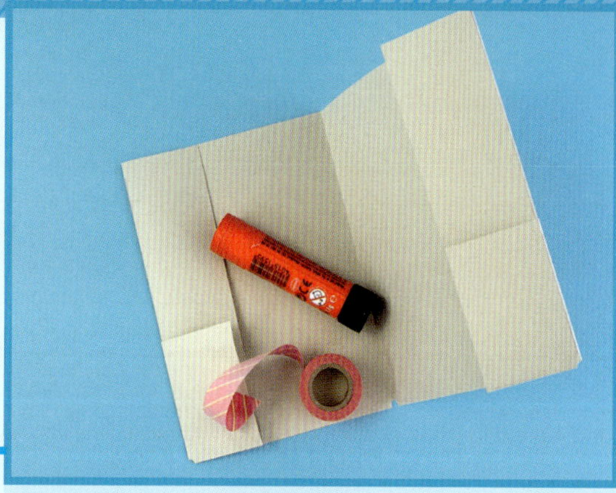

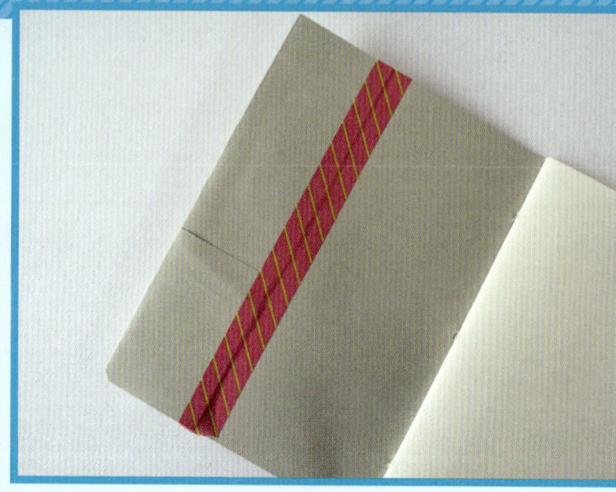

**3** Klebe den umgefalteten Bereich innen mit Washi Tape fest, alternativ kannst du auch einen Papierrest mit einem Klebestift auf diese Stelle kleben.

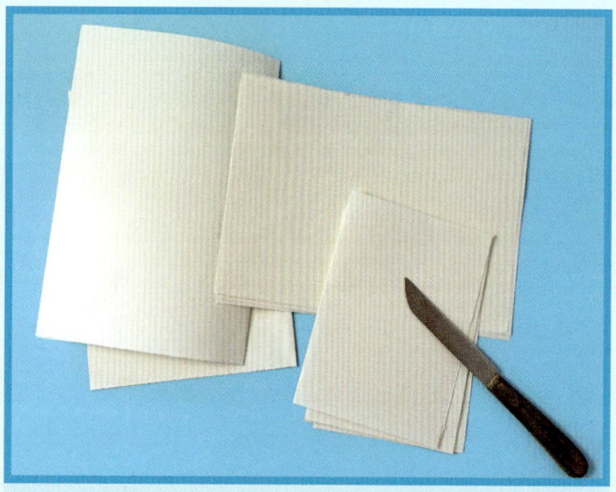

**4** Das dünne Papier für die Innenseiten faltest du zuerst im Hochformat in der Mitte, um es dann mithilfe eines stumpfen Küchenmessers am Knick auseinanderzuschneiden. Dann faltest du das Blatt wieder in der Mitte und steckst die Seiten ineinander – jetzt sieht dein Papier schon fast wie ein Heft aus .

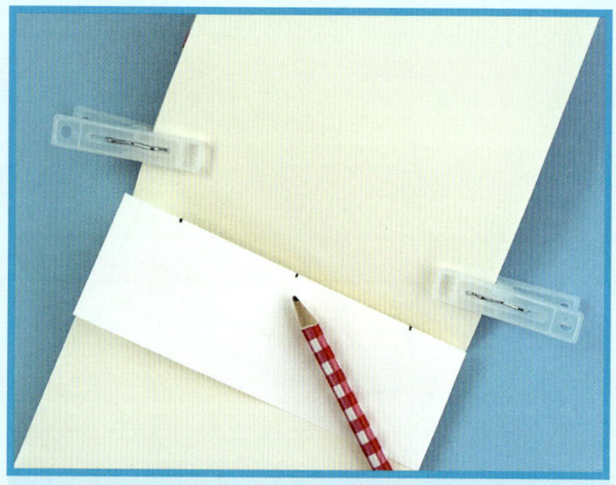

**5** Schlage dein Heft auf und klammere deine Papierlagen zusammen, damit sie nicht auseinanderrutschen. Lege dann die Schablone in die Falte und markiere die Löcher auf dem Papier.

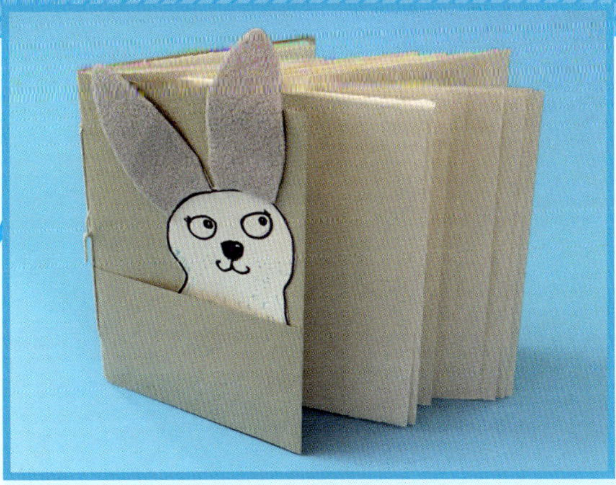

**6** Um dein Papier mit Nadel und Zwirn (Fadenlänge: zweimal die Hefthöhe) zu heften, gehst du vor wie beim Projekt „Heft mit Lesebändchen" ab Seite 94 beschrieben.

## TIPP

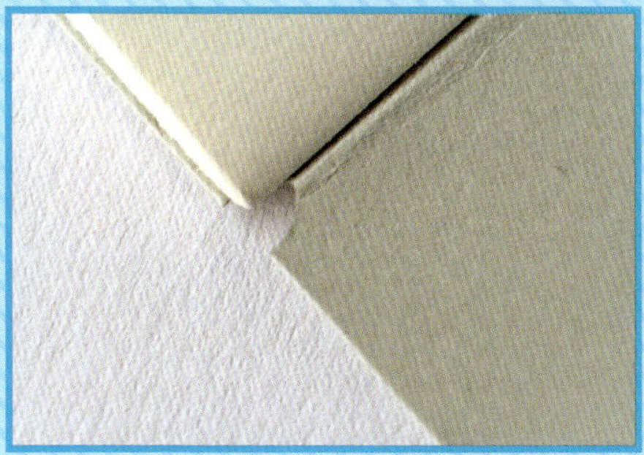

Wenn das Papier an den Knickfalten widerspenstig ist und nicht so will wie du, dann hilft es, genau auf dem Knick mit der Lochzange ein Loch zu stanzen. Das nimmt die Spannung aus dem Papier.

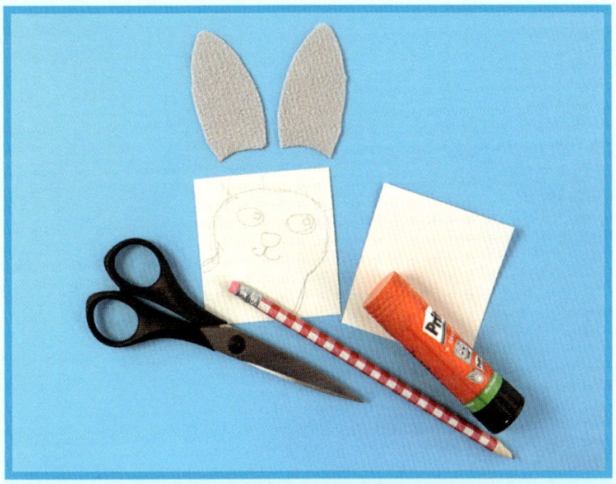

**7** Der Hase, der in die Hefttasche kommt, ist eine „Resteverwertung". Aus einem Stoffrest schneidest du die Hasenohren aus. Auf ein Stück festes Papier malst du mit dem Filzstift einen Hasen. Schneide den Hasen aus und klebe die Ohren auf das Papier. Und dann: Ab in die Tasche mit ihm. Und schon ist dein Heft fertig.

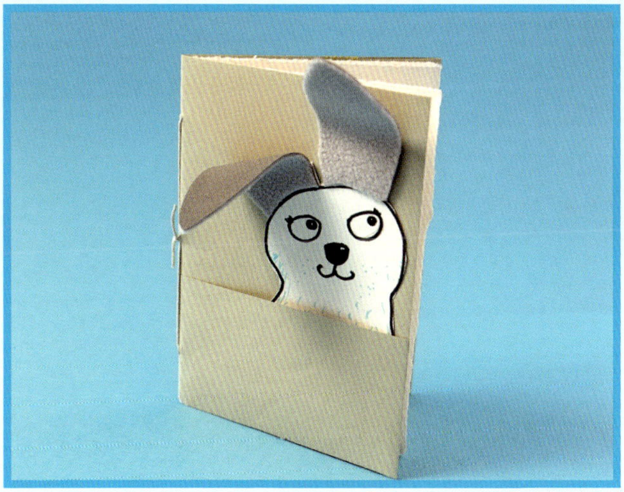

# KAPITEL 6

# EINFACH TIERISCH

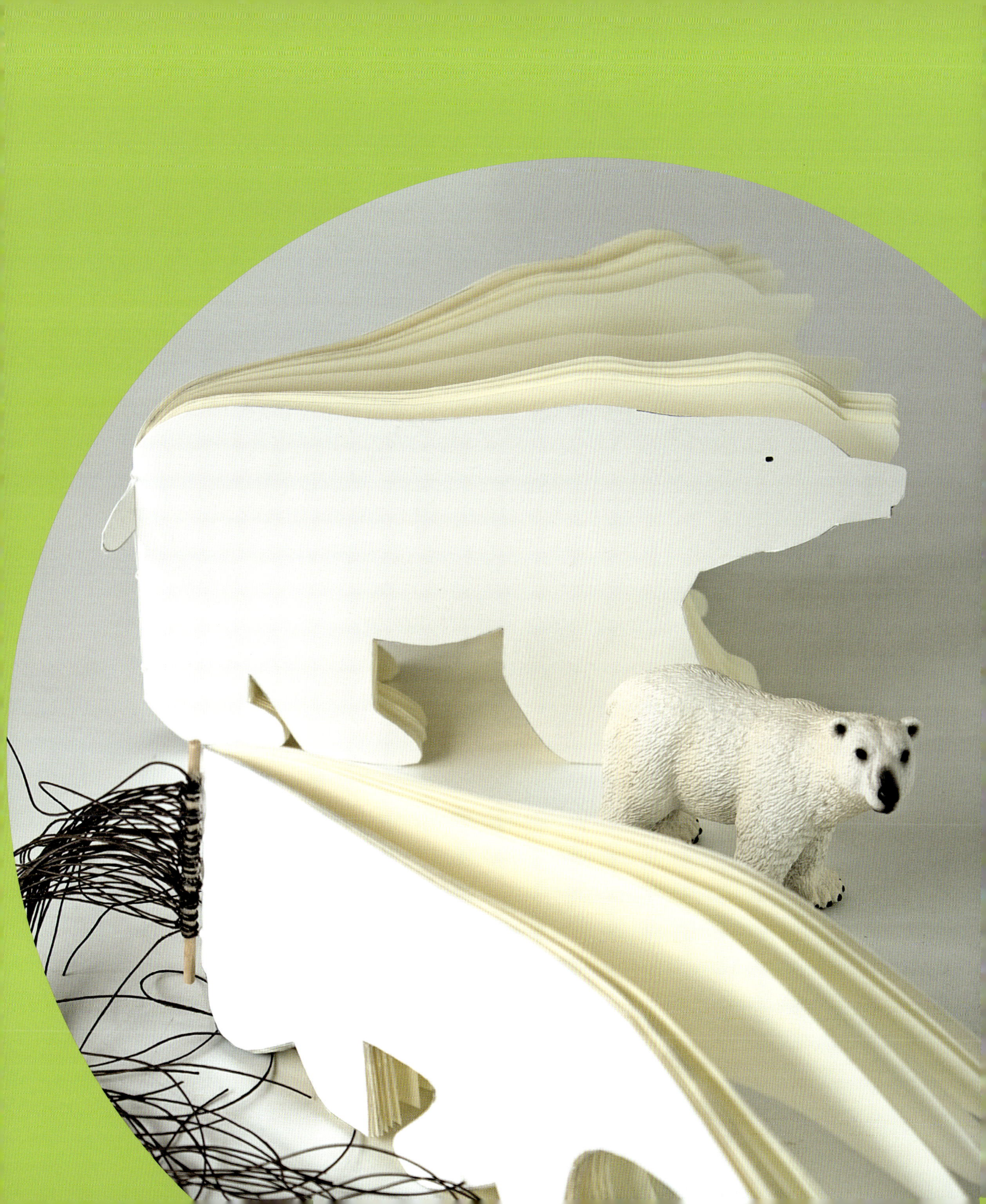

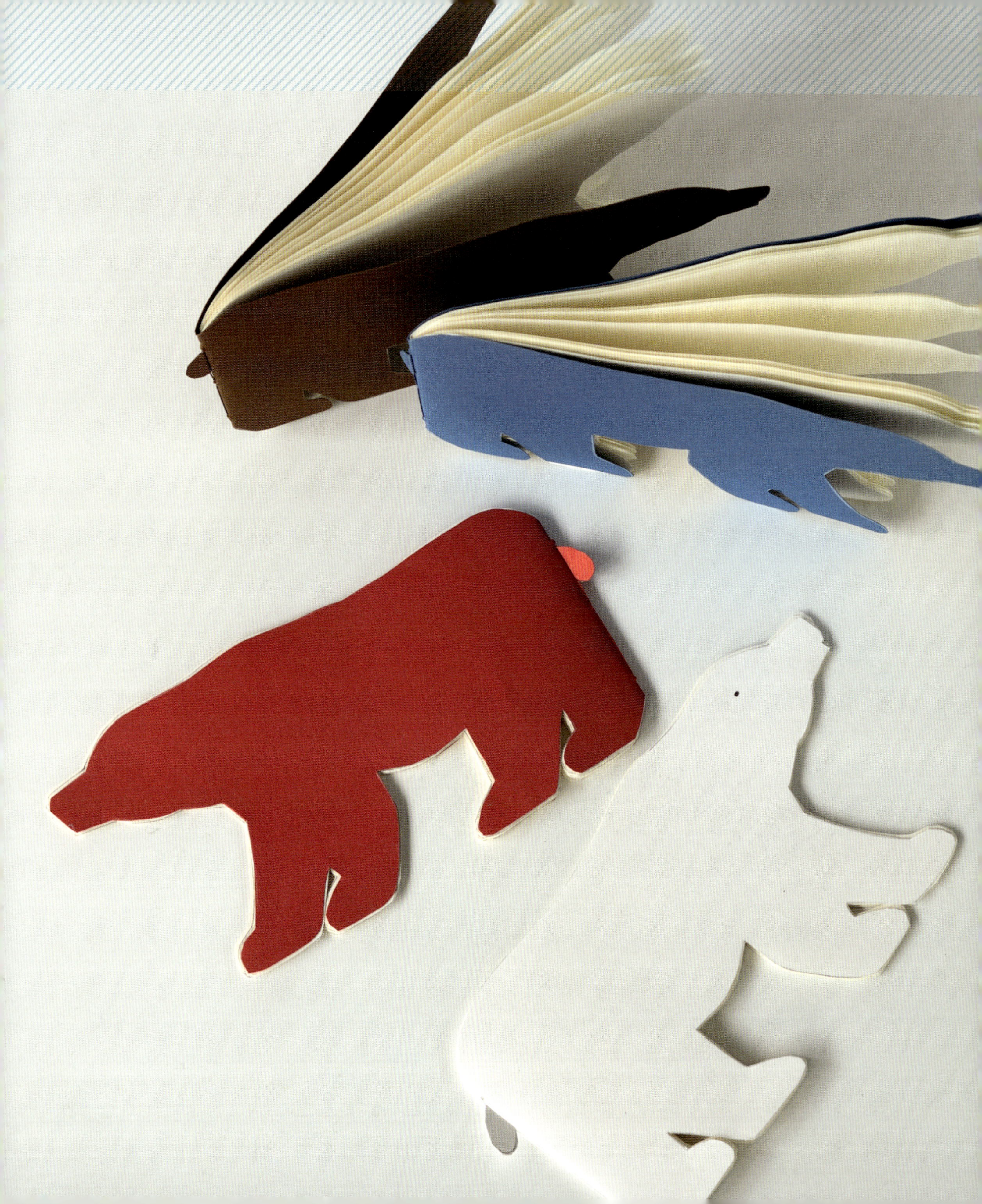

# BÄREN IN ALLEN GESCHMACKS-RICHTUNGEN:

## EISBÄR, BRAUNBÄR, BLAUBÄR UND ERDBÄR

**DU BRAUCHST:**
5 Bogen dünnes Papier in DIN A3 (für die Innenseiten)
ein Bogen festes farbiges Papier in DIN A3 (für den Einband)
Falzbein
stumpfes Küchenmesser
Schablone für den Bären (Vorlage auf Seite 155)
Clips
Bleistift (oder Zauberstift)
Schere und Silhouettenschere
heller Stift
Ahle (oder Prickelnadel)
Katalog als Unterlage
stumpfe Nadel und Zwirn
Klebestift

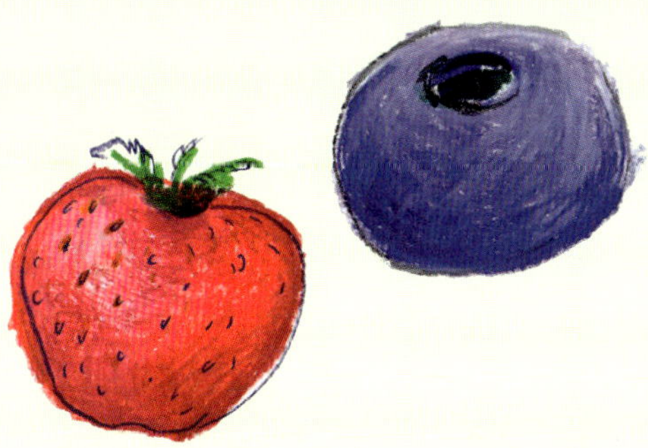

**1** Bei diesem tierischen Projekt kannst du dir aussuchen, ob dein Bär ein Eisbär, Braunbär, Erdbär (Erdbeere) oder Blaubär (Blaubeere) werden soll. Das entscheidest du mit der Farbe des Einbandpapiers.

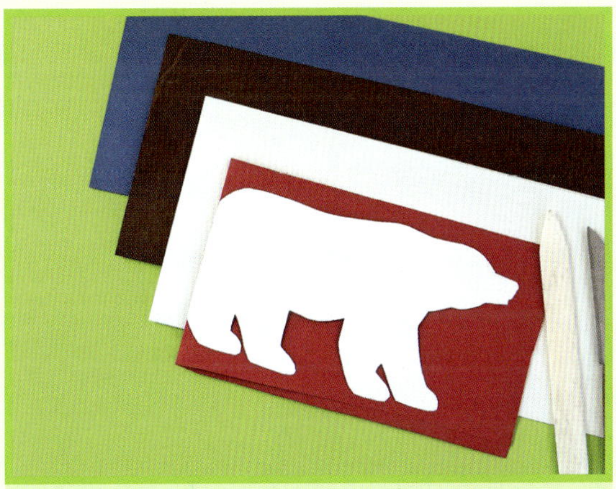

**2** Beginne mit dem dünnen DIN-A3-Papier und lege es ins Querformat. Falte die Blätter in der Mitte (siehe Schritt 1 auf Seite 23) und nimm dafür, wenn du magst, das Falzbein. Mit dem stumpfen Küchenmesser trennst du die Bogen an dem Knick der Länge nach. Mit dem festen Papier gehst du ebenso vor. Das ist das Einbandpapier – du benötigst nur einen Streifen für den Einband.
Falte alle Papierbogen nun im Hochformat einmal in der Mitte – so entsteht der Rücken für das Heft.

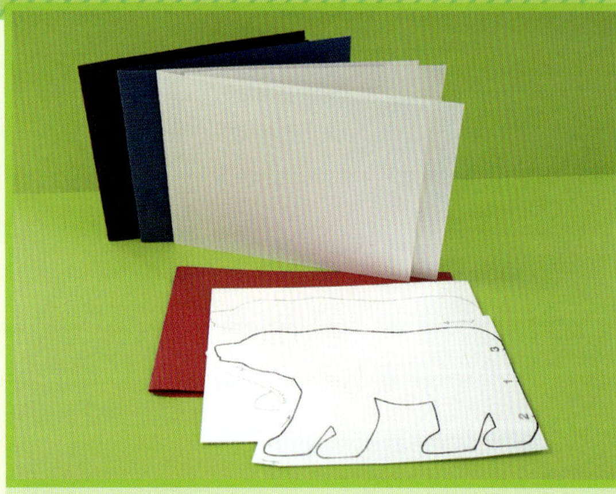

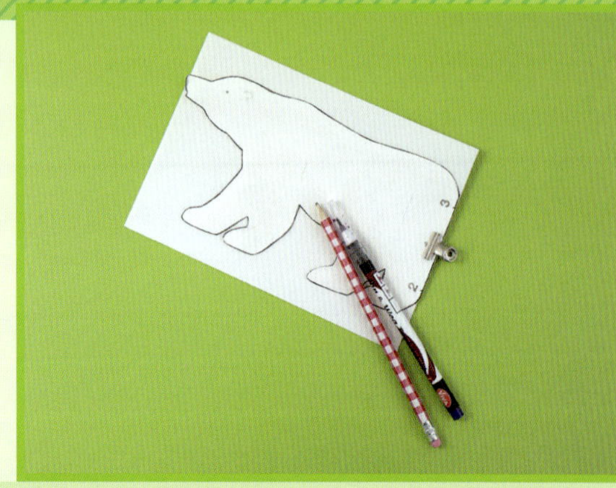

**3** Die ausgeschnittene Schablone für den Bären legst du auf jede der gefalteten Seiten für den Innenteil. Wichtig: Lege so an, dass das Hinterteil des Bären genau mit dem Rücken abschließt. Mit einem Clip fixierst du jeweils Schablone und Papier. Zeichne den Umriss des Bären nach und entferne die Schablone.

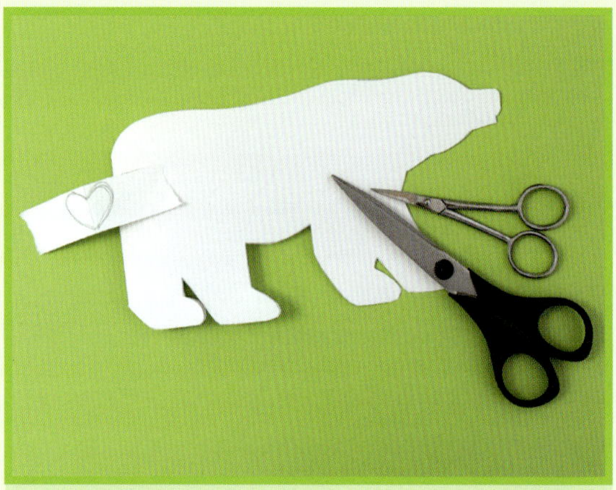

**4** Aus dem gefalteten Papier – also aus dem doppelt liegenden Papier – schneidest du entlang der Linie die Bären aus. Erst nimmst du die normale Schere und schneidest die Form grob aus, dann kommen die Feinarbeiten. Bei den Feinarbeiten kommt die Silhouettenschere zum Einsatz.

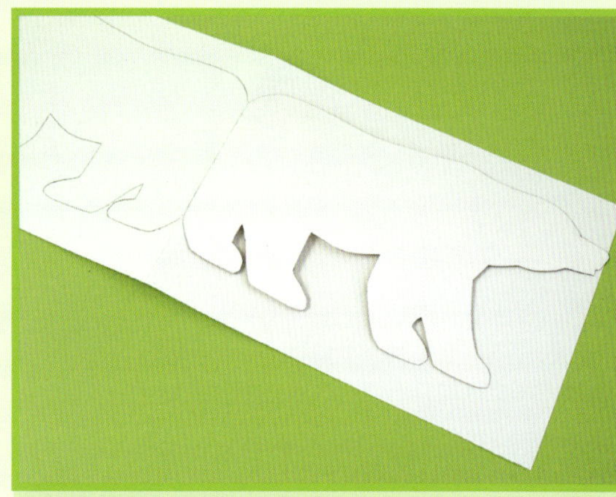

**5** Für den Einband, der ja aus festem Papier ist und schwerer auszuschneiden, wendest du die Schablone und legst sie spiegelverkehrt an den Rücken an. Nun zeichnest du den Umriss noch einmal. Jetzt kannst du entlang dieser Linie ausschneiden und brauchst das Papier nicht doppelt nehmen. Vergiss den kleinen Schwanz in Herzform nicht.

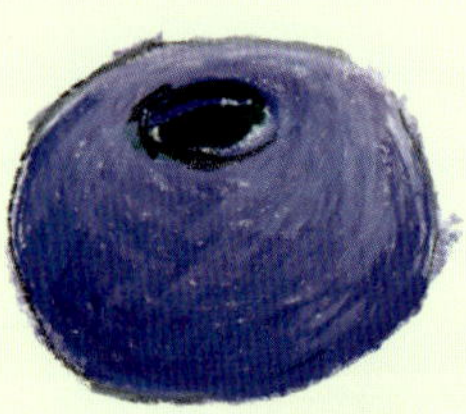

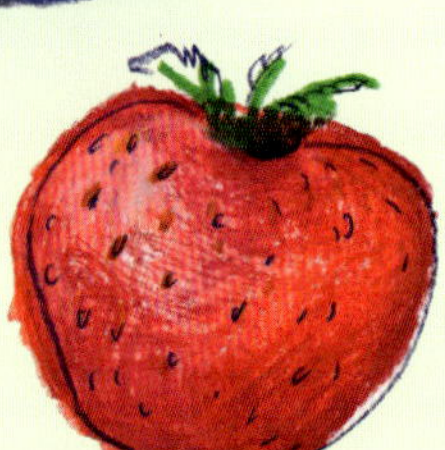

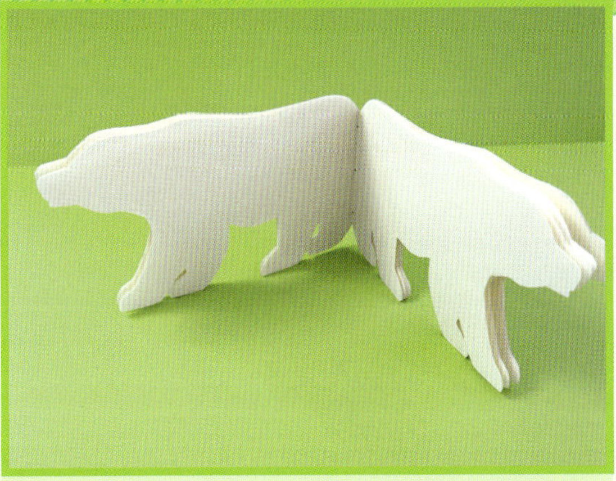

**6** Wenn du es geschafft hast, den Einband auszuschneiden, legst du alle Papierlagen ineinander – jetzt geht es ans Heften. Schlag dein Heft auf und lege die Bärenschablone noch einmal im Knick an. Zeichne dann dort die Markierungen für die Löcher ein.

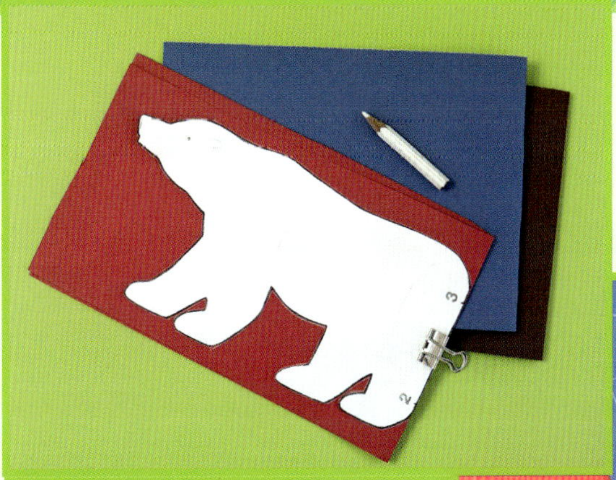

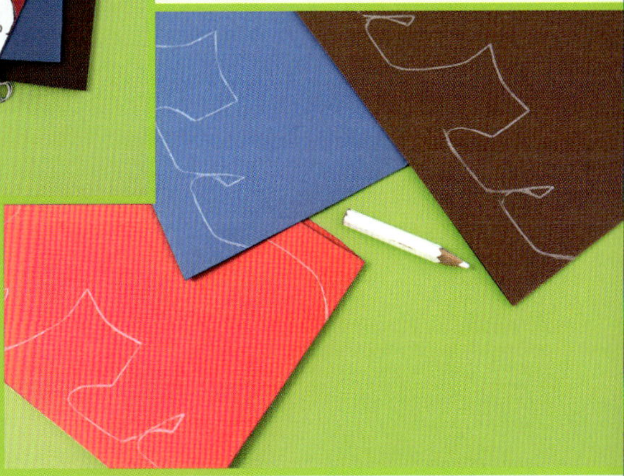

Um die Umrisse auf farbigem Papier zu zeichnen, nimmst du besser einen hellen Stift statt des Bleistifts.

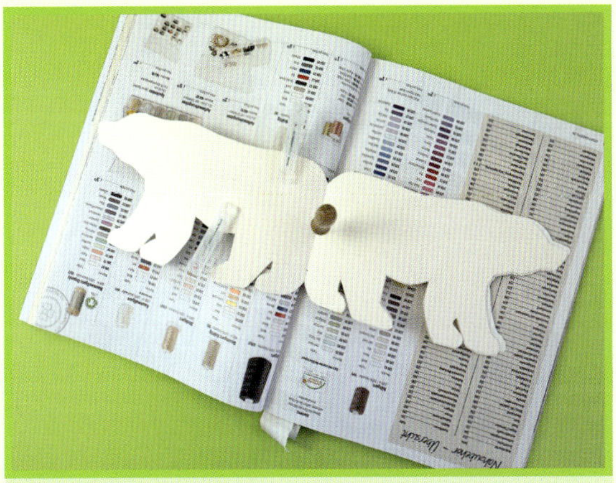

**7** Du ahnst es schon, diese Löcher werden mit der Ahle oder Prickelnadel durchstochen. Mit einer Wäscheklammer fixierst du vorher die Lagen und legst einen aufgeschlagenen Katalog unter. Um dein Papier mit Nadel und Zwirn (Fadenlänge: zweimal die Hefthöhe) zu heften, gehst du vor wie beim Projekt „Heft mit Lesebändchen" ab Seite 94 beschrieben.

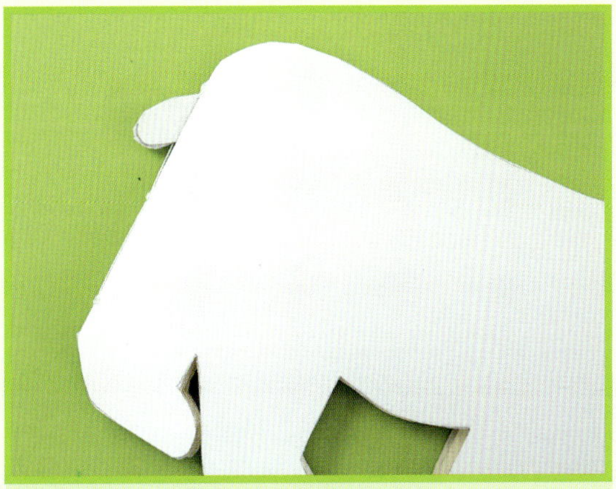

**8** Zum Schluss schiebst du das herzförmige Schwänzchen hinter den gehefteten Zwirn. Du faltest das Schwänzchen um und klebst die beiden Seiten dann zusammen.

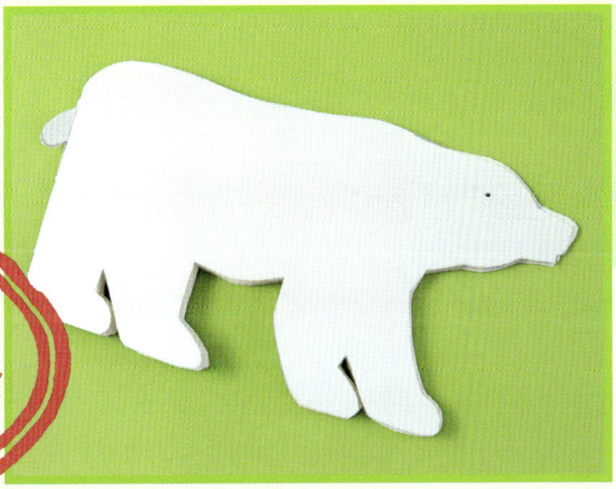

**9** So, der Eisbär wäre fertig. Wie wäre es nun mit den anderen Geschmacksrichtungen ?

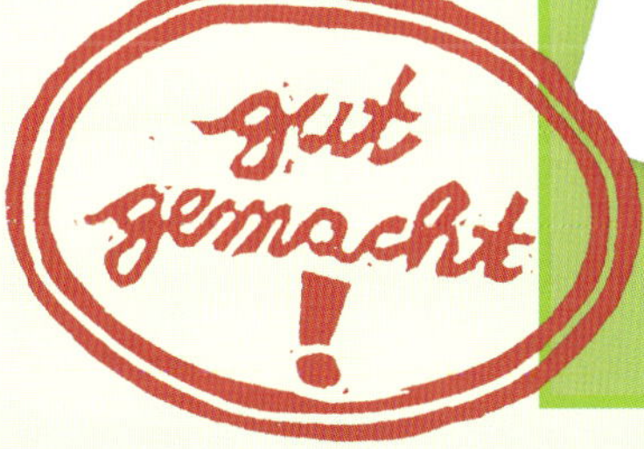

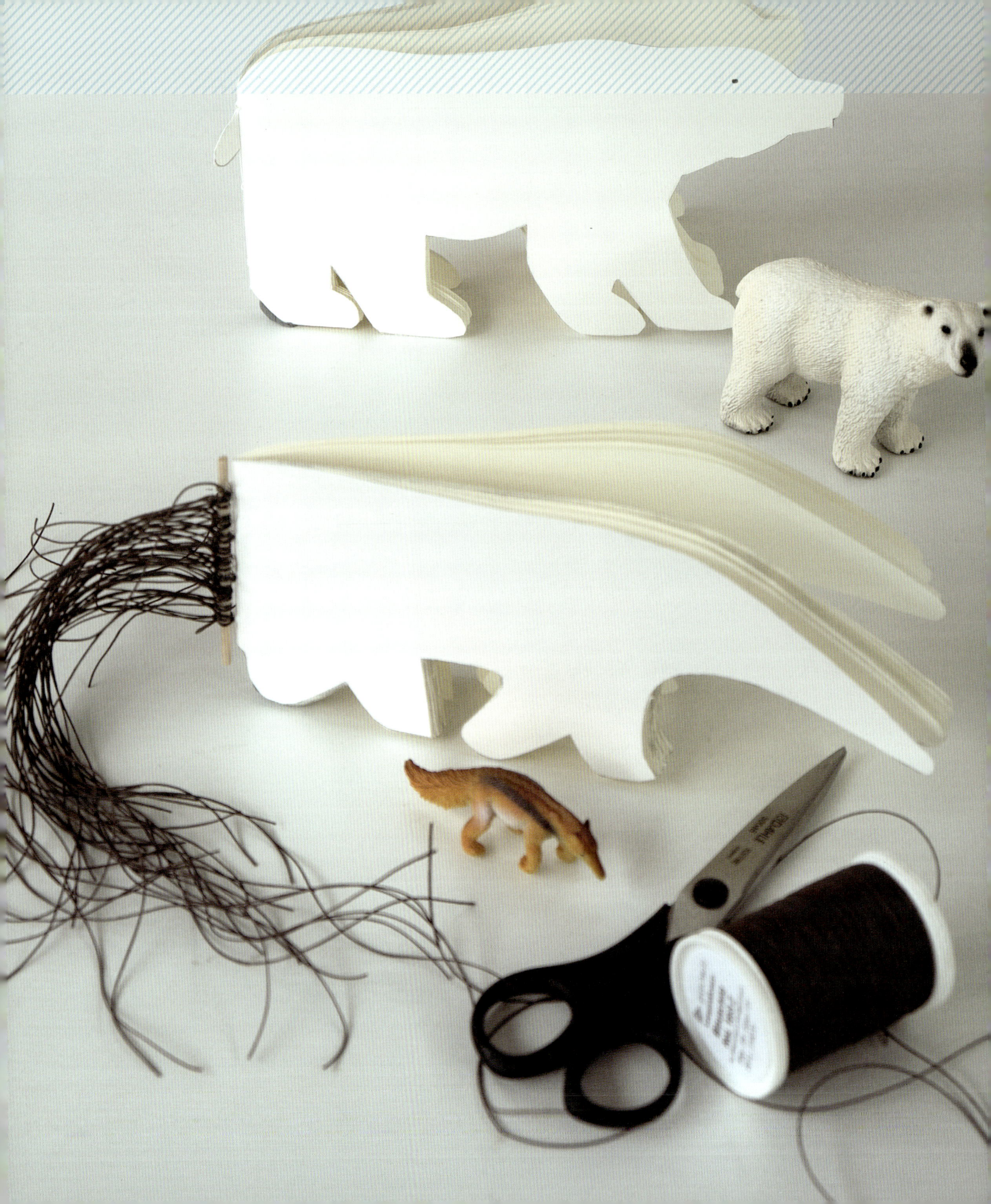

# AMEISENBÄR AM STIEL

**DU BRAUCHST:**
5 Bogen dünnes Papier in DIN A3 (für die Innenseiten)
1 Bogen festes Papier in DIN A3 (für den Einband)
Falzbein
stumpfes Küchenmesser
Schablone für den Ameisenbären (Vorlage auf Seite 155)
Clips
Bleistift (oder Zauberstift)
Schere
Silhouettenschere
Ahle (oder Prickelnadel)
Katalog als Unterlage
stumpfe Nadel und dunkler Zwirn
Holzstab (z. B. ein Schaschlikspieß)
Washi Tape
ein wenig Alleskleber

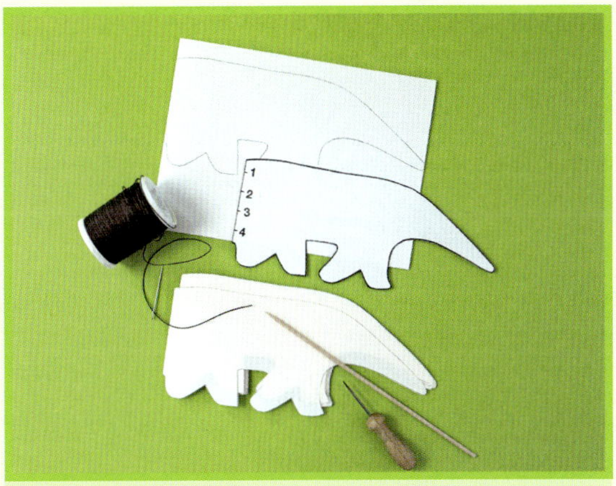

**1** Du beginnst im Querformat die Innenblätter und auch das feste Papier für den Einband zu falten (siehe Schritt 1 auf Seite 23), dann trennst du das Papier entlang des Knicks mit einem stumpfen Küchenmesser in zwei Teile. So entstehen Papierstreifen, die du wiederum in der Mitte faltest – für den Einband benötigst du nur einen Streifen. Die Schablone für den Ameisenbären, kopiert und ausgeschnitten, legst du auf jede gefaltete Seite am Rücken genau an, zeichnest den Umriss nach und schneidest ihn aus. Die Schritte funktionieren genauso wie bei dem Bärenheft, sieh gegebenenfalls noch einmal auf Seite 114 nach

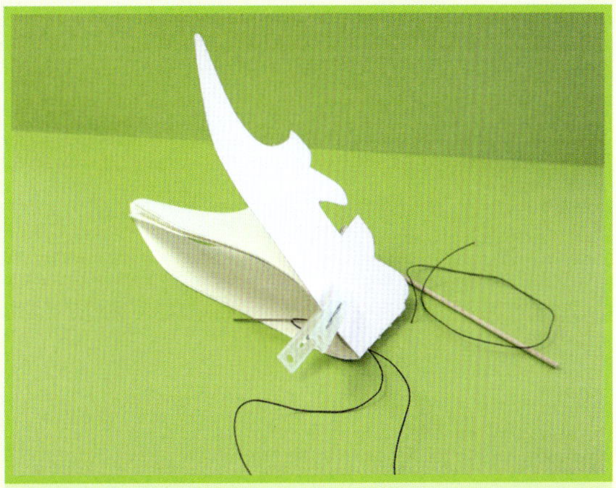

**2** Wenn alle Ameisenbären ausgeschnitten sind, geht es an die Vorbereitungen fürs Heften. Dafür legst du alle Papierlagen ineinander, der feste Einband kommt nach außen. Wie beim Bärenheft (Seite 114) legst du innen die Schablone für den Ameisenbären an und überträgst die Markierungen für die vier Löcher in den Falz.

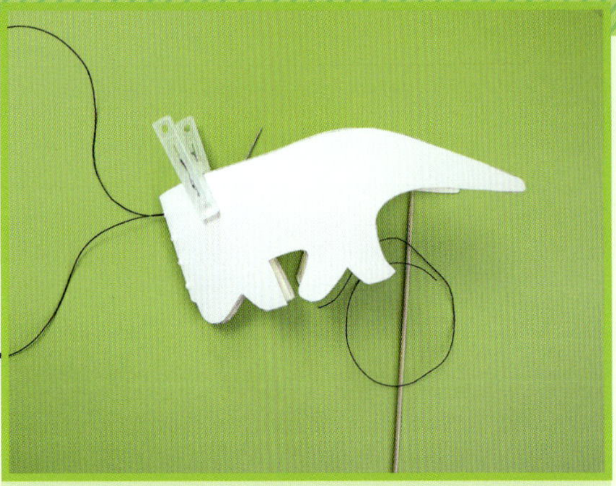

**3** Für die Bindung des Ameisenbärenheftes brauchst du einen kleinen Holzstab, ein Schaschlikspieß eignet sich gut. Neben dem Stab benötigst du noch Zwirn. Schneide dir zwei Fäden vom Zwirn ab, jedes Stück ist viermal so lang wie die Hefthöhe. Nimm den Faden doppelt und fädle ihn doppelt liegend in das Nadelöhr.

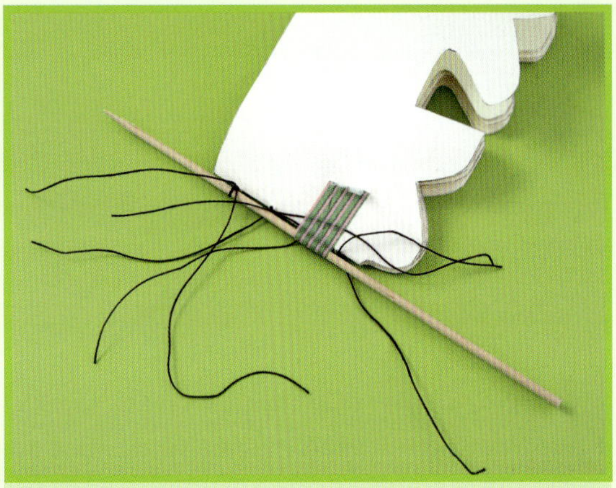

**5** Jetzt wird von außen der Stab von außen angeknotet. Ein Stück Washi Tape hält den Stab fest, bis du mit Festknoten der Fäden fertig bist. Ganz konkret gehst du wie folgt vor: An jedem Loch hängen zwei Fäden. Lege den Stab zwischen die Fäden, befestige ihn mit dem Washi Tape. Knote die beiden Enden fest darüber zusammen, sodass der Stab vom Faden festgehalten wird. Beginne bei Loch 1, gehe dann zu Loch 4, zuletzt sind die beiden mittleren Löcher dran.

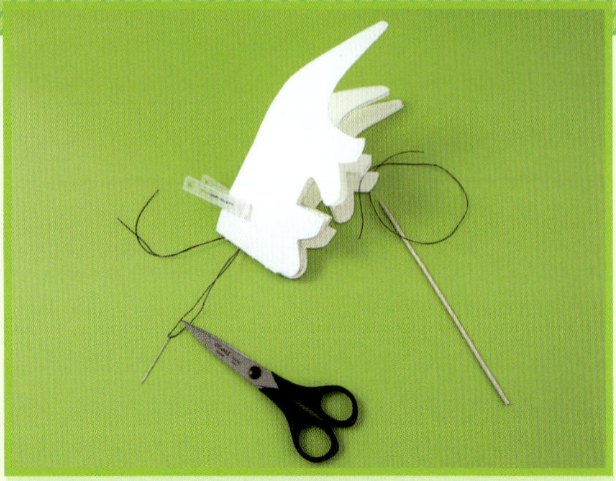

**4** Von außen führst du die Nadel durch das oberste Loch nach innen und durch das zweite Loch wieder nach außen. Die beiden Enden des Fadens sollten gleich lang sein, ziehe sie gegebenenfalls zurecht. Schneide die Schlinge an dem einen Fadenende auf und verknote jeweils die beiden Fäden, die aus einem Loch kommen, miteinander.

Nun fädelst du in die Nadel das zweite Zwirnstück ein, wieder doppelt liegend. Die Nadel führst du nun durch das dritte Loch von außen nach innen, durch das vierte Loch kommt die Nadel wieder nach außen zurück. Auch hier wieder die Schlinge aufschneiden und an jedem Loch die beiden Enden miteinander verknoten.

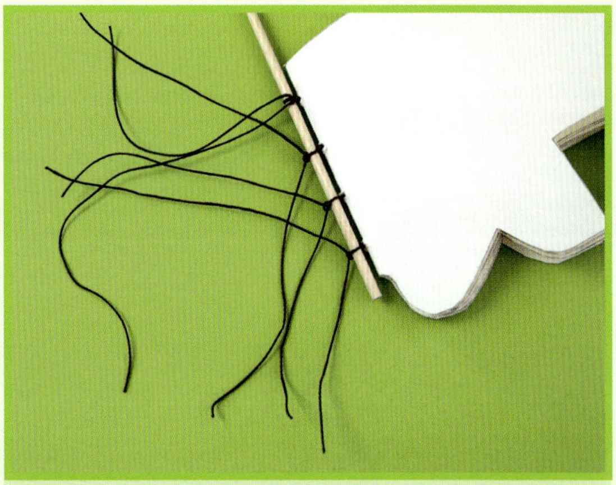

**6** Wenn du dies mit allen Fäden gut verknotet hast, sitzt dein Holzstab fest. Das überstehende Stück kannst du nun abbrechen und das Washi Tape entfernen.

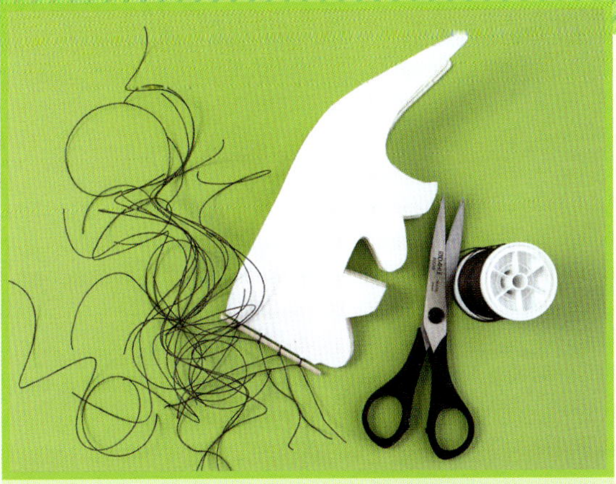

**7** Schneide dir nun von dem Zwirn lange Stücke ab, etwa 40 cm lang sollten die Fäden sein. Aus diesen Fäden wird der Schwanz des Ameisenbärs entstehen. Wie viele Fäden du abschneiden sollst? Das ist dir überlassen. Je geduldiger du bist und umso mehr Stücke du schneidest, desto puscheliger wird der Schwanz werden.

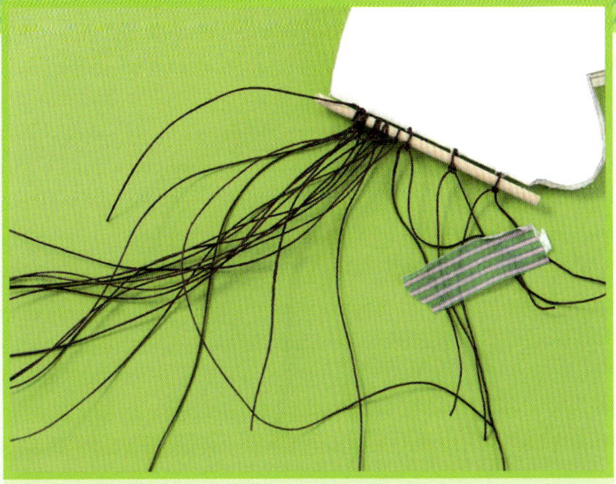

**8** Schiebe an der Heftung nun Faden für Faden hinter dem Holzstab hindurch und knote jedes Stück Zwirn daran fest.

**TIPP**

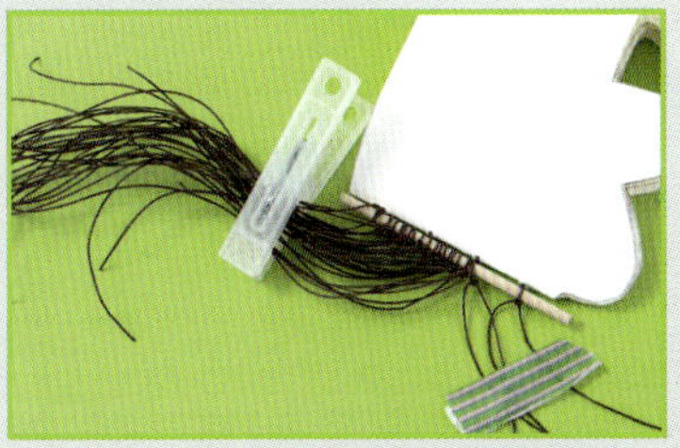

Falls es dir mit den vielen Fäden am Schwanz zu unübersichtlich wird, kannst du mit Wäscheklammer und Washi Tape den Puschelschwanz sortieren.

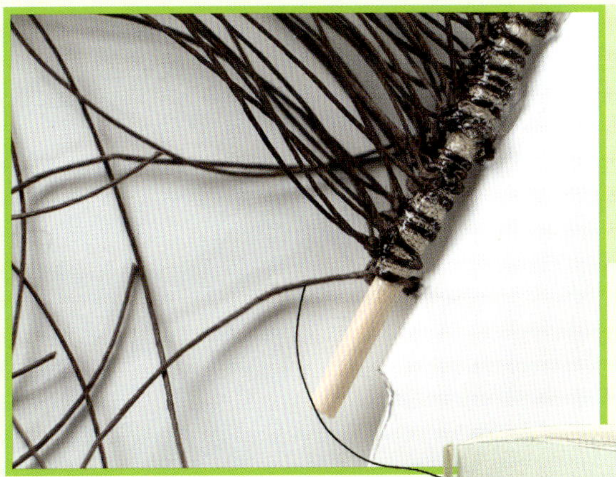

**9** Damit nichts verrutschen kann, gibst du auf die Knoten am Schwanz ein paar Tropfen Alleskleber und sicherst sie so am Stab. Geduldig trocknen lassen.

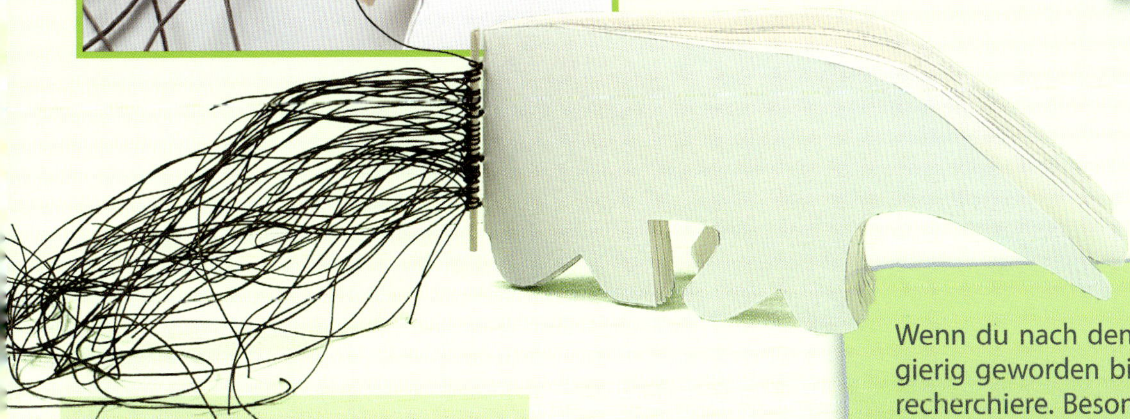

**10** Wenn dein Alleskleber trocken ist, kannst du dein Buch entfalten. Du bist fertig mit dem Ameisenbär am Stiel.

**TIPP**

Wenn du nach dem Basteln des Ameisenbärs neugierig geworden bist, was das für ein Tier ist, dann recherchiere. Besonders die Forscherin Lydia Möcklinghoff hat sehr viel Interessantes über den Ameisenbär herausgefunden. Obwohl der Ameisenbär ein Gehirn hat, das nur so groß wie eine Kichererbse ist, ist er sehr charmant, sagt sie über ihr Forschungsobjekt. Gut, er ist deswegen etwas langsam, aber das kann man ja auch gemütlich nennen …

# KAPITEL 7

# KREATIVE BUCHEINBÄNDE

## TECHNIKEN UND INSPIRATIONEN

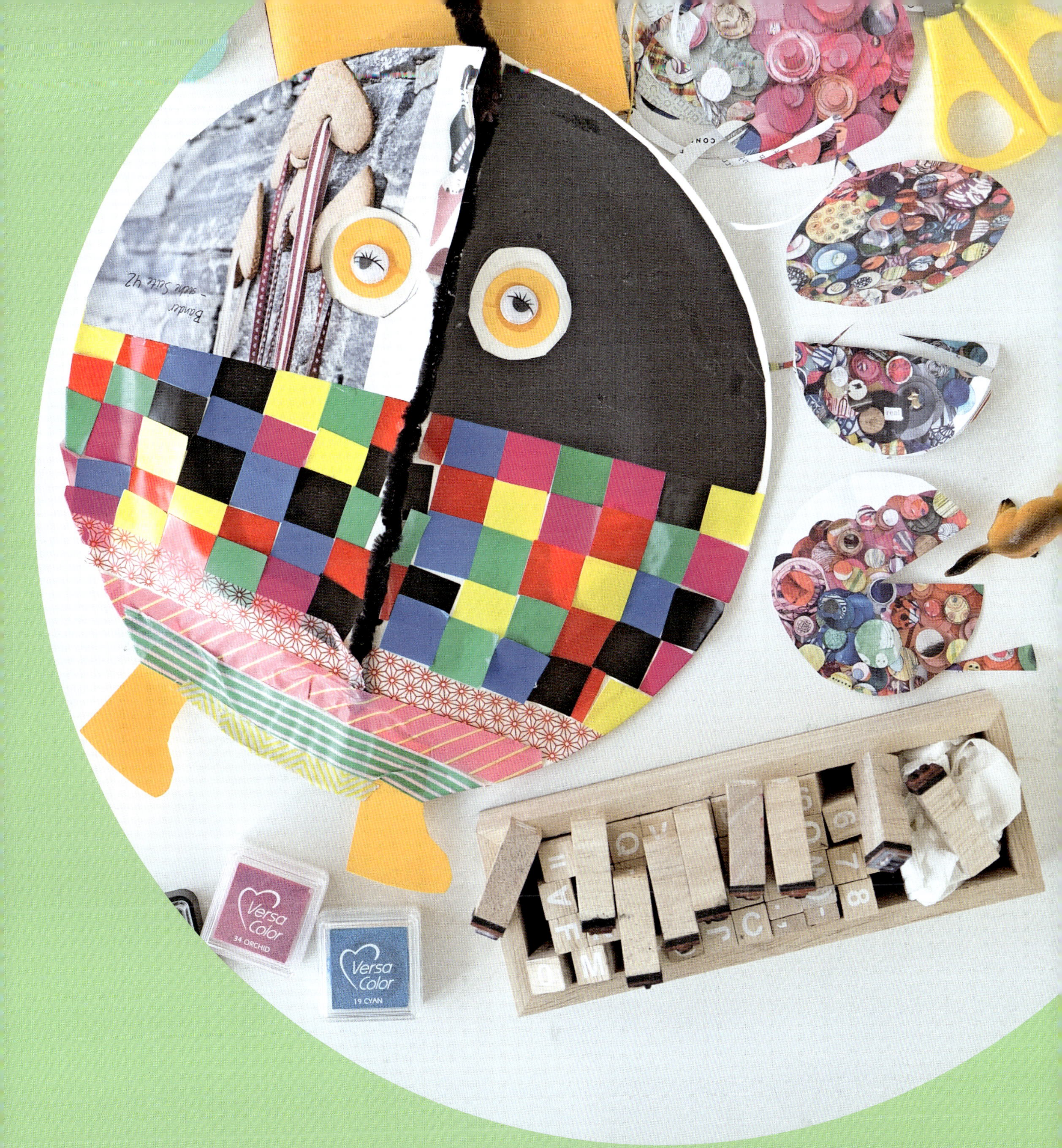
Versa Color
34 ORCHID
Versa Color
19 CYAN

## TIPP

In diesem Buch wird auch ein paar Mal etwas wiederverwertet. Die Projekte machen klar: Man kann Tolles gestalten aus gebrauchten Dingen und man kann sie zu unterschiedlichsten Zwecken einsetzen.
Kapitel 4, Seite 79:
„Lirum, larum, Löffelstiel" – hier kommt eine Cornflakes-Verpackung als Bucheinband zum Einsatz.
Kapitel 4, Seite 83:
Bei „Firlefanz am Spieß" spielen Gummiarmbänder und Geschenkband bei der Bindung die entscheidende Rolle.
Kapitel 4, Seite 87:
Beim „Fundstück" wird ein Salamander aus Plastik mit einem Gummiband befestigt und so zum dekorativen Extraplus.
Kapitel 8, Seite 147:
Hier wird ein Buch aus einer Verpackung vorgestellt.

# RECYCLING

Tatsächlich gibt es so vieles, was du für Bücher und Hefte verwenden kannst. Sobald du darauf achtest, entdeckst du immer mehr Möglichkeiten. Jede Verpackung, jedes Band, jede Kordel siehst du plötzlich mit anderen Augen. Verpackungen sind als Bucheinbände bestens geeignet, da die Pappe meist die passende Stärke hat. Hier muss aber das Papier für jedes Heft individuell angepasst werden. Du findest im Folgenden ein Beispiel, wie du bei einem solchen Projekt vorgehen kannst.

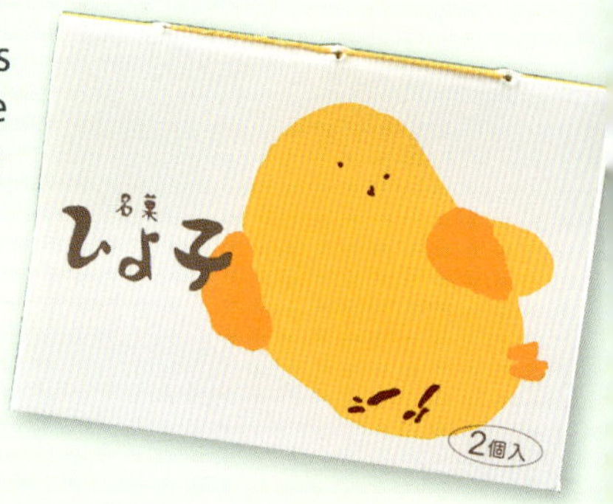


## AUS DER VERPACKUNG WIRD EIN HEFT

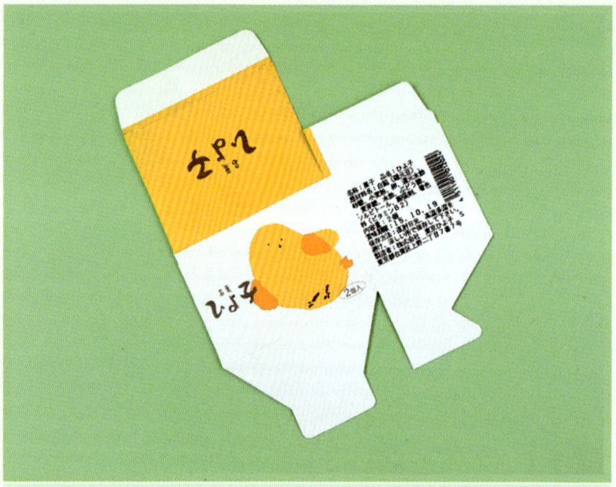

**1** Ursprünglich war in dieser Schachtel einmal eine süße Spezialität aus Tokio gewesen. Jetzt ist die süße Spezialität vernascht – aber ihre Schachtel ist doch wirklich zu schön für den Papiermüll, oder? Daher wird aus der Verpackung jetzt ein Heft gemacht.

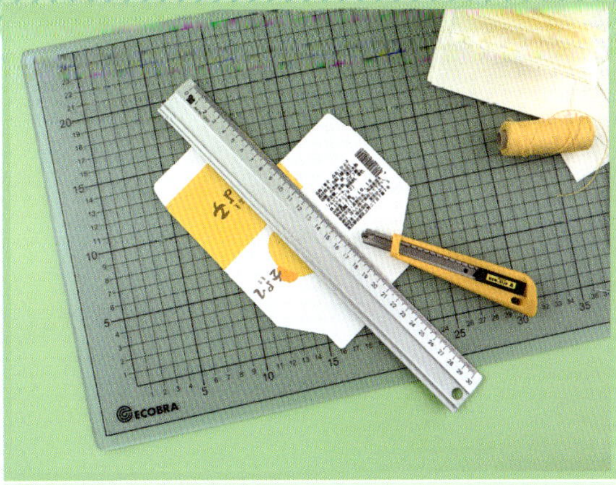

**2** Mit Cutter und Lineal wird die Verpackung in sinnvoller Weise verkleinert. Hier entsteht ein Rechteck, bei manchen Verpackungen kann es sich aber auch anbieten, einen runden Umschlag daraus zu entwickeln und sie dementsprechend auszuschneiden. Bleib offen und schau bei jeder Verpackung aufs Neue, was möglich ist.

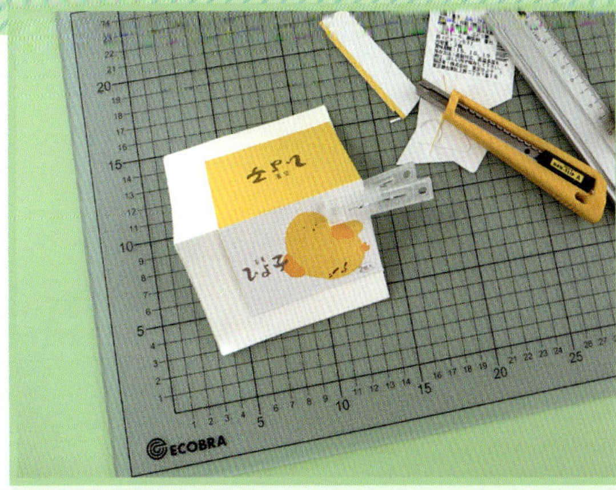

**3** Zur Verpackung passend wird jetzt auch das Innenpapier gefaltet und geschnitten. Eine Wäscheklammer hält die Papierlagen zusammen.

**4** Aus einem abgeschnittener Pappstreifen der Verpackung entsteht eine Schablone für drei Löcher. Das Stück passt von der Größe her genau und entspricht in diesem Punkt dem späteren Heft. Entweder werden die Löcher auf der Schablone angezeichnet oder alternativ im Heft. Das Vorgehen ist identisch: Mit einem Geodreieck wird von der Mitte aus ein Punkt nach rechts und einer nach links ausgemessen, die drei Punkte werden markiert – einer links, einer rechts und einer in der Mitte. Die Löcher werden mit einer Ahle oder Prickelnadel durchgestochen, durch die Löcher wird das Heft noch mit einem passenden Zwirn geheftet – und schon ist das Heft so gut wie fertig.

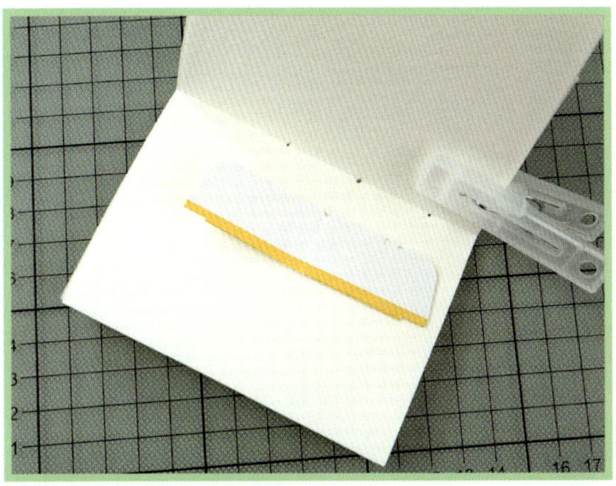

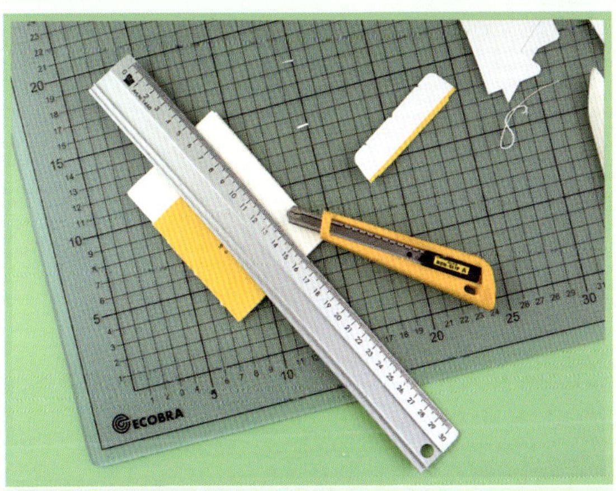

**5** Nur noch das überstehende Papier muss mit dem Cutter am Lineal entlang abgeschnitten werden …

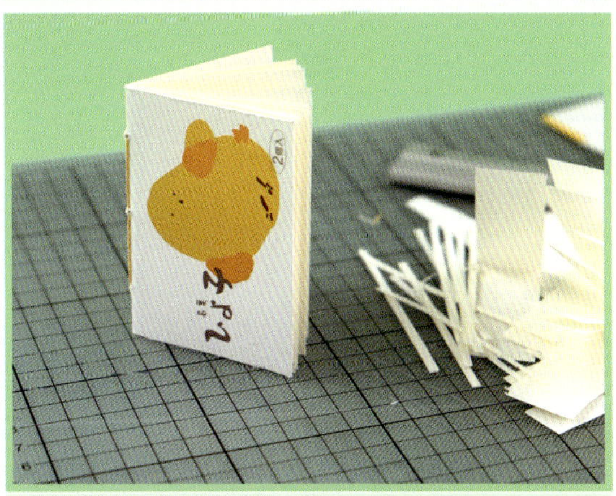

**6** … dann ist das Heft fix und fertig!

# COLLAGEN

Ob sie kleine Hefte zieren oder auf aufwändig gestalteten Projekten zu finden sind – Collagen sind immer etwas ganz Besonderes. Hier kannst du die unmöglichsten Dinge möglich machen. Bei einer Collage arbeitest du mit unterschiedlichen Materialien, klebst sie auf und kreierst so ein ungewöhnliches Kunstwerk. Wenn du mit „gefundenen" Sachen gestaltest, kombinierst du die Collage mit Recycling und schlägst zwei Fliegen mit einer Klappe.
Auf der Seite hier und auf den folgenden Seiten siehst du, was andere Kinder aus Papier und aufklebbaren Stickern gemacht haben. Die kleine Auswahl an Kinderwerken zeigt dir auch, was mit ausgeschnittenem und gestanztem Papier entstehen kann. Vielleicht hilft dir ja auch die Idee mit der Witzfigur (Seite 20) weiter?
In Kapitel 2 bei der „Rauf-runter-Bindung" hast du vielleicht schon die Pfeifenputzer kennengelernt? Manchmal werden die Pfeifenputzer auch Biegeplüsch genannt, der Name Biegeplüsch passt eigentlich auch richtig gut, denn jeder Pfeifenputzer hat in der Mitte ein biegsames Drahtstück und drumherum plüschiges Gewebe. Auf jeden Fall sind Pfeifenputzer toll zum Basteln und sie sind auch bei einigen gezeigten Projekten zum Einsatz gekommen. Beispielsweise bei dem Käferbuch von Annika, das direkt hier rechts zu sehen ist. Gezeigt werden können leider nur einige Ideen – es gibt aber unendlich viele Möglichkeiten!

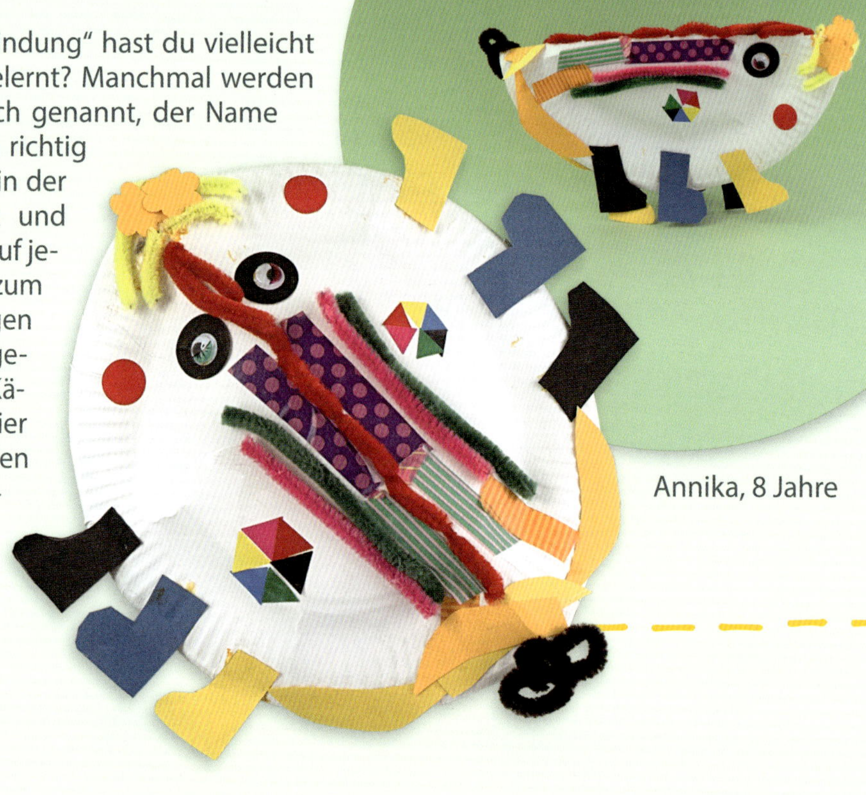

Annika, 8 Jahre

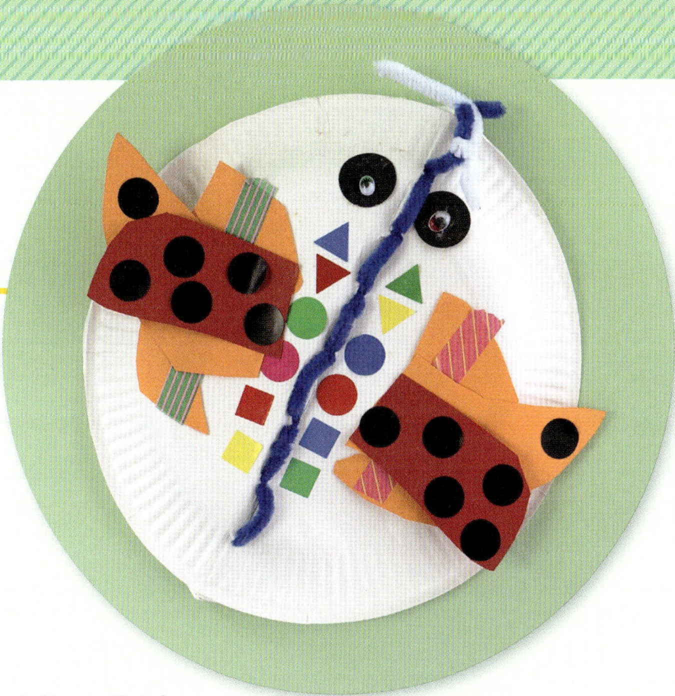

Juliane, 8 Jahre

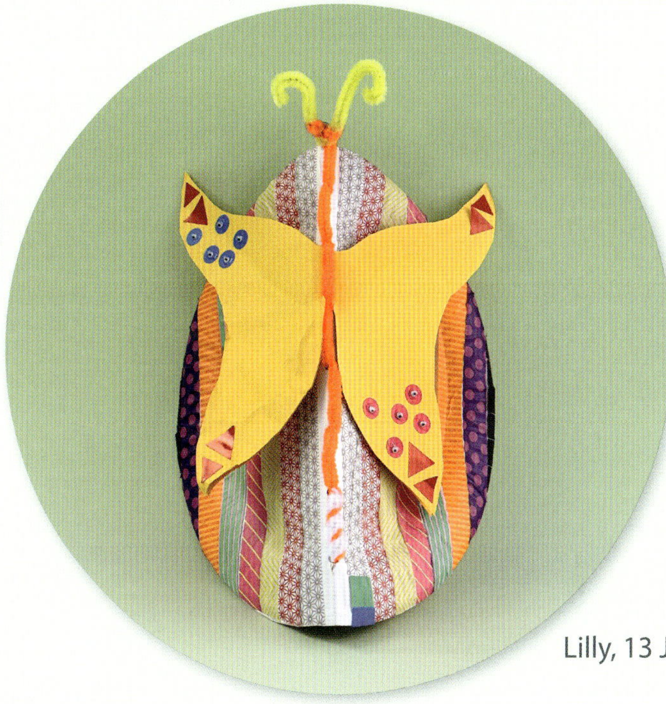

Lilly, 13 Jahre

## KINDERWERKE

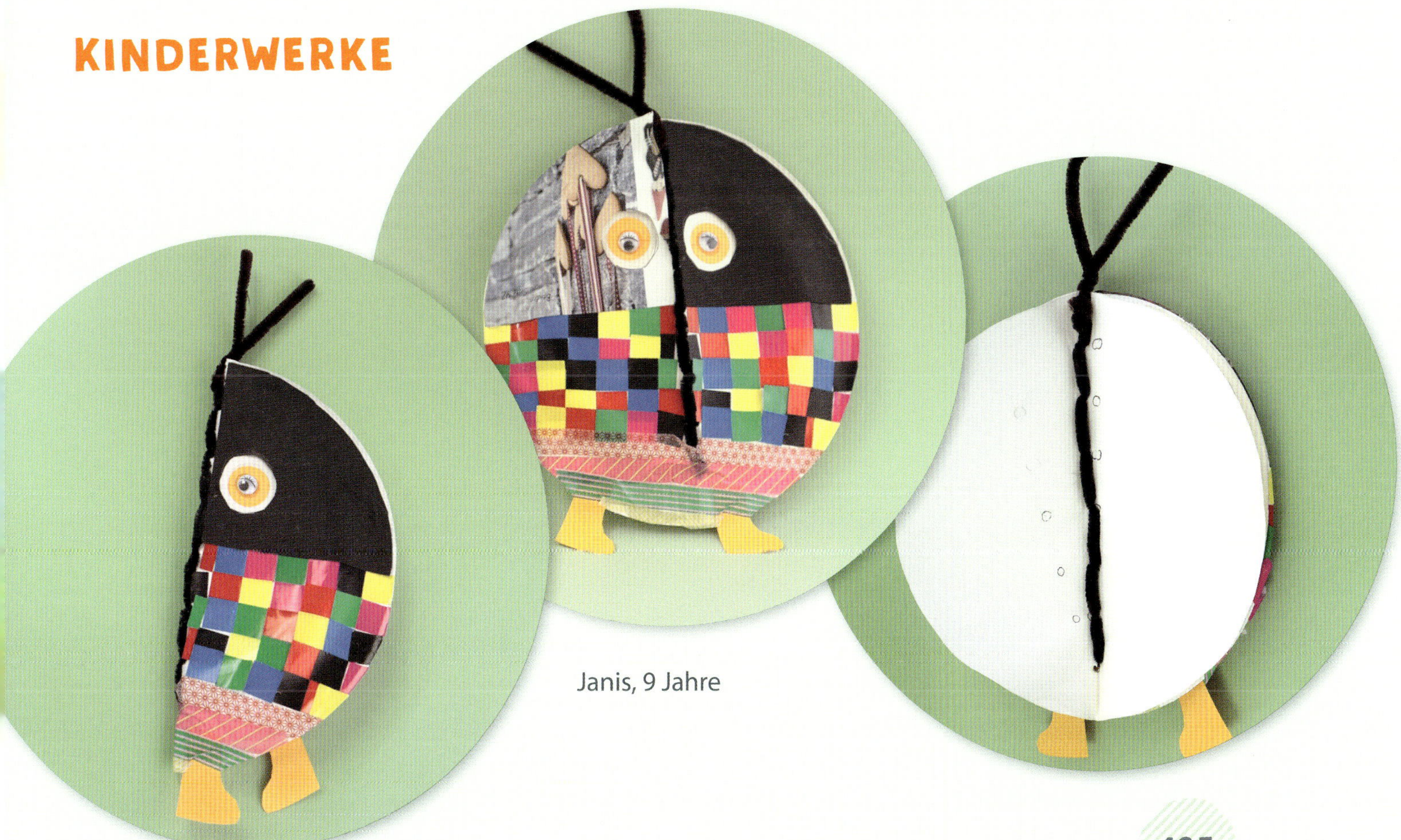

Janis, 9 Jahre

# VERSCHLÜSSE

Verschlüsse für Hefte und Bücher sind sehr nützlich und dekorativ. Im Folgenden stelle ich dir einige Möglichkeiten vor. Aber es ist wirklich nur eine kleine Auswahl. Es gibt so viele Ideen!

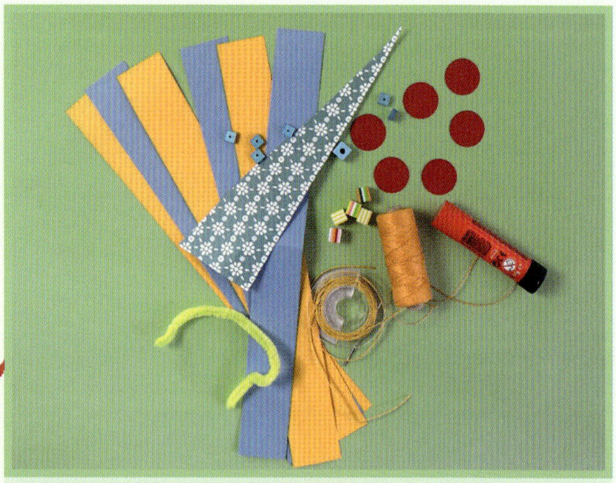

Pfeifenputzer, Papier, Zwirn, Perlen – auch für Verschlüsse kannst du allerhand Material nutzen.

## PAPIER-PERLEN-VERSCHLUSS

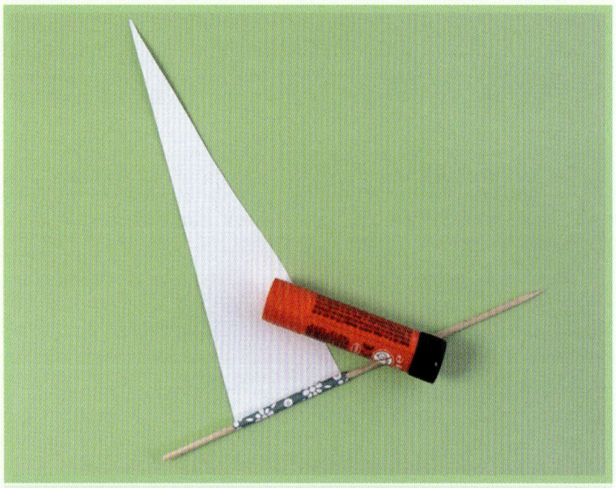

**1** Schneide einen Streifen Papier zu einem langgezogenen Dreieck. Den wickelst du um einen Stab und klebst das letzte Stück fest. Das war's schon in Sachen Papier. Den Stab ziehst du raus und verwendest ihn bei anderen Projekten wieder.

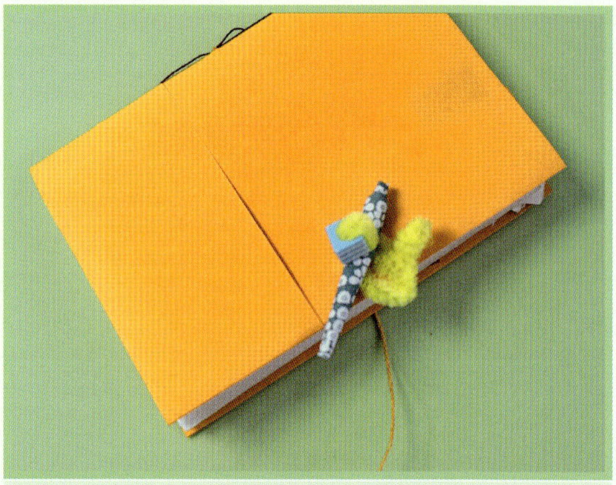

**2** Mit einer Prickelnadel oder Ahle bohrst du ein Loch durch die vordere Umschlagseite. Deinen Verschluss nähst du mithilfe einer Bastelperle an die Vorderseite deines Hefts. Du kannst ihn auch mit dem Reststück eines Pfeifenputzers am durchgestochenen Loch festmachen, wie das auf dem Bild hier zu sehen ist.

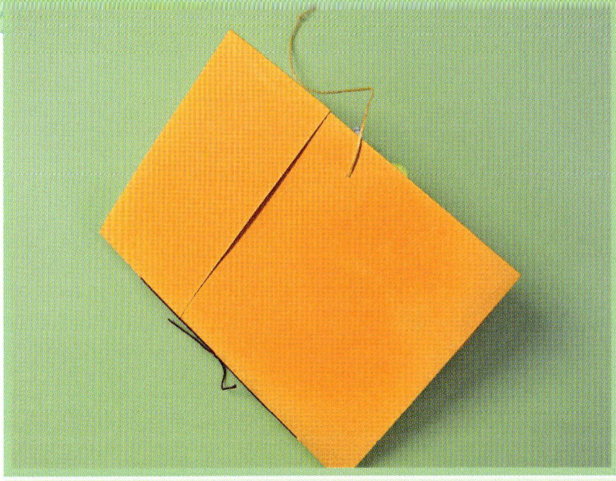

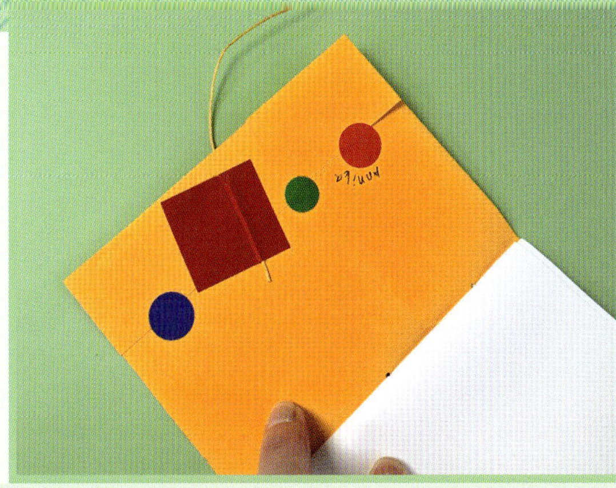

**3** Am hinteren Einband machst du mit der Prickelnadel (oder Ahle) ein Loch und steckst hier einen Faden hindurch. Innen verklebst du das Fadenende mit Papier oder Washi Tape. Der Faden lässt sich dann um den angenähten Verschluss der Vorderseite wickeln und hält das Heft geschlossen.

## BUNTER VERSCHLUSS AUS PAPIER

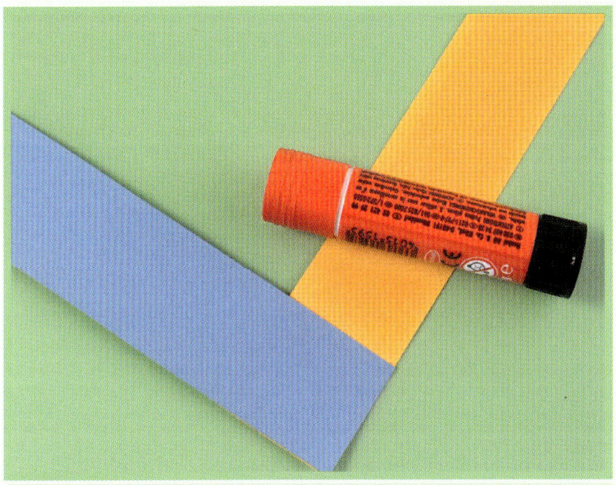

**1** Nimm zwei gleich breite Streifen festen Papiers in unterschiedlichen Farben. Klebe die Enden der beiden Streifen über Eck zusammen. Nun wird immer ein Streifen über den anderen gefaltet. Der Faden lässt sich dann um den angenähten Verschluss der Vorderseite wickeln und hält das Heft geschlossen.

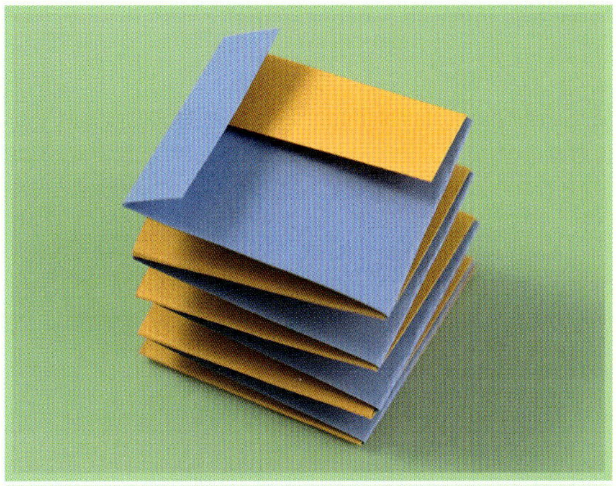

**2** Am Ende hast du eine kleine Ziehharmonika aus Papier vor dir liegen.

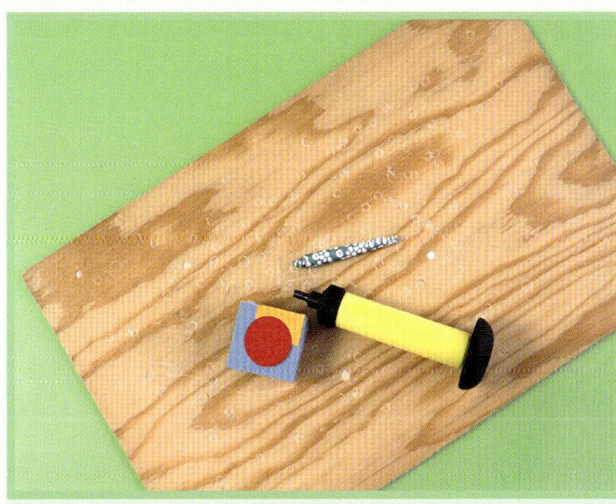

**3** Auf die Papierziehharmonika habe ich zur farbigen Ergänzung noch einen roten Punkt aufgeklebt.

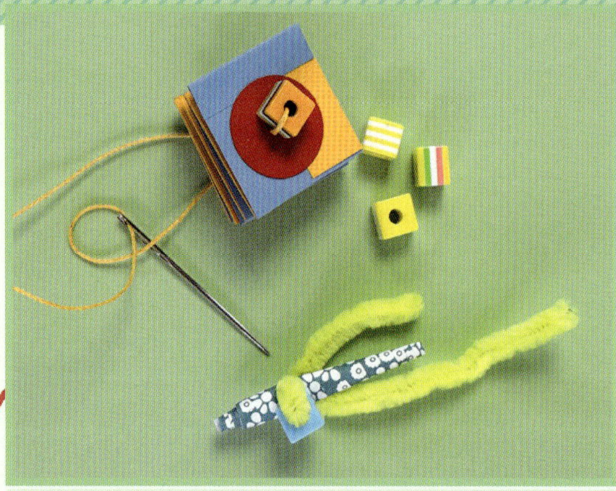

**4** Mit einer Prickelnadel oder Ahle bohrst du ein Loch durch den Verschluss und die vordere Umschlagseite. Dann nähst du den Verschluss mit Nadel und Faden an – vorne sitzt noch eine Bastelperle, die ebenfalls angenäht wird. Diese sichert deinen Verschluss.

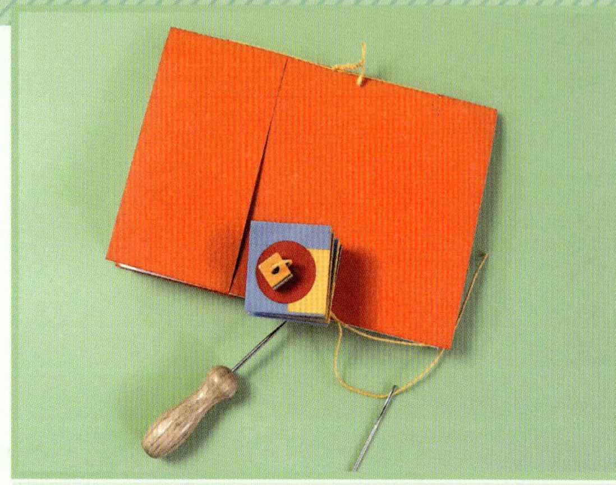

**5** Zum Befestigen des Fadens reicht es, wenn du den Faden nach innen führst und dort mit Papier oder Washi Tape festklebst.

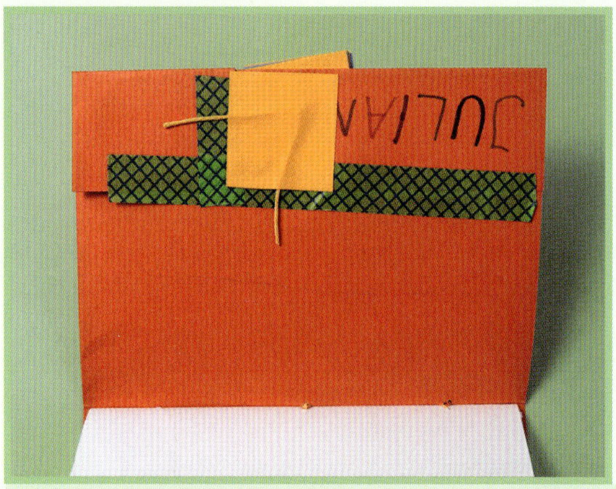

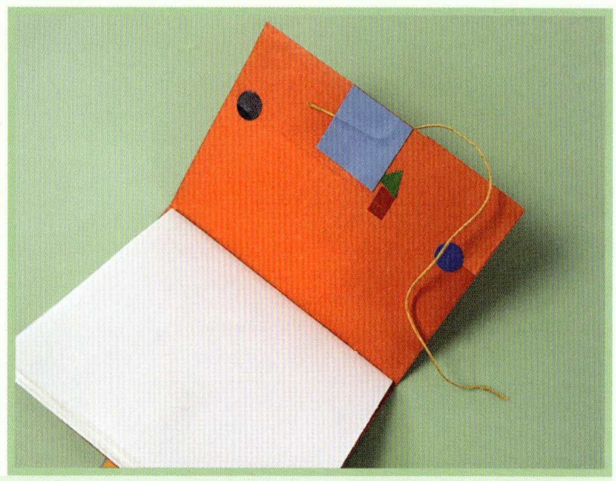

**6** Die Rückseite machst du wie beim Projekt „Papier-Perlen-Verschluss“ auf Seite 127 beschrieben.

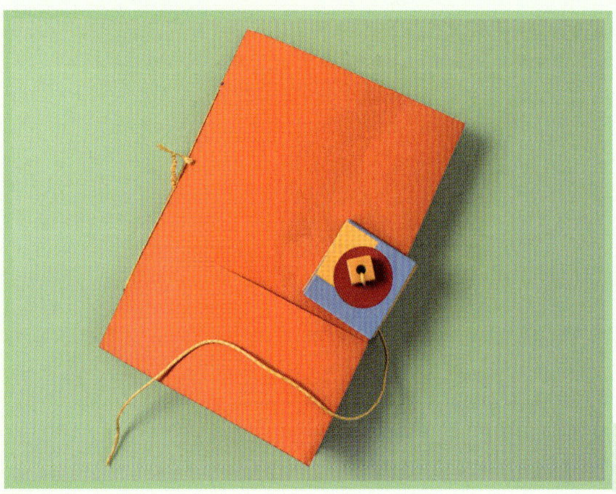

**7** Fertig.

## HAARGUMMI-VERSCHLUSS

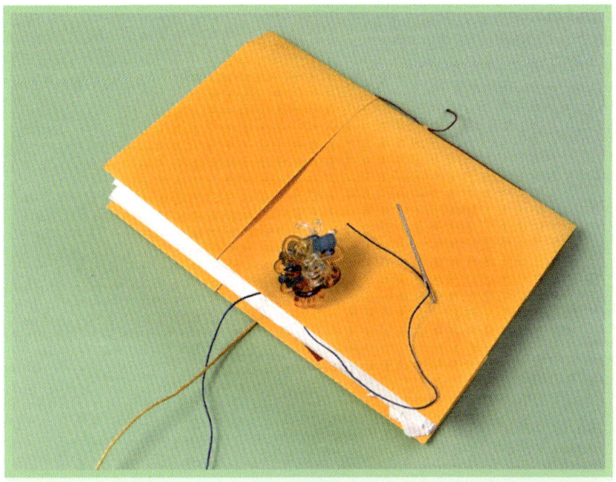

**1** Aus einem verdrehten Haargummi aus Plastik habe ich diesen Verschluss gemacht und an das Heft angenäht.

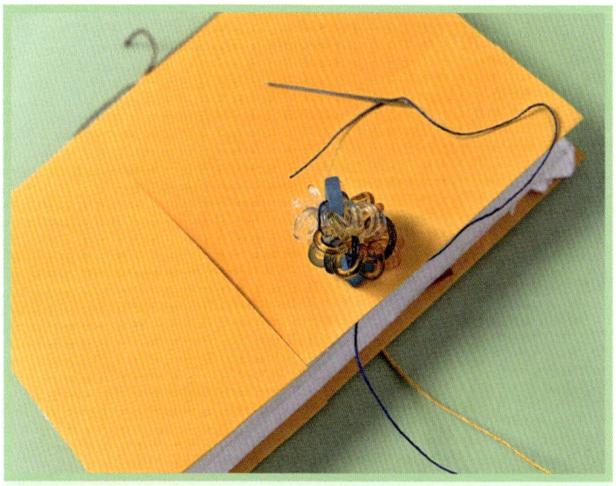

**2** Auch bei diesem Verschluss verhindert eine Perle, dass der Faden durch das Gummiknäuel durchrutscht. Alles wird wieder an die Heftvorderseite angenäht, dafür wird mit der Prickelnadel ein kleines Loch gemacht. Innen wird der Faden abschließend mit Washi Tape oder Papier angeklebt.

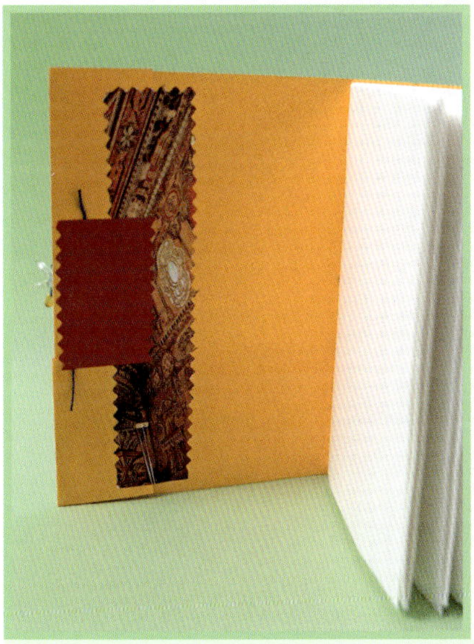

**3** Auf der Rückseite des Hefts wird ein dünnes Band (oder eine Kordel) durch ein mit der Prickelnadel gestochenes Loch geführt. Innen wird das Band angeklebt. Mithilfe des losen Bandes kann das Heft verschlossen werden, vorne wird es dann einfach um den vorderen Verschluss herumgewickelt.

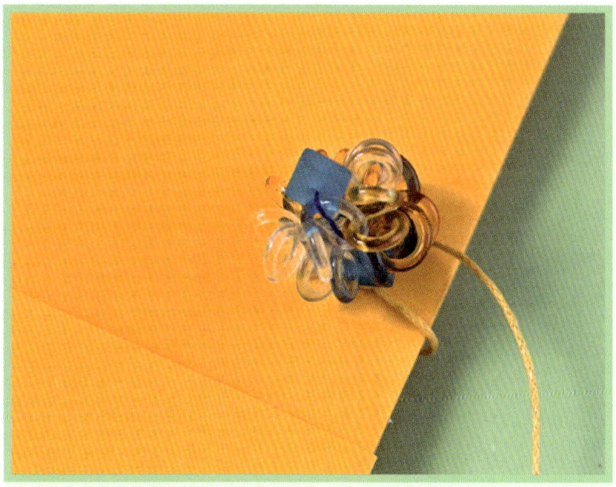

**4** So sieht das Ergebnis aus.

## ROSENROMANTIK

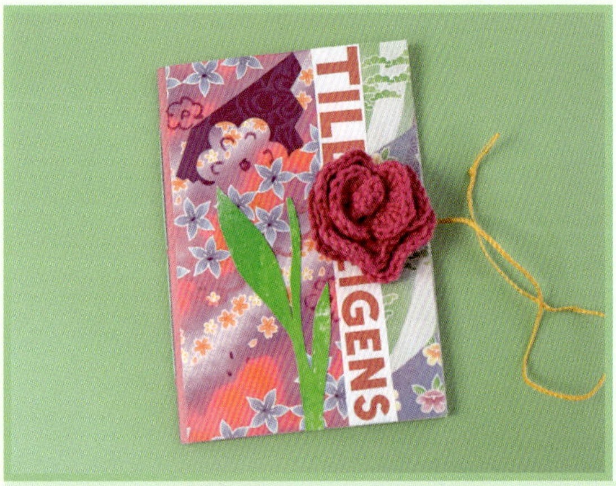

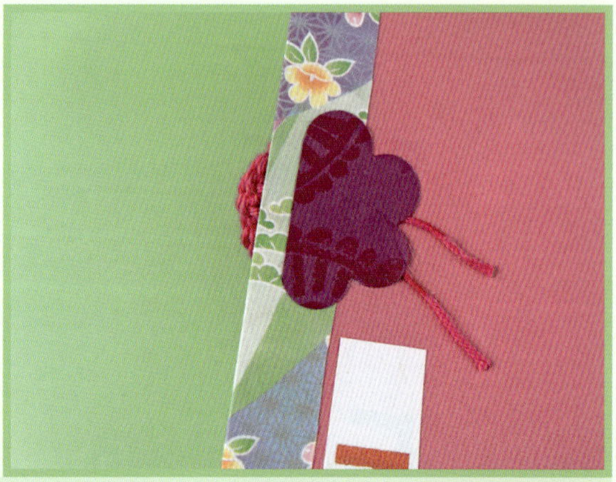

Bei diesem romantischen Verschluss wird eine Häkelrose verwendet. Diese wird mit einem Faden am Heft befestigt, dafür wird ein Loch in die vordere Umschlagseite gestanzt, der Faden wird durch dieses hindurchgezogen und mit einer Blütenstanze innen festgeklebt.

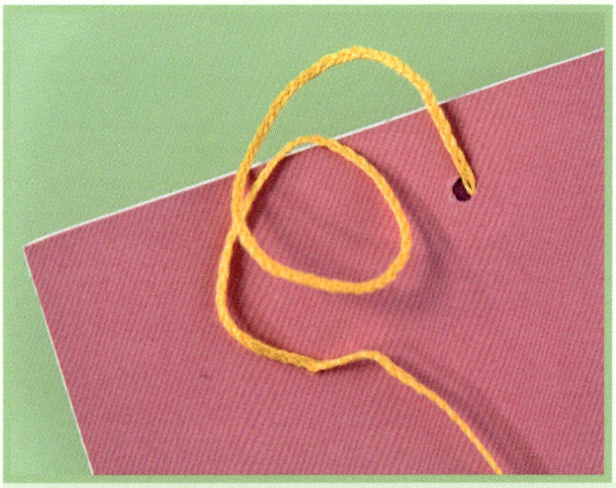

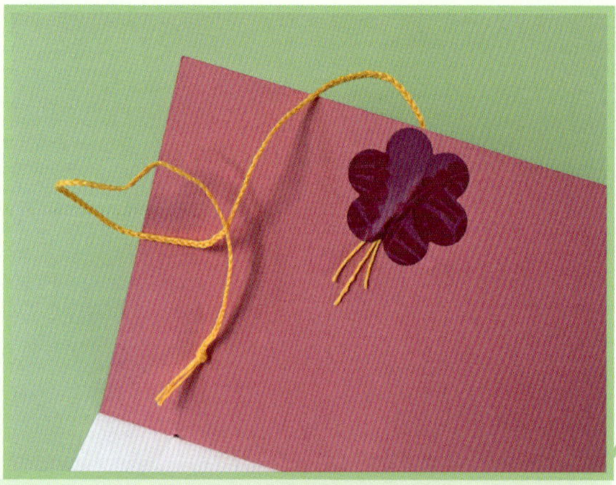

Für die hintere Umschlagseite wird aus dünner Kordel ein Band geflochten. Auch für dieses Band wird wieder ein Loch durch den Umschlag gestochen, das Band wird durch dieses hindurchgefädelt und mit einer Blütenstanze angeklebt. Die Bilder zeigen, wie dies von außen und von innen aussieht.

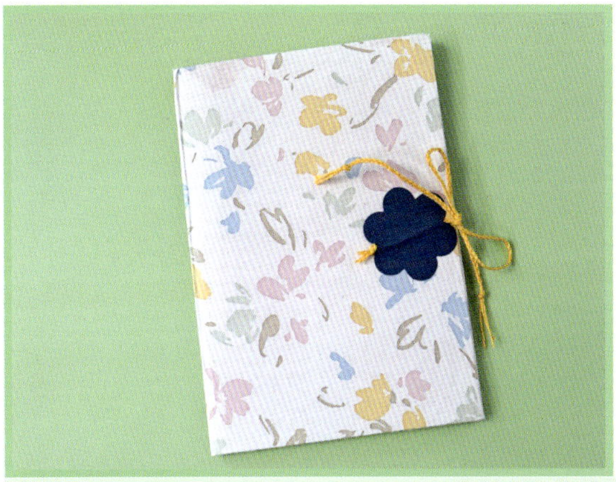

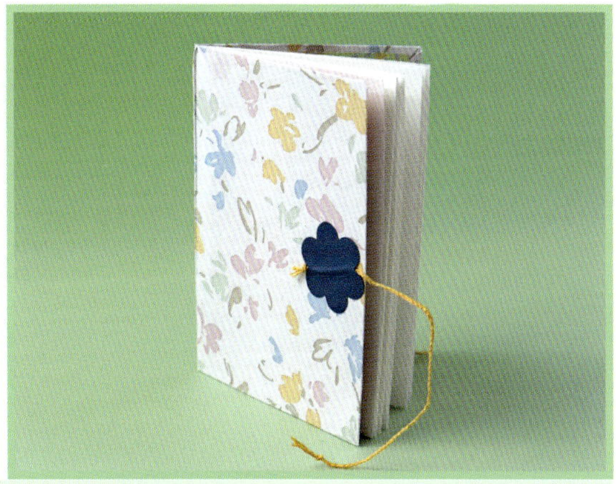

Ein romantischer Verschluss entsteht, wenn du auch außen Blütenstanzen verwendest. Die Kordel vorne und hinten kannst du direkt mit der Blütenstanze ankleben.

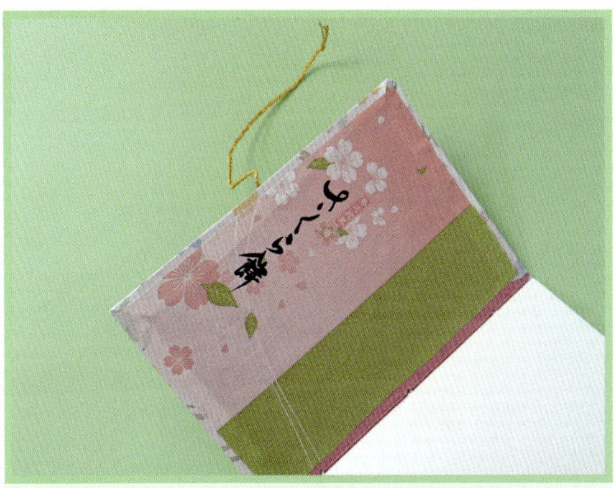

Auch hier wird das Garn zunächst geflochten, sodass ein Band zum Zubinden entsteht. Mit einem Papierrest wird das Band dann festgeklebt.

**TIPP**

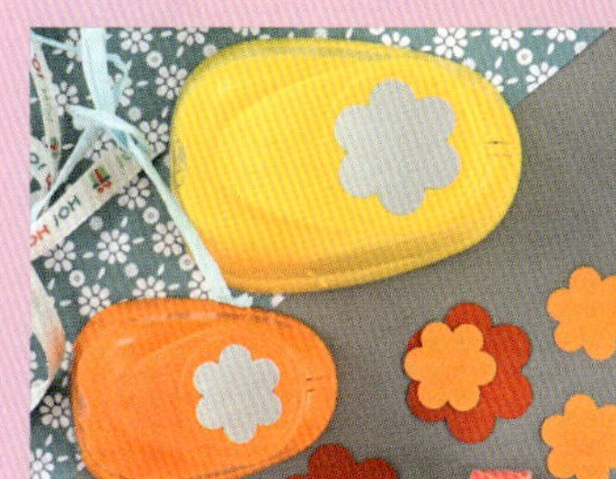

Die Blütenstanze kann – wie der Name sagt – mit einer Papierstanze aus ganz normalem Papier hergestellt werden. Wenn dir keine Stanze zur Verfügung steht, dann mal dir eine Blumenblüte auf Papier auf und schneide sie aus.

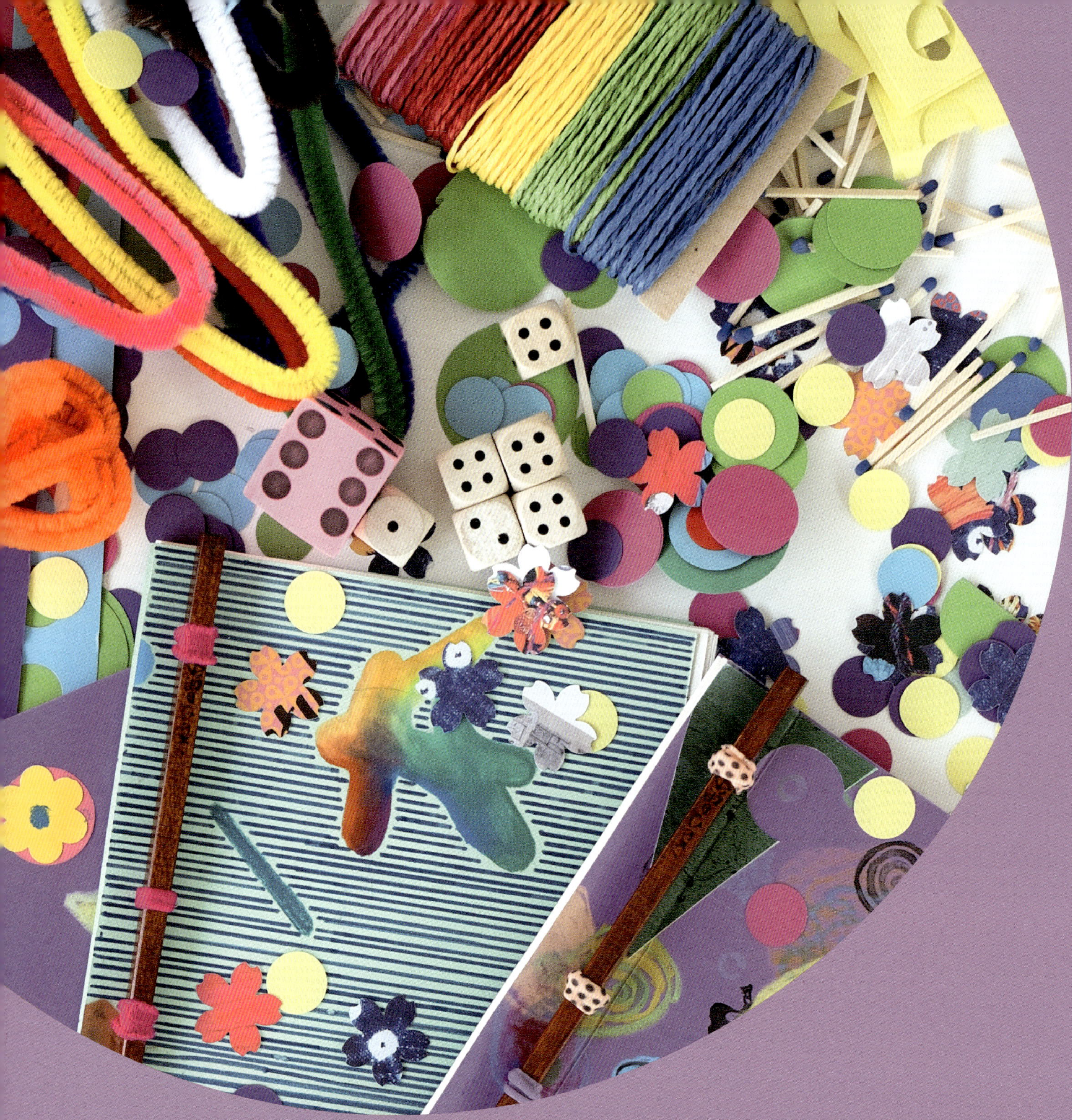

# KAPITEL 8

# SPIELEND HEFTE UND EINBÄNDE ERFINDEN

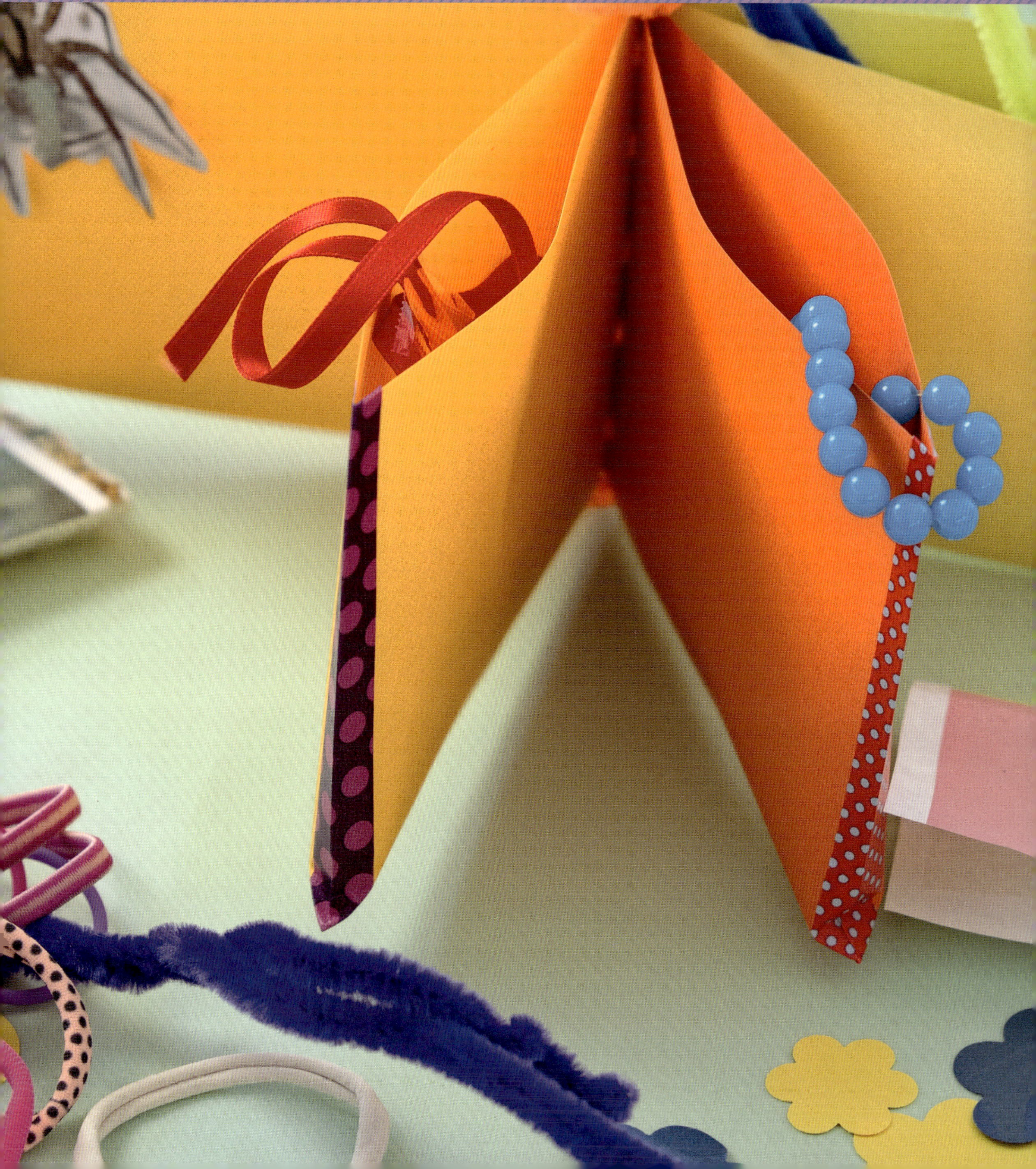

# WUNDERBLUME

## FÜR DEN KINDERGEBURTSTAG

**DU BRAUCHST:**
3 Bogen dünnes Papier in DIN A4
Falzbein
Washi Tape
Schere
Clip
Schablone für fünf Löcher (Seite 157)
Bleistift (oder Zauberstift)
Papierbohrer und Holzbrett
Pfeifenputzer

**IPP**

**UCHPARTY** – wie wäre es mit diesem Motto ür dein nächstes Geburtstagsfest? Die Wunerblume ist die Überraschung für deine Partyäste. Jedes Kind bekommt seine Blume. In den Blütenblättern" versteckst du die Zutaten, die eder braucht, um ein Heft zu binden. In den Vunderblumen sind also ähnliche Zutaten verteckt – ganz genau identisch müssen sie aber icht sein.
)ie Zutaten für die „Blütenblätter" stellst du zuammen. Was alle gemeinsam brauchen, legst u mitten auf den Tisch: Malfarben, Filzstifte, cheren und, und, und. Na, du weißt ja, was ales fürs Heftbinden notwendig oder nützlich ist. ür die Füllung der Blütentaschen findest du ier noch ein paar Ideen:

- aus alten Zeitschriften ausgeschnittene Wörter (für eine Collage oder als Anregung für ein gemaltes Bild), wie bei den Schreibideen auf Seite 89
- ausgeschnittene Papierschnipsel in verschiedenen Farben (für eine Collage)
- verschiedene Bänder (für unterschiedliche Bindungen)
- Kleinigkeiten, die zu einem Verschluss verarbeitet werden können
- ausgeschnittene Tierbilder oder Tiernamen
- Stempel und Stempelkissen …

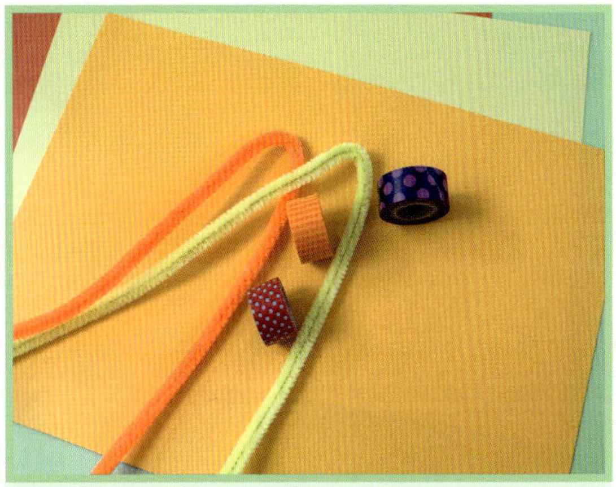

**1** Diesmal soll es richtig bunt werden. Du fängst mit deinen drei farbigen DIN-A4-Blättern an, legst sie ins Querformat und faltest sie mittig. Dann drehst du sie ins Hochformat, um sie noch einmal in der Mitte zu falten.

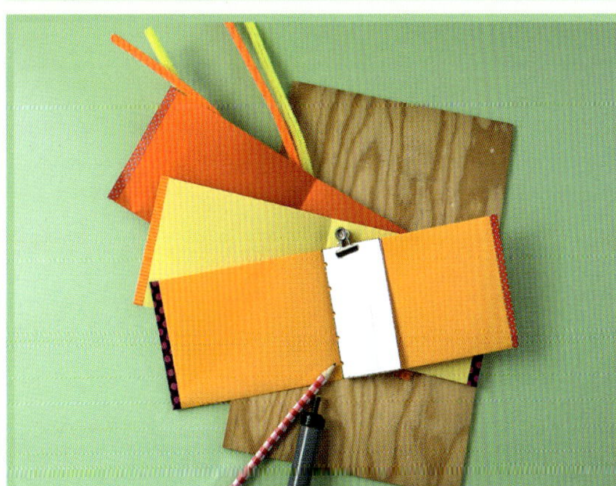

**2** Die Seiten des gefalteten Papiers klebst du mit Washi Tape zu. Mit dem Clip befestigst du die Schablone an dem Knick. Die Stellen für die Löcher zeichnest du dir an und fertigst sie anschließend mit dem Papierbohrer – aber das kennst du ja schon.

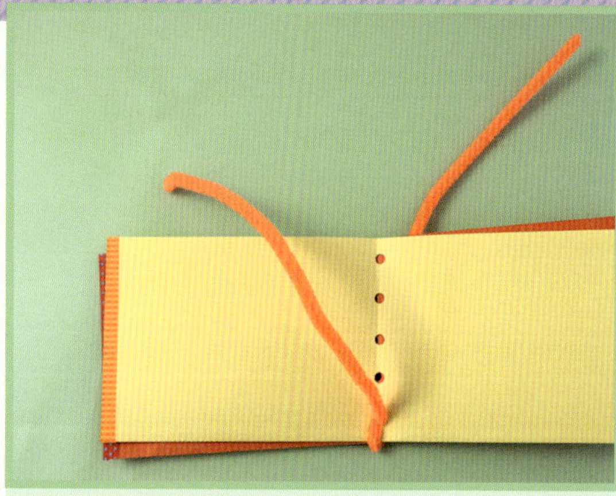

**TIPP**

Du kannst die Löcher auch mit einer Lochzange machen, wenn du das Papier in der Mitte gefaltet lässt. Dann knipst du mit der Lochzange am Rand „halbe" Löcher aus.

**3** Jetzt fädelst du den Pfeifenputzer durch die Löcher und verbindest so die farbigen Papiertaschen. Du beginnst oben und fädelst immer rauf und runter. An dem letzten Loch angekommen, geht es wieder in die andere Richtung, bis du dich wieder am Ausgangspunkt befindest.

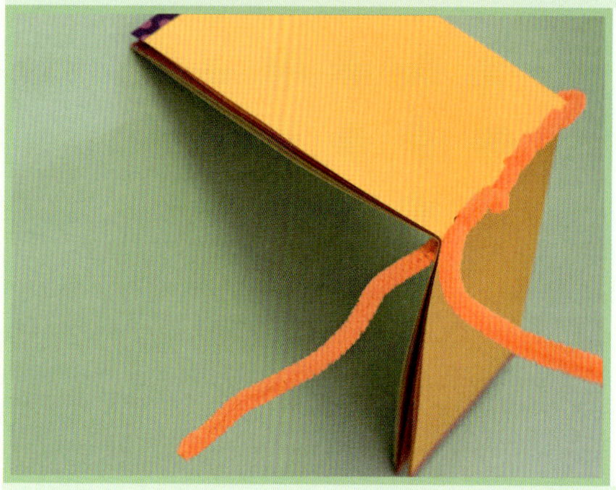

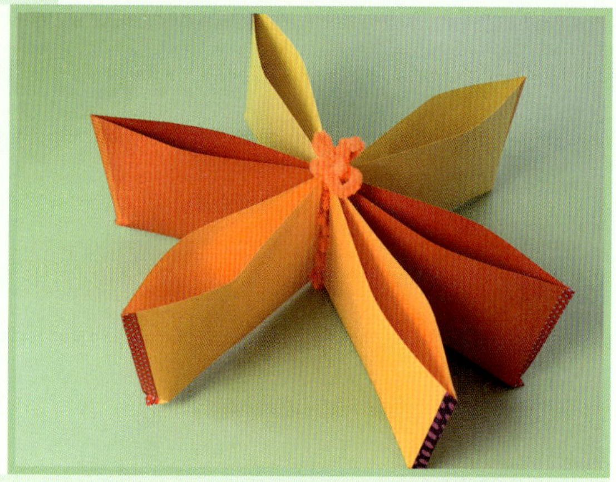

**4** Die Enden vom Pfeifenputzer verbiegst und verknotest du, wie du magst. Und schon kannst du dein Papier zu einer Blume auffächern.

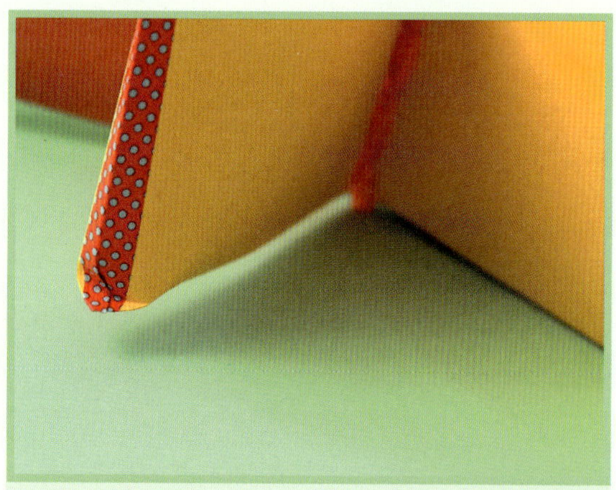

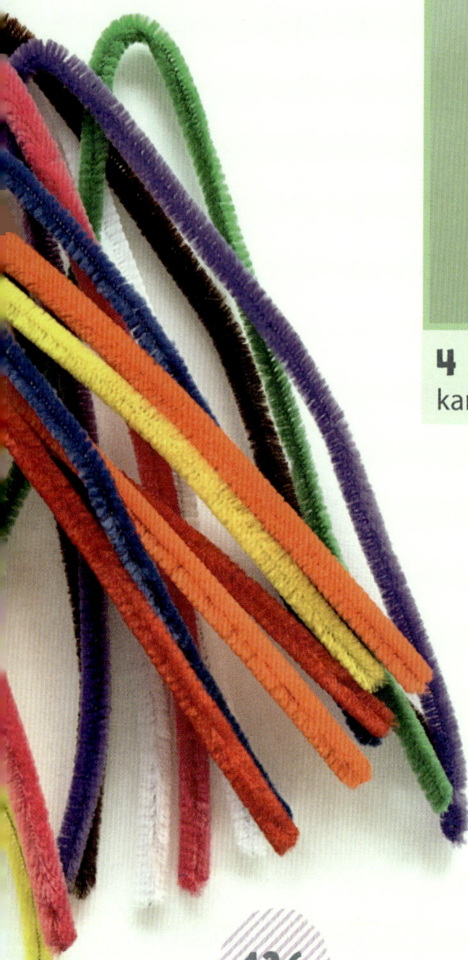

**5** Knicke die unteren Ecken etwas um, damit die Taschen offen bleiben.

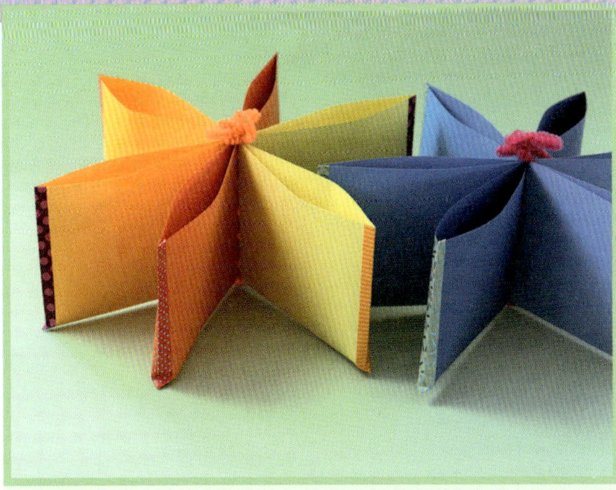

**6** Schon ist sie fertig, deine Wunderblume. Wenn du magst, kannst du dich direkt an die zweite machen. Oder du kannst dich um die Füllung kümmern.

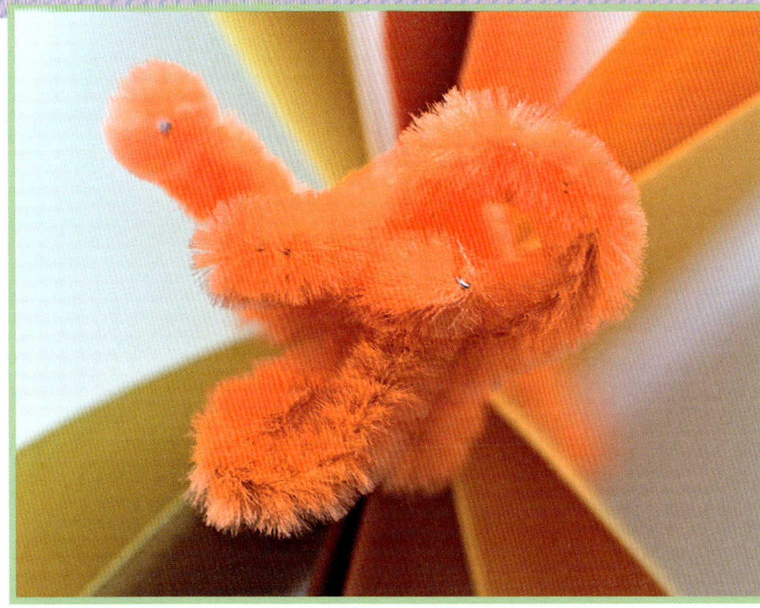

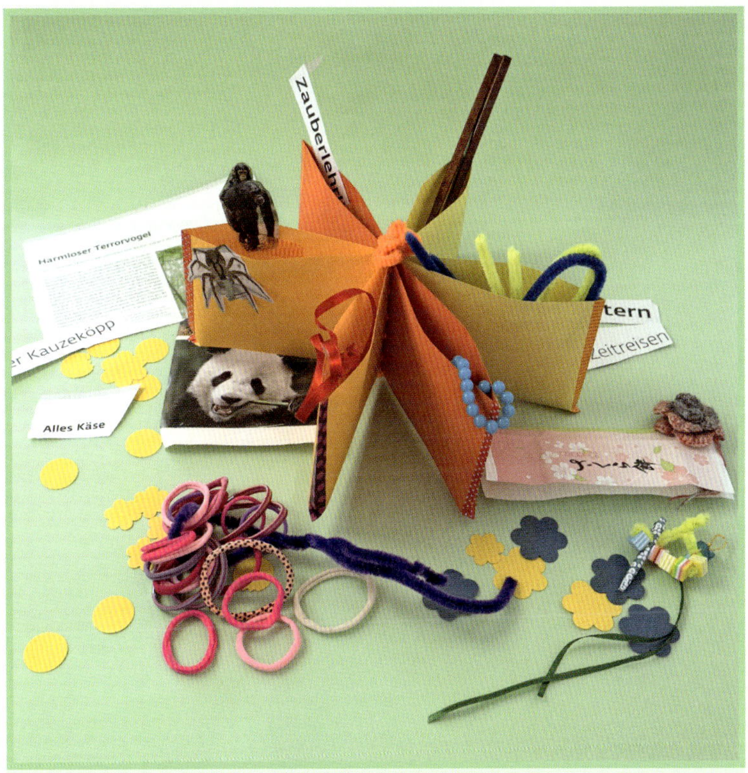


**7** Für die Füllung eignet sich vielerlei: Geschenkband, Armbänder, ausgestanzte Formen, Papierschnipsel, Pfeifenputzer, Haargummis – das sind nur ein paar Ideen. Einzig und allein ist zu bedenken, dass die Dinge, die du in die Taschen steckst, nicht allzu groß sind.

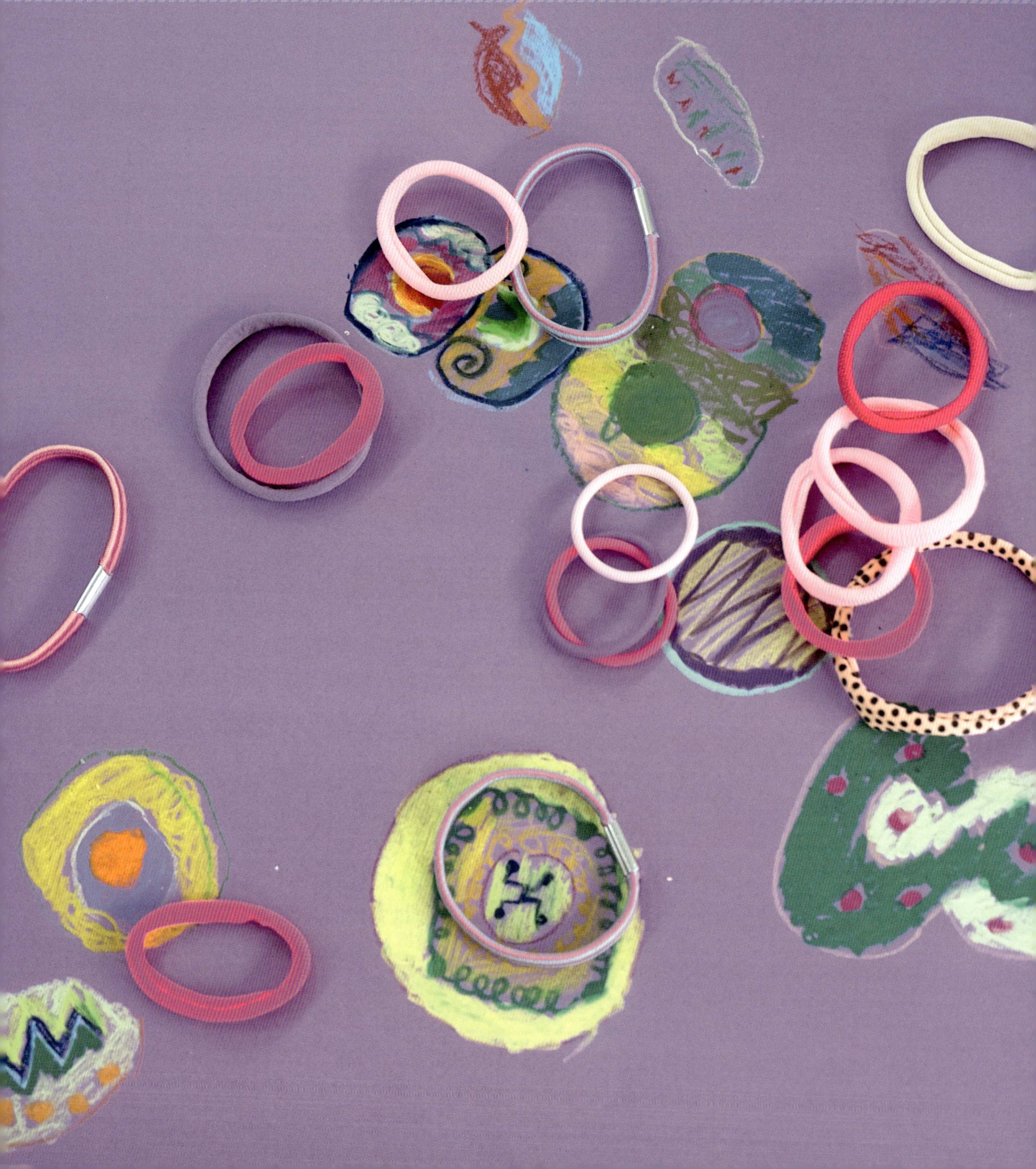

# DROPS

## ZUFÄLLIG MALEN UND ZEICHNEN

### MIT DINGEN UND DEM ZUFALL SPIELEN

„Ich will in die Mitte", das scheinen die leeren Blätter zu sagen, bevor jemand beginnt, ein Bild darauf zu malen oder zu zeichnen. Denn die meisten legen ihr Motiv tatsächlich in die Mitte des Blatts. Und weil das so oft gemacht wird, kann das schnell langweilig aussehen. Damit du hier etwas Spannenderes hinkriegst, kannst du mit dem Zufall spielen. Lasse irgendwelche Gegenstände auf ein großes Blatt Tonpapier fallen, und male diese Dinge auf dein Blatt – und nicht schummeln und nachbessern. Lass alles so liegen, wie es der Zufall wollte

„Drops", das ist ein englisches Wort und es bedeutet „Tropfen". „Drop" ist ein verwandtes Wort, das mit „herunterfallen" übersetzt werden kann. Die beiden Wörter haben natürlich auch miteinander zu tun, auch Tropfen fallen ja herunter, in der Regel tun sie das unvorhergesehen und zufällig.
Mit dem Zufall zu spielen, darum geht es bei diesem Projekt. Endlich ist Unordnung mal gewünscht. Es wird gezeichnet und gemalt, und zwar so, dass die Teile drunter und drüber liegen und ein richtiges Durcheinander ergeben. Je mehr einzelne Elemente auf dem Papier zusammenkommen, desto besser.
Die zuletzt gemalten Formen werden am Ende oben liegen, die zuerst gemalten verschwinden darunter. Aus diesem Chaos entsteht dann zum Schluss eine einheitliche Fläche mit Struktur. Schau dir die Bilder auf dieser Seite an, dann weißt du, worum es geht. Und außerdem geht es um viel Spaß und darum, die Dinge mal anders als sonst zu machen.

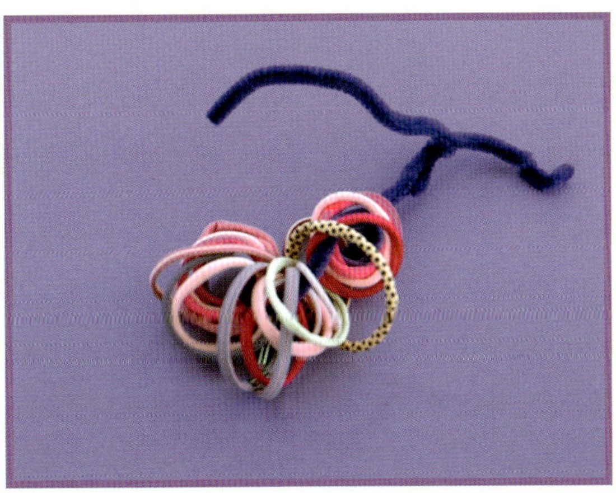

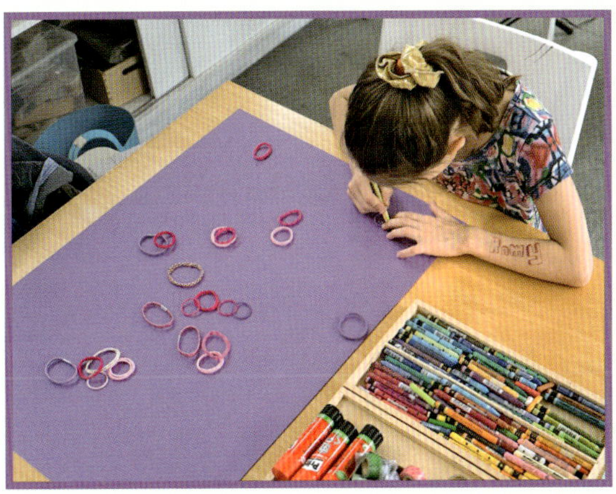

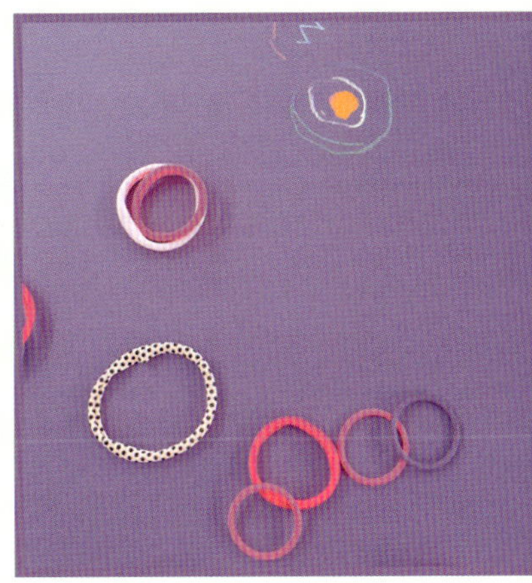

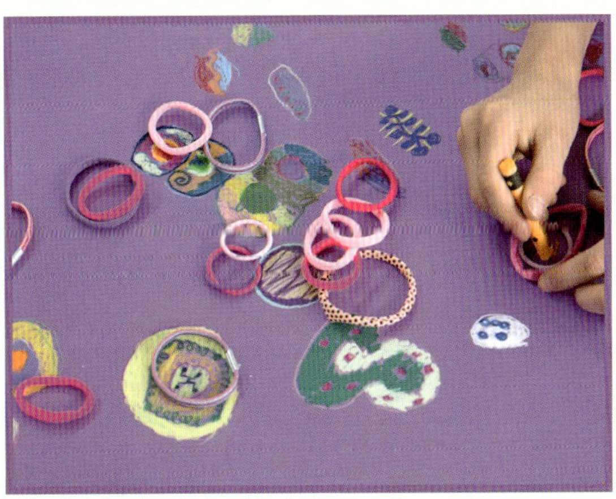

Zum Abmalen kannst du Haargummis benutzen. Wenn du ihre Umrisse auf dein Blatt überträgst, erhältst du runde Muster.

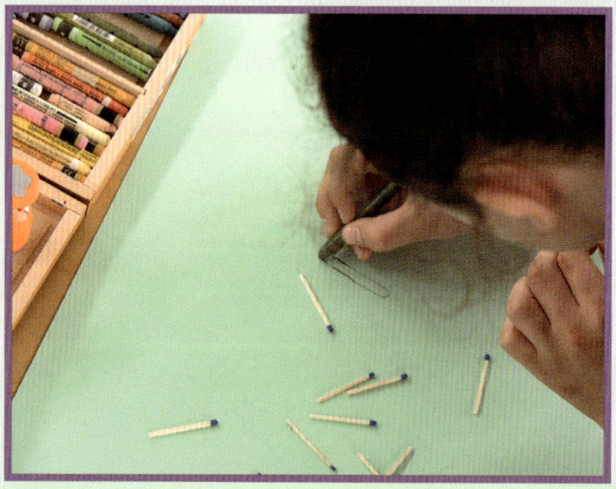
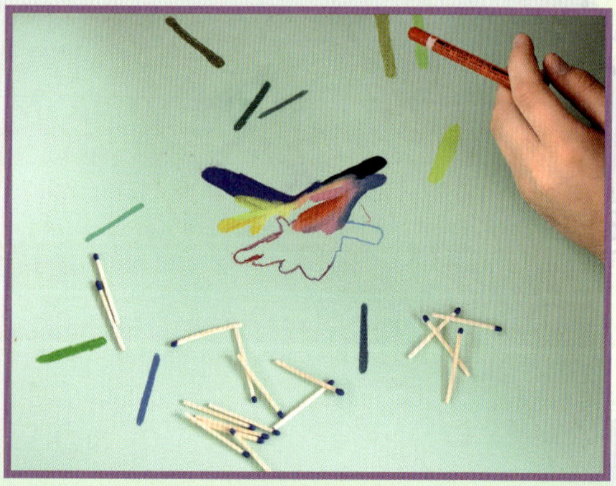

Du kannst auch längliche Formen gestalten. Nimm dafür beispielsweise Streichhölzer. Und auch für die gilt: So wie sie fallen, fallen sie gut. Jedes Kind wird so daraus ein anderes Bild entwickeln. Schade, dass ich deines nicht sehen kann.

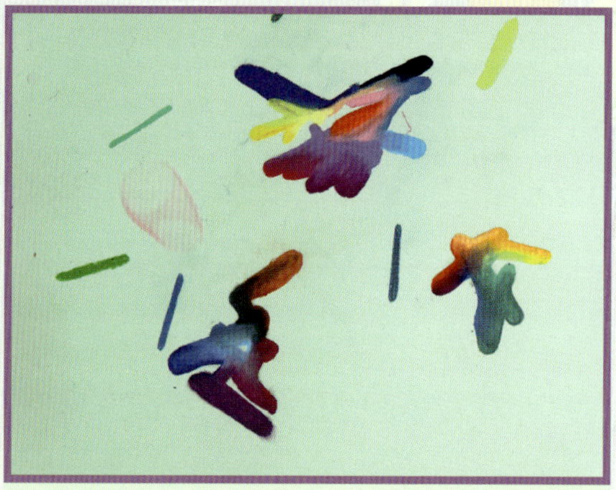

Du kannst deine Gegenstände so oft fallen lassen und umranden, mit Farbe oder mit Mustern füllen, bis du zufrieden bist. Male so, wie es dir gefällt. Und wenn du das Blatt auch einmal herumdrehst, gibst du dem Zufall noch eine neue Chance.

Die Experten-Kinder, die du auf den Bildern siehst, verwenden Wachsmalkreiden. Verwende du, was immer du magst: Buntstifte, Filzstifte, Ölkreiden …

## MIT FREUNDEN UND DEM ZUFALL SPIELEN

Das Zufallsspiel mit Formen und Farben kannst du besonders gut mit Freunden und Freundinnen machen. Nehmt dafür ein großes Papier, damit später viele Einzelstücke daraus entstehen können.

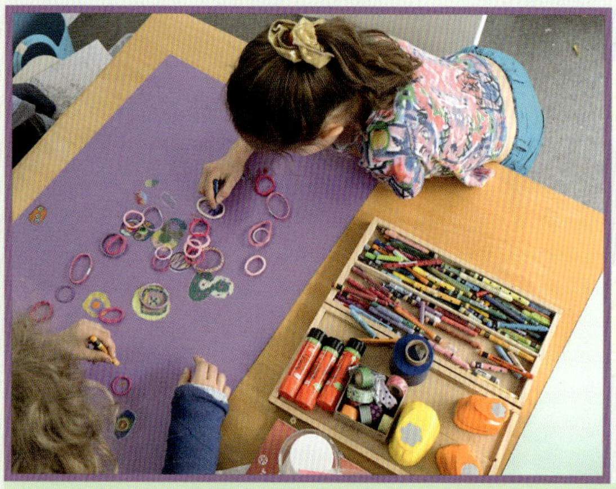

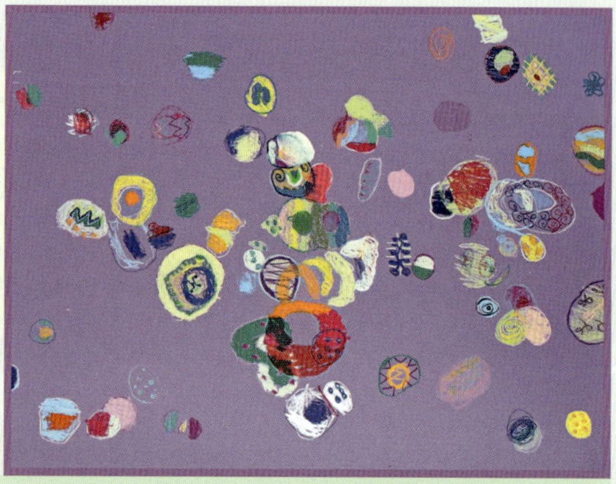

Legt den großen Bogen in die Mitte und lauft um ihn herum und malt gemeinsam von allen Seiten. Wenn ihr fertig seid, wird der große Bogen herumgedreht und ohne das Muster zu sehen – also „blind" –, werden auf der Rückseite DIN-A4-Blätter angezeichnet und ausgeschnitten.

Hier siehst du, wie die die Einzelstücke eines gemeinsam gemalten Bildes aussehen können. Das Bild hat sich nun verändert. Die einzelnen Blätter haben nun eine neue Bildaufteilung, manche Formen sind nur noch angeschnitten – all das macht die einzelnen Blätter interessanter. Spannend, oder? Zumal das Bild ganz ohne Absicht und ohne Mühe entstanden ist. Links ist übrigens Annika zu sehen, rechts Romy.

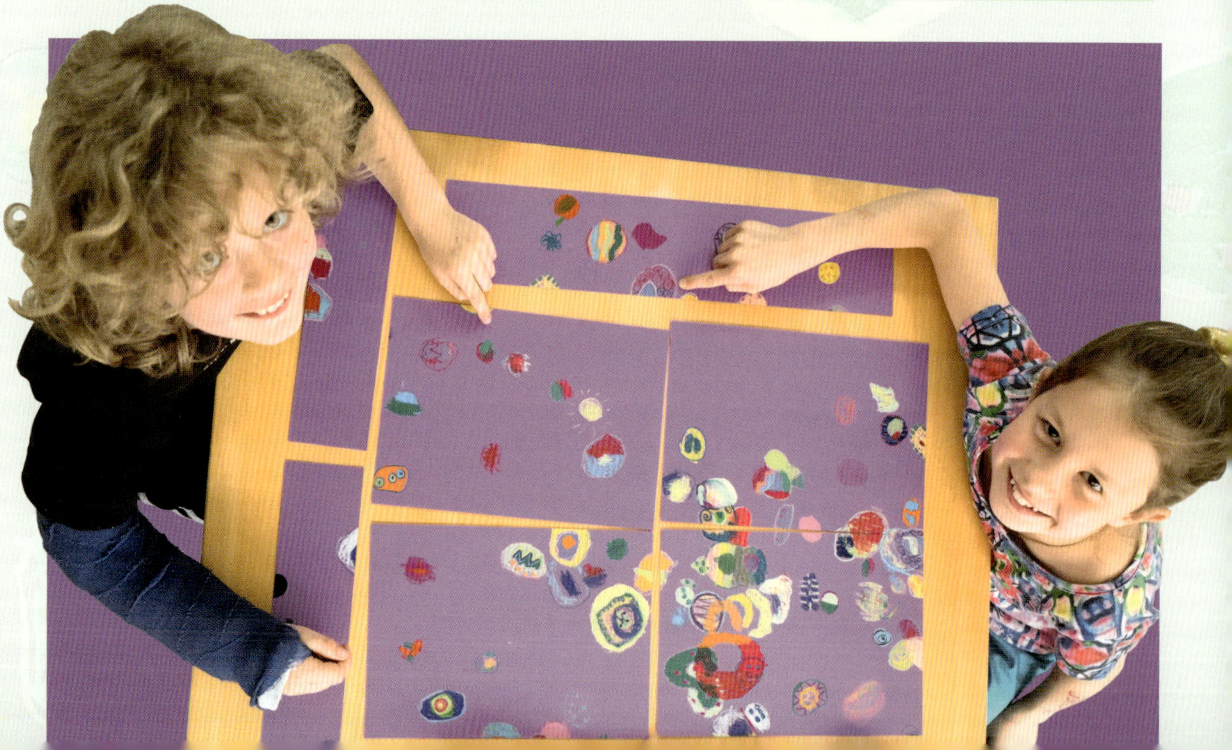

Ein DIN-A4-Blatt hilft beim Ausmessen. Nimm dieses als Vorlage, mit Zauberstift oder Bleistift markierst du die Kanten. Mit der Schneidematte unter dem Papierbogen schneidest du die Teile auseinander. Jeder bekommt nun eines der ausgeschnittenen DIN-A4-Blätter – verdeckt – dreht es um und lässt sich überraschen. Und für jeden von euch gilt, dass er ein einzigartiges Stück Papier in Händen hält. Niemand auf der ganzen Welt wird ein gleiches herstellen können. Ist das nicht gigantisch?

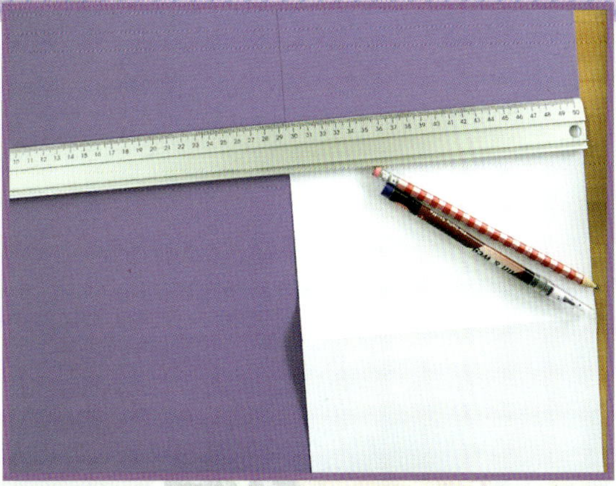

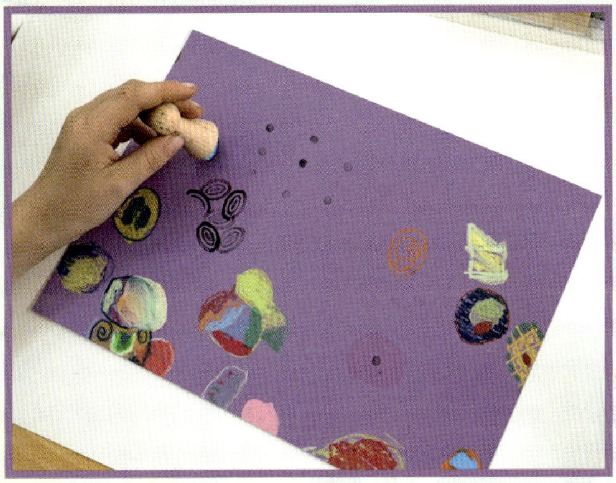

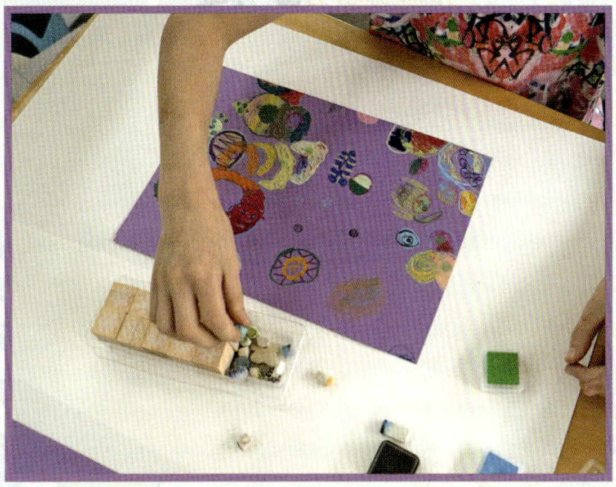

Mit den einzelnen Blättern geht es dann weiter. Mit Stempeln und Collagen kombiniert, entstehen einzigartige Bucheinbände. Je nach Kreiden oder Stiften, die benutzt wurden, kann es notwendig sein, das Papier vor dem Binden mit Fixativ einzusprühen. Dann färben die Farben beim Gebrauch nicht ab.

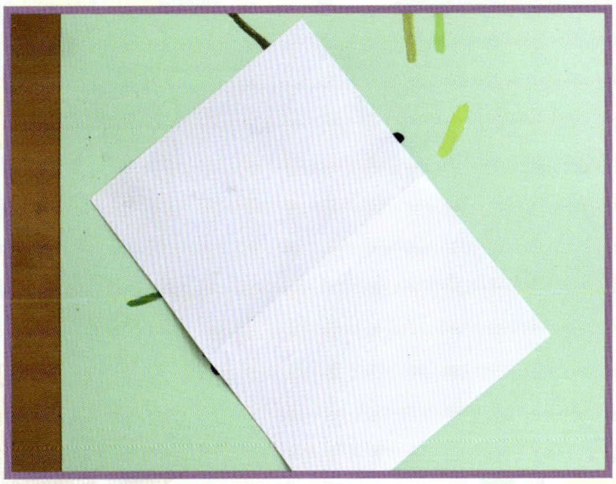

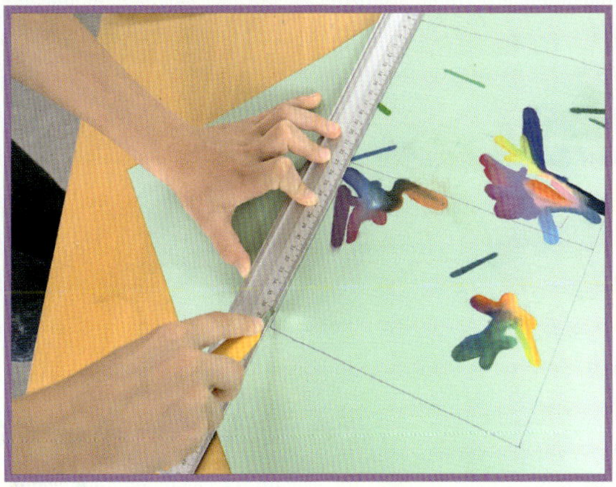

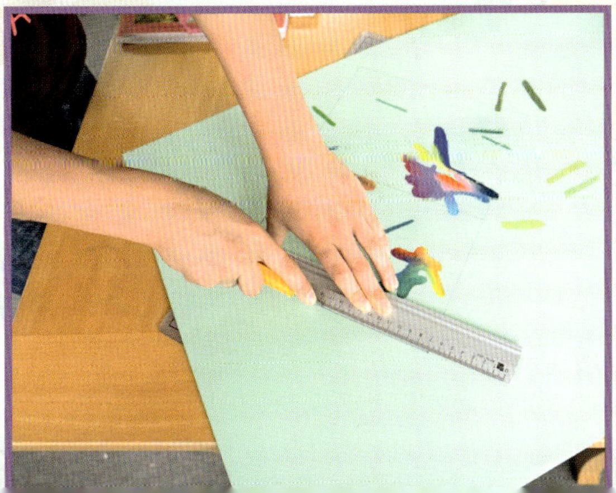

Ausnahmen bestätigen die Regel. Lilly (13 Jahre) wollte ihr Motiv nicht dem Zufall überlassen und hat das Papier vor dem Schneiden herumgedreht und es gezielt diagonal ausgeschnitten. Geht auch, na klar. Lilly zeigt auch, wie man mit dem Cutter umgeht.

## KINDERWERKE

Nach dem gemeinsamen Gestalten der bunten „Zufallsseiten“ hatten alle Lust auf die Bindung mit dem asiatischen Essstäbchen und zwei Haargummis. Zu den Umschlagseiten kam noch das gelochte Innenpapier, die genaue Anleitung zur Gestaltung findest du beim Projekt „Lirum, larum, Löffelstiel“ ab Seite 79.

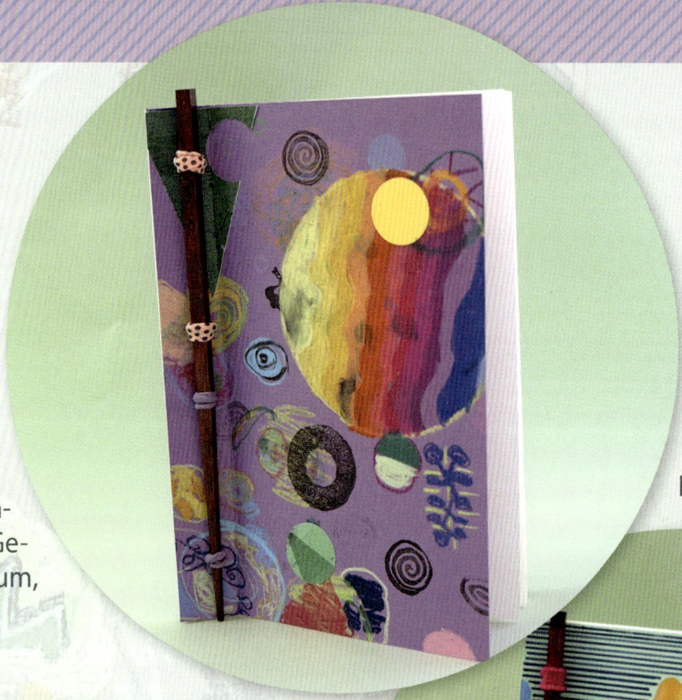

Romy, 9 Jahre

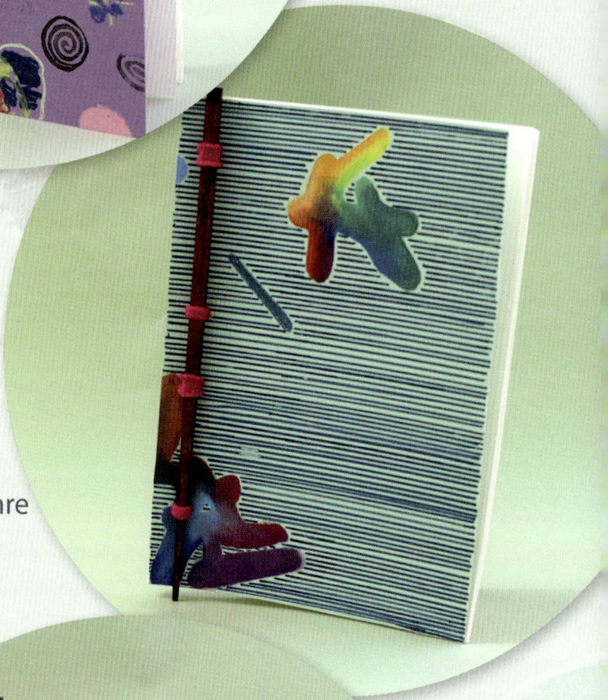

Lilly, 13 Jahre

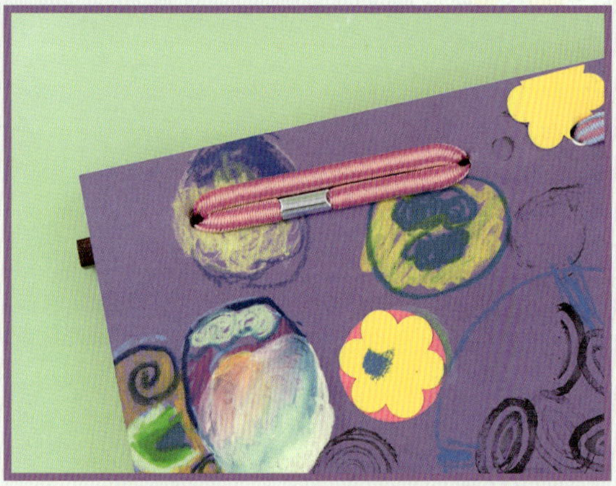

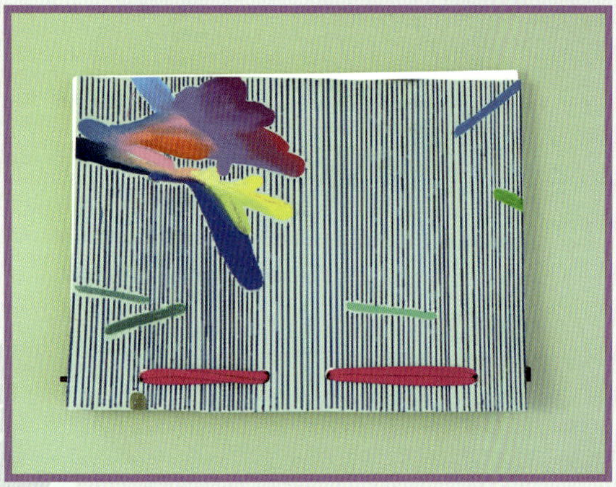

Hier sind die Rückseiten der Hefte zu sehen. Gut zu erkennen ist auch die bunte Gummibandheftung.

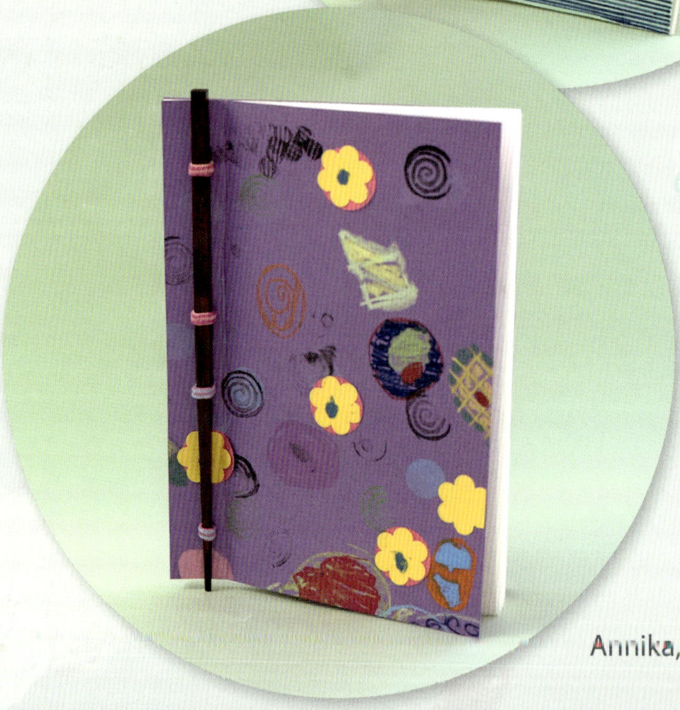

Annika, 8 Jahre

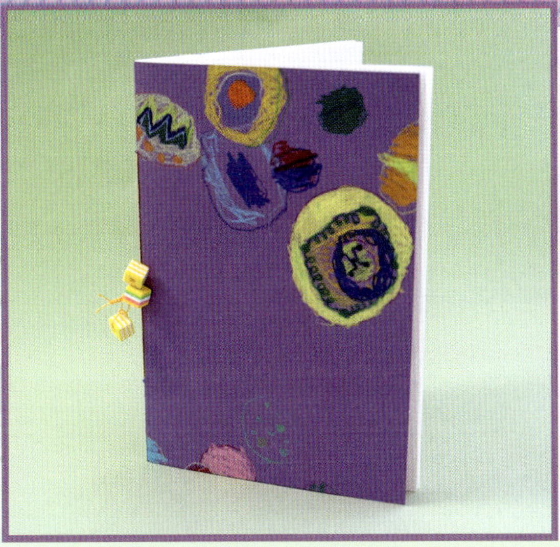

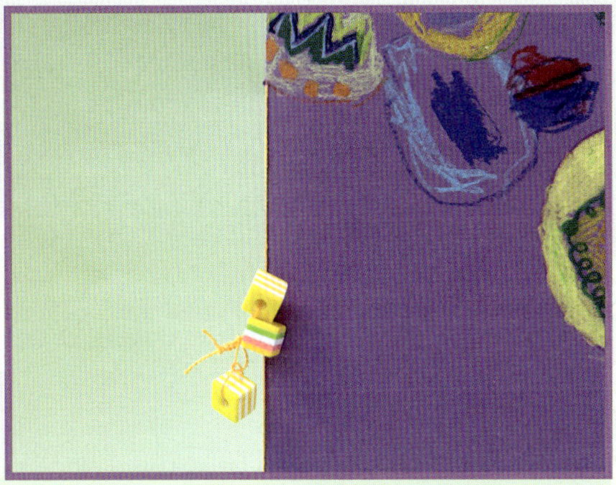

Aus dem restlichen Papier haben die Kinder gemeinsam Hefte gestaltet. Bei dem Heft hier sieht man auch, wie der Faden von außen eingefädelt wurde. Zur Verzierung wurden an ein Ende Perlen angeknotet.

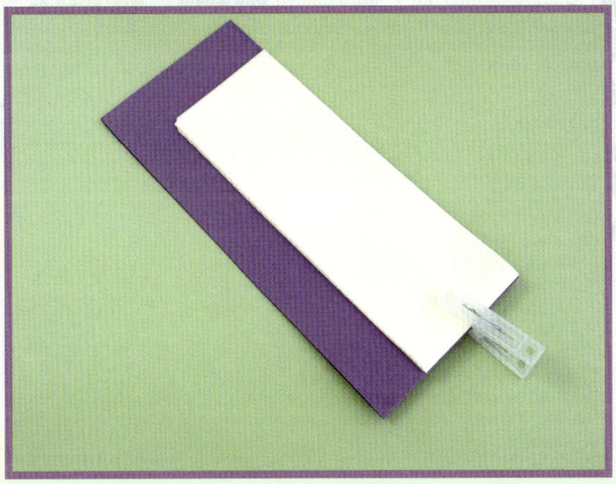

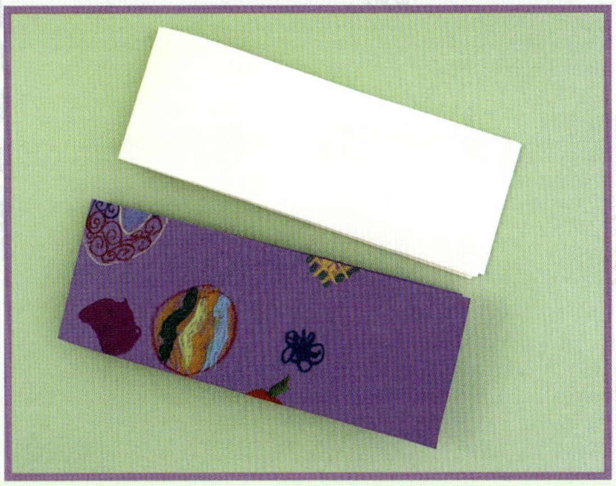

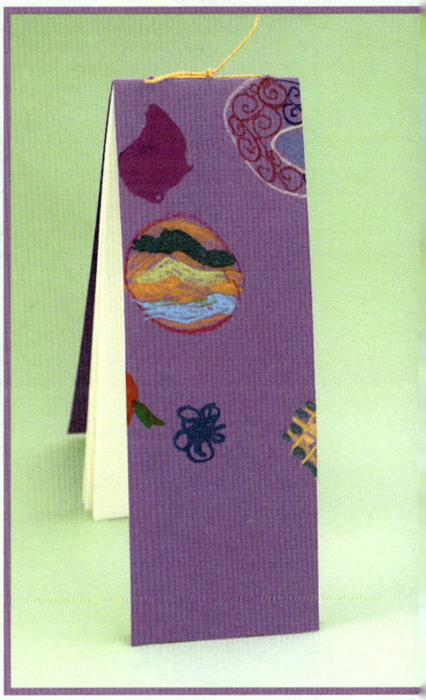

Um wirklich alle Reste des bunten Papiers nutzen zu können, werden die benötigten Zutaten darauf abgestimmt. Das Papier für innen wird dem Einband entsprechend zugeschnitten. Weil die Papiergrößen nicht mehr die gängigen DIN-Normen haben, entstehen kreative Einbänden in ungewöhnlichen Formaten.

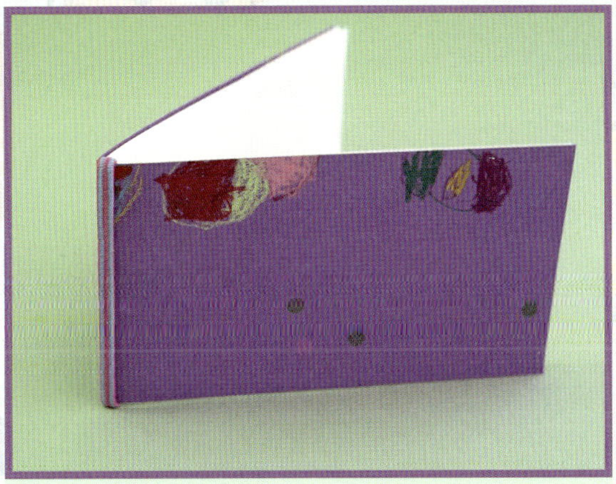

Ein fertiges Blitzbuch mit Haargummi – in breitem Format.

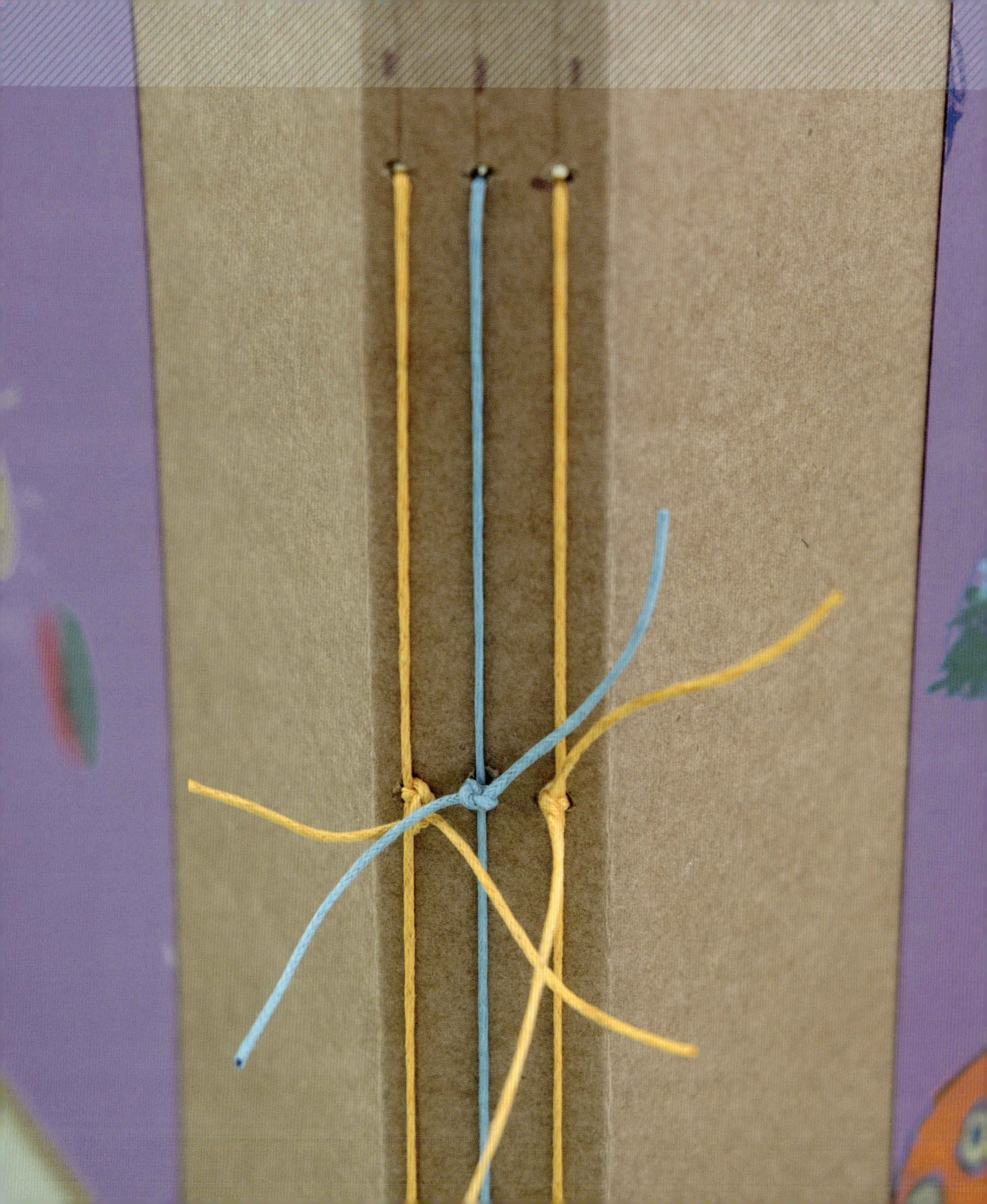

# EINBÄNDE

## SUCHEN UND ERFINDEN

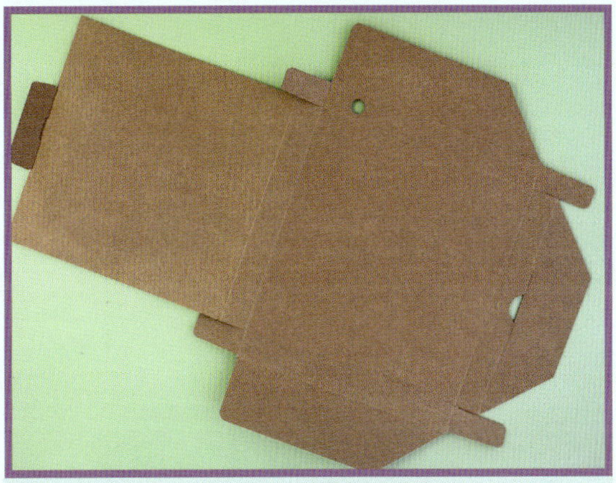

**1** Recycling und Zufall spielen wunderbar zusammen. Manchmal findet man etwas und sieht sogleich das Potenzial für etwas Neues. Diese Verpackung hier hat beispielsweise die perfekte Buchform, da sie bereits einen passend gefalzten Rücken hat.

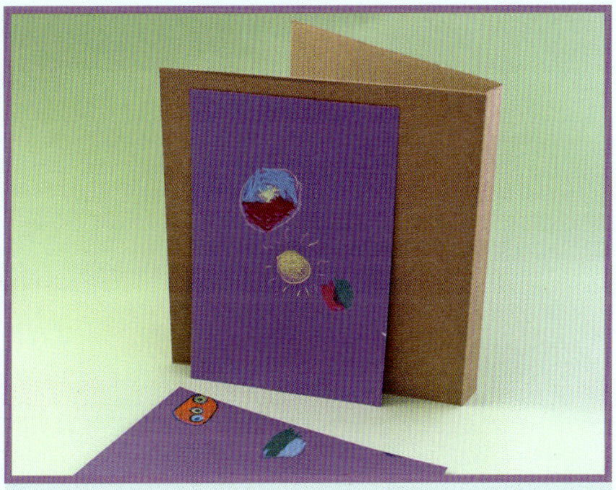

**2** Zunächst wird mit Cutter und Lineal von der Verpackung abgeschnitten, was nicht zu der Buchform passt. Dann wird der Einband nach Lust und Laune gestaltet. Auf den Einband hier wurde noch restliches bemaltes Papier aufgeklebt.

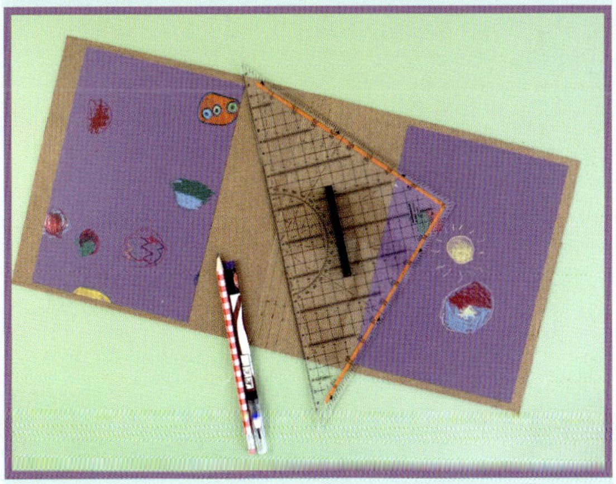

**3** Am Rücken werden nun Punkte für die Heftung markiert. Klar, jetzt musst du selbst ein wenig tüfteln, weil gefundene Teile ihr ganz individuelles Maß besitzen.

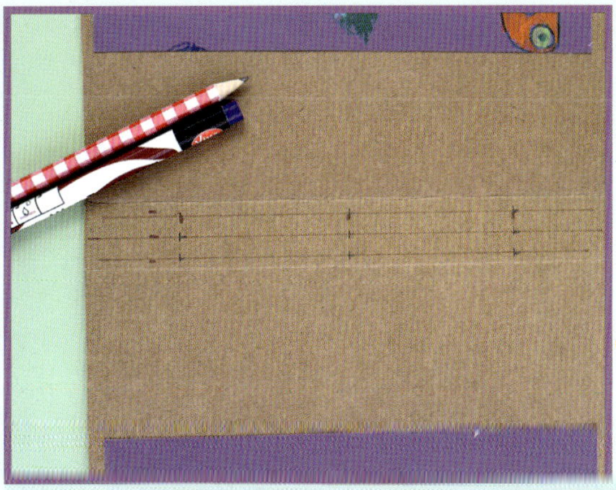

**4** Du teilst die Breite des Rückens gleichmäßig auf. Mit dem Zauberstift ziehst du drei Linien und verteilst jeweils die drei Punkte für die Heftung, so wie das auf dem Foto zu sehen ist. Denn hier werden drei Hefte in einen Einband geheftet! Immerhin bietet der Karton viel Platz für Innenseiten, und das soll ausgenutzt werden.

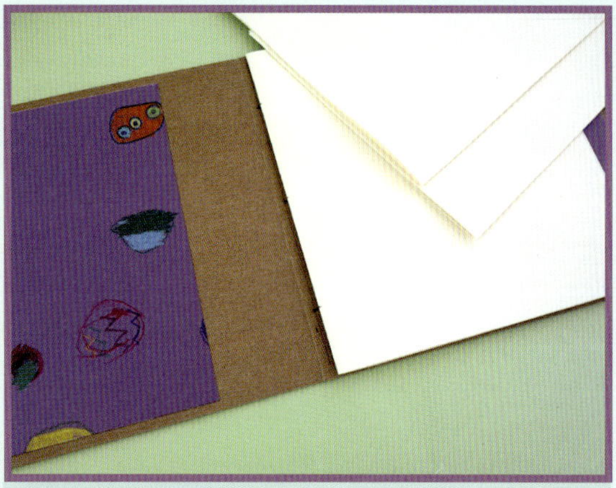

**5** Diese drei Punkte überträgst du auf das Papier für innen. Du brauchst die Zutatenmenge für drei Hefte. Dieses Papier faltest du dann. Schau einfach bei den Projekten im Kapitel „Verschiedene Hefte" nach (ab Seite 90), dort findest du die Zutatenliste für die Heftgestaltung.

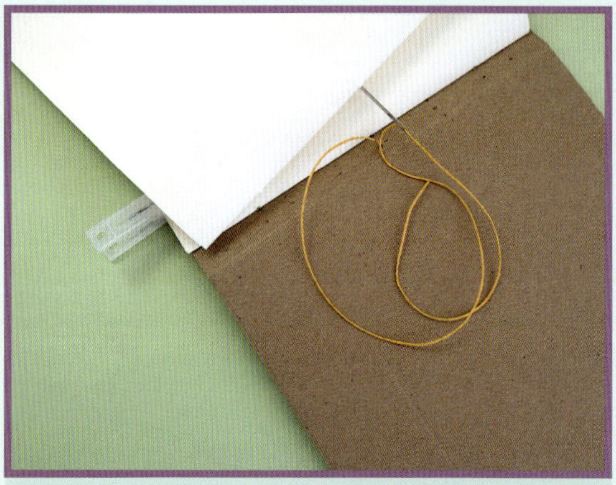

**6** Nun heftest du alle Papierlagen in den Einband – jedes Heft entlang einer Linie, für die Heftung benutzt du die auf einer Linie eingezeichneten Punkte. Die Anleitung, wie Hefte geheftet werden, findest du wieder bei den „Verschiedenen Hefte" (ab Seite 94).

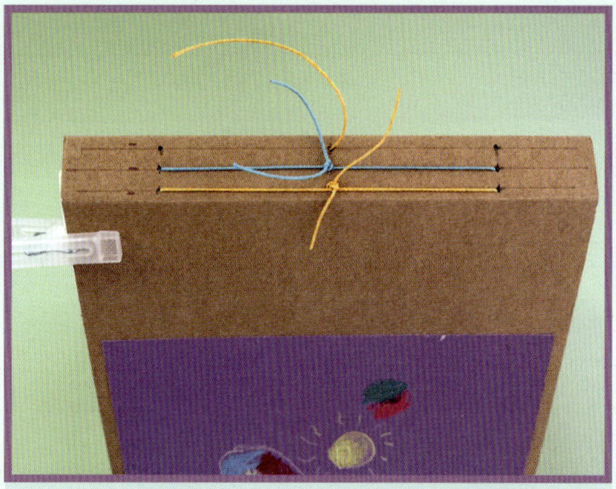

**7** Von außen eingefädelt, sieht das Ergebnis im Zwischenschritt so aus: Zwei Hefte sind schon geheftet, sodass der Zwirn außen schon verknotet ist. Das dritte Heft ist noch nicht fertig.

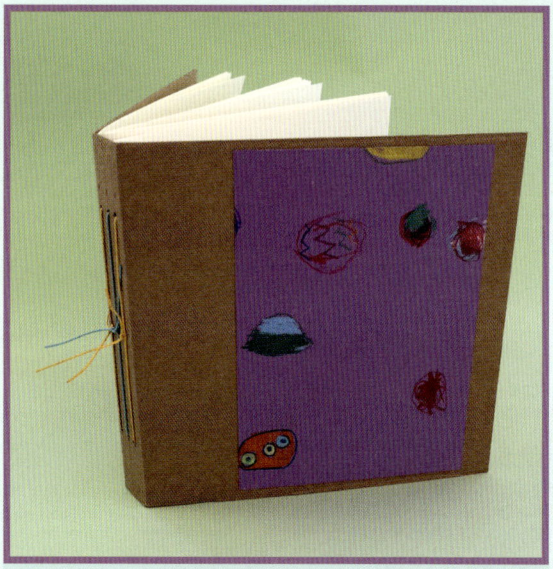

**8** Und so ist sieht das fertige Ergebnis aus.

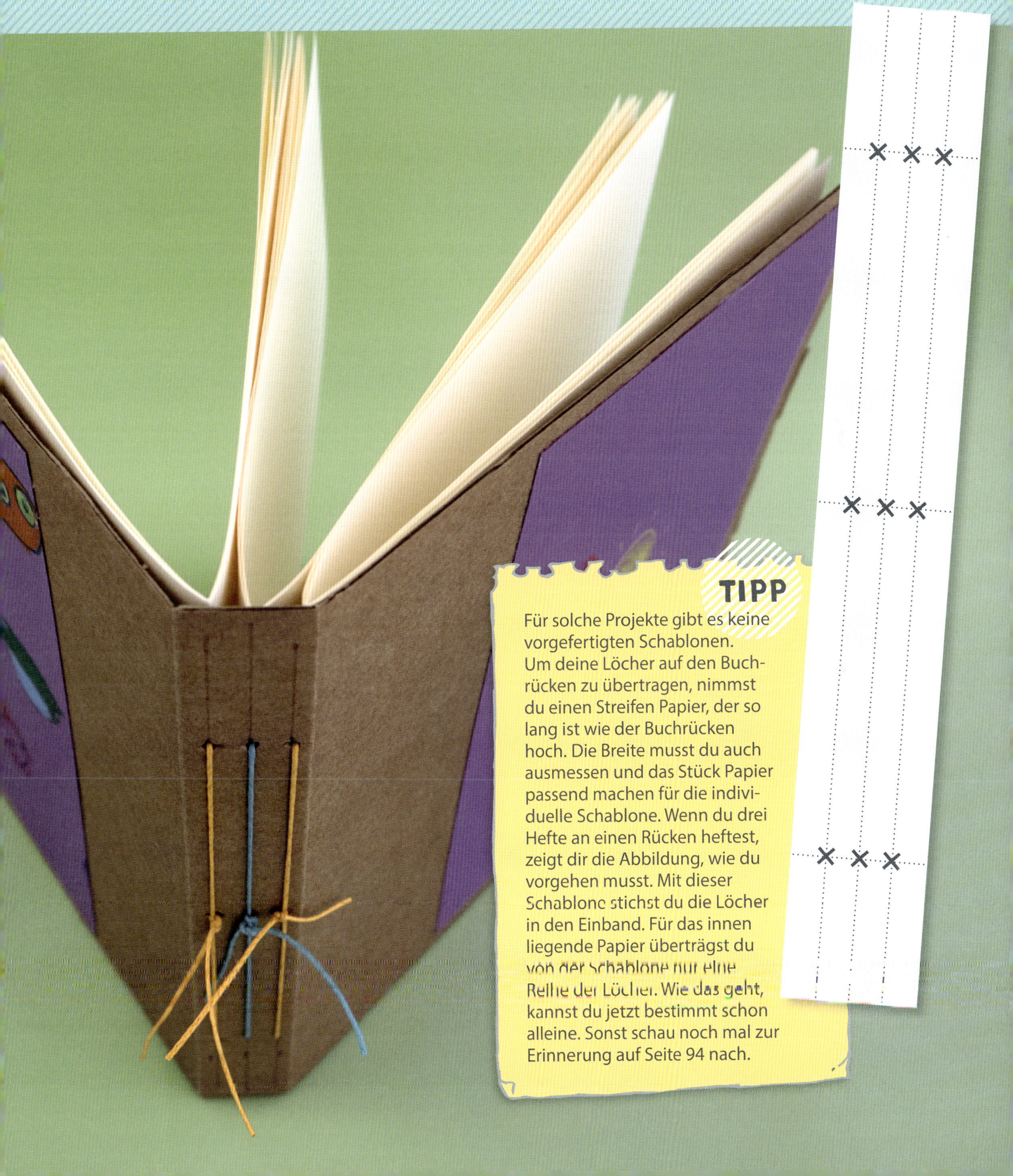

### TIPP

Für solche Projekte gibt es keine vorgefertigten Schablonen. Um deine Löcher auf den Buchrücken zu übertragen, nimmst du einen Streifen Papier, der so lang ist wie der Buchrücken hoch. Die Breite musst du auch ausmessen und das Stück Papier passend machen für die individuelle Schablone. Wenn du drei Hefte an einen Rücken heftest, zeigt dir die Abbildung, wie du vorgehen musst. Mit dieser Schablone stichst du die Löcher in den Einband. Für das innen liegende Papier überträgst du von der Schablone nur eine Reihe der Löcher. Wie das geht, kannst du jetzt bestimmt schon alleine. Sonst schau noch mal zur Erinnerung auf Seite 94 nach.

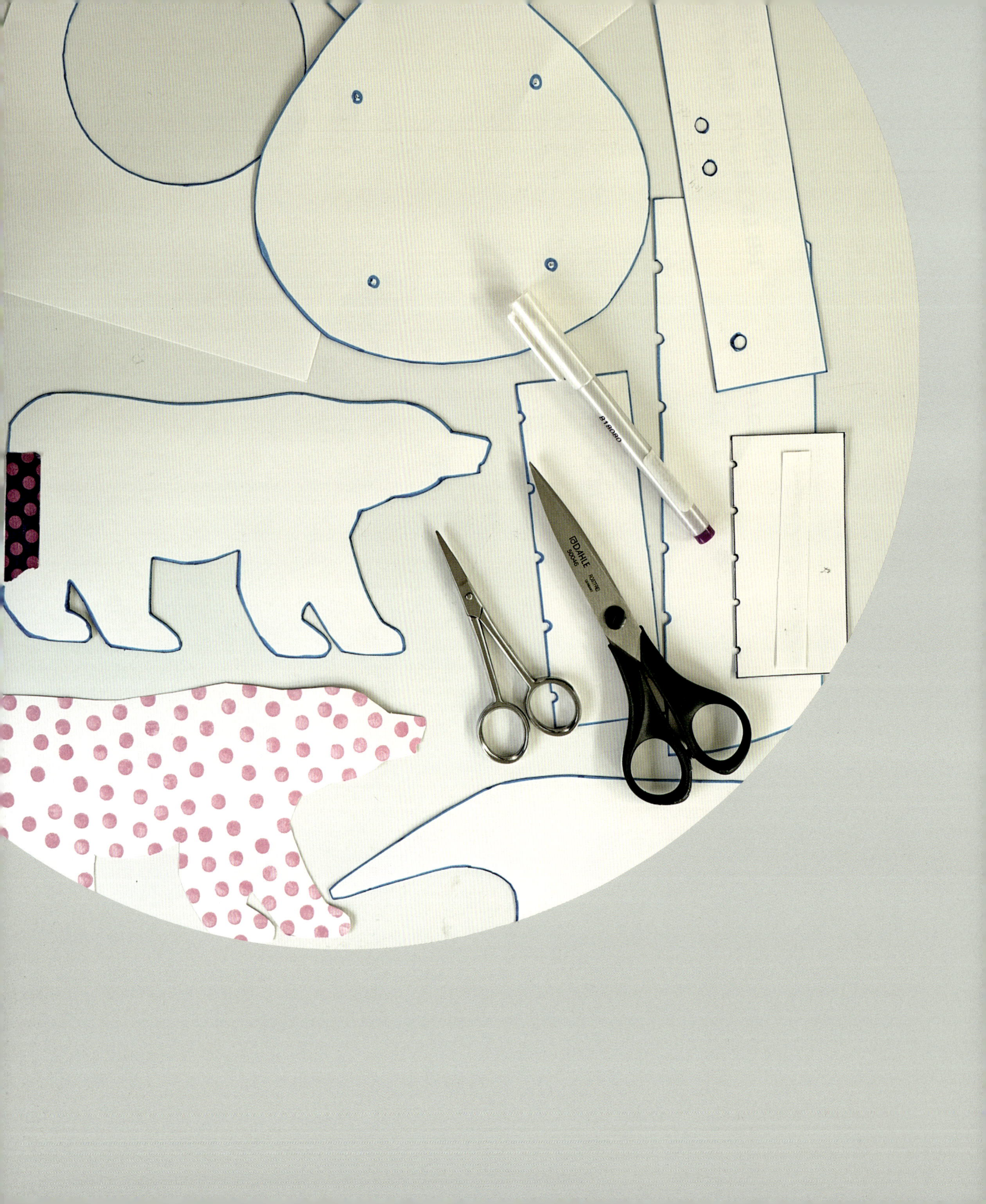

# VORLAGEN FÜR DIE SCHABLONEN

SCHABLONEN ZUM HERUNTERLADEN GIBT ES UNTER: WWW.HAUPT.CH/BUCHBINDEN-FUER-KINDER

SCHABLONEN ZUM HERUNTERLADEN GIBT ES UNTER: WWW.HAUPT.CH/BUCHBINDEN-FUER-KINDER

**INNENKARTE**
**DREI-WÜNSCHE-BUCH**

schneiden
falten
lochen

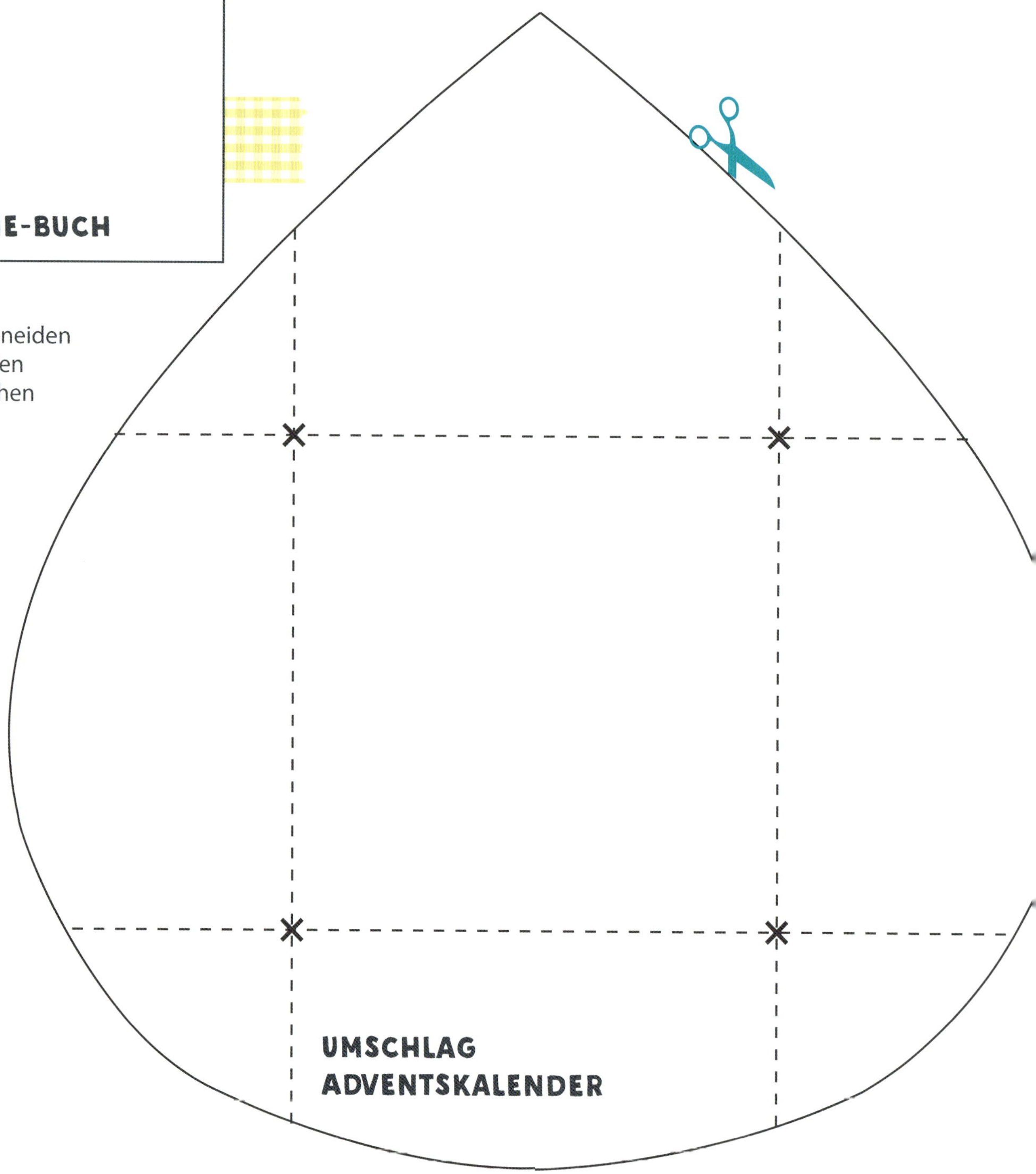

MOTIVSUCHER RECHTECK
DREI-WÜNSCHE-BUCH

INNENKARTE
ADVENTSKALENDER

MOTIVSUCHER RECHTECK
ZICKZACK-SCHREIBSCHLANGE

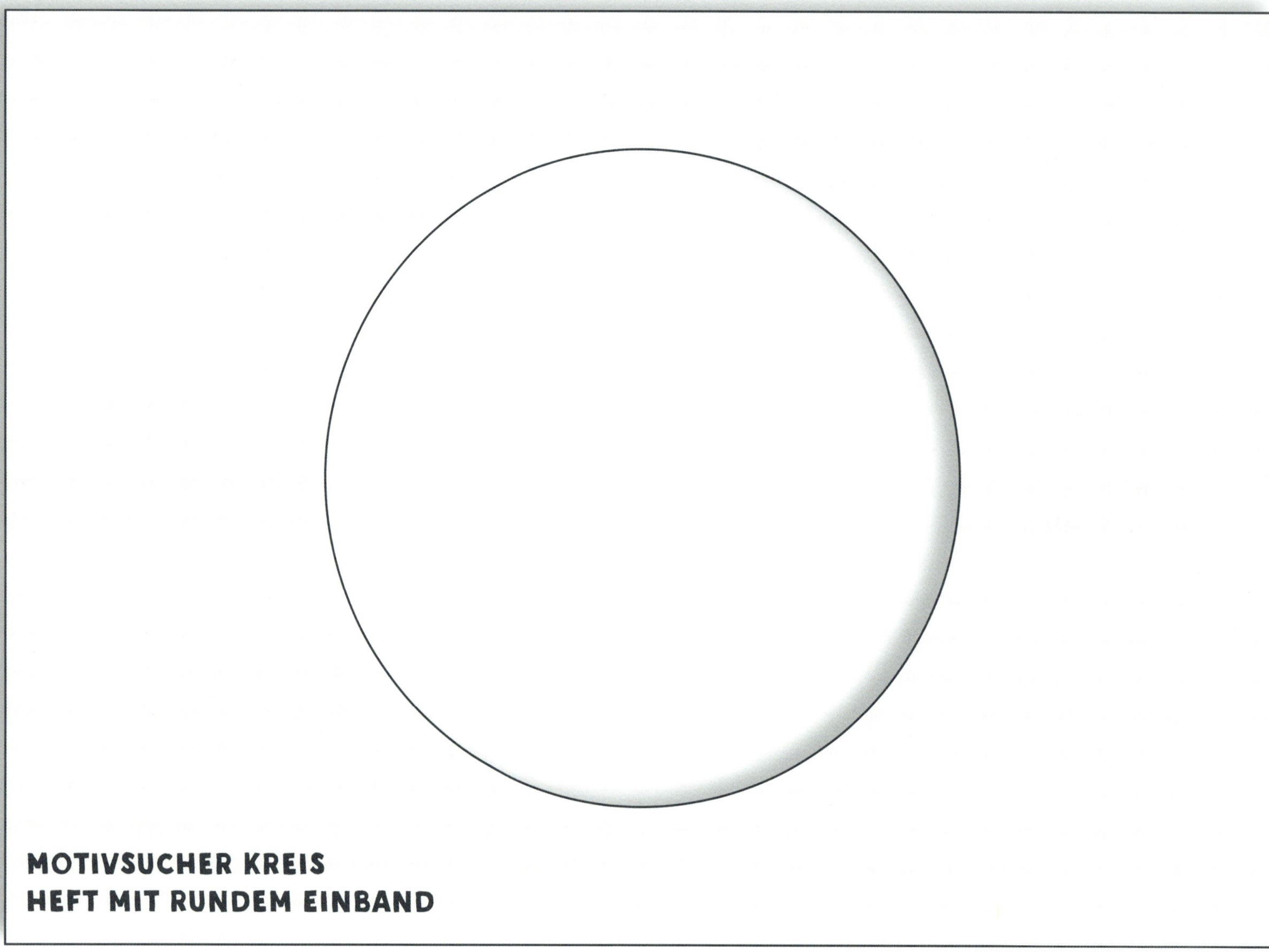


——— schneiden
- - - - - - - falten
✕ lochen

**SCHABLONEN ZUM HERUNTERLADEN GIBT ES UNTER: WWW.HAUPT.CH/BUCHBINDEN-FUER-KINDER**

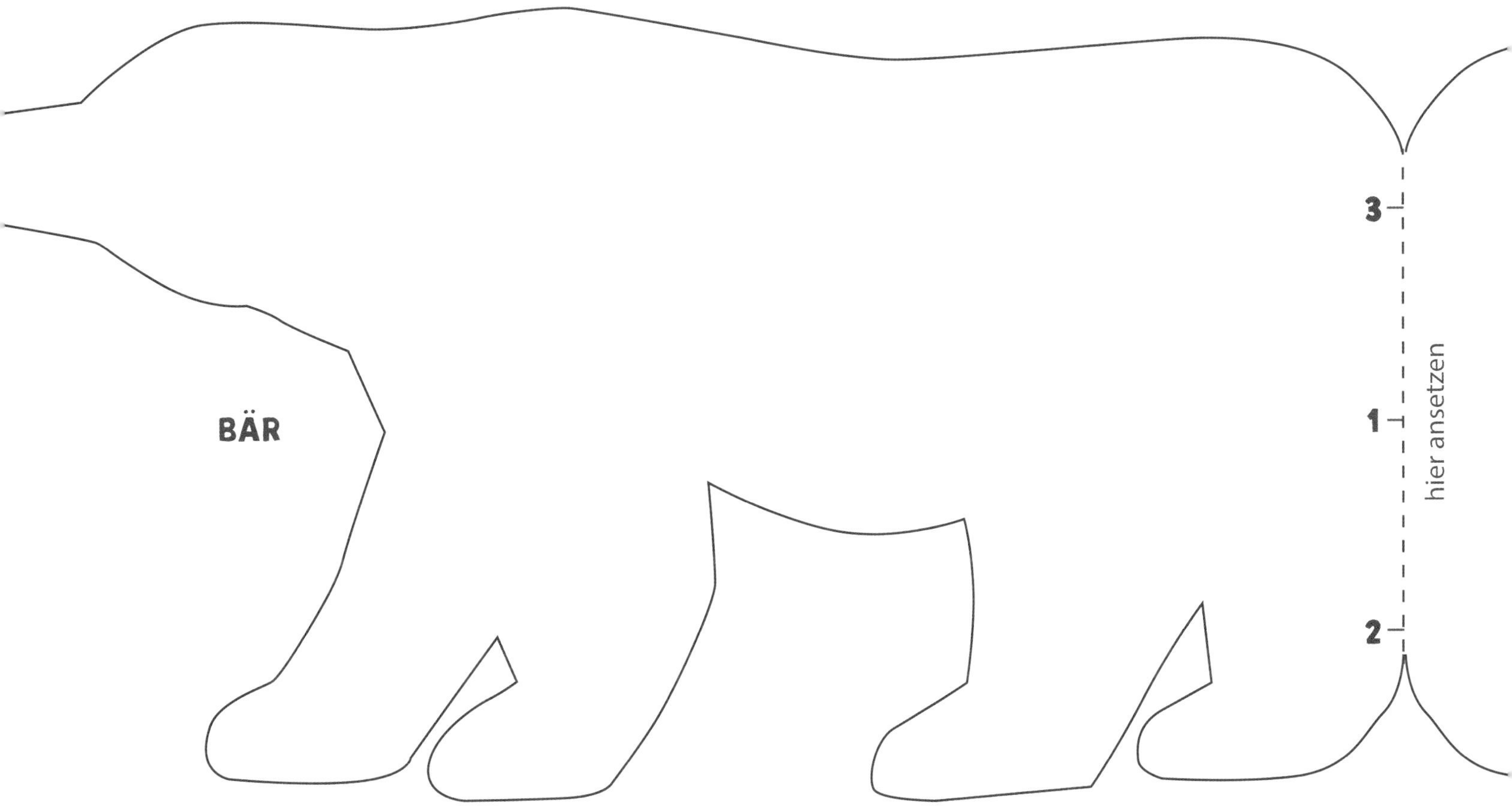
BÄR
3
1
2
hier ansetzen

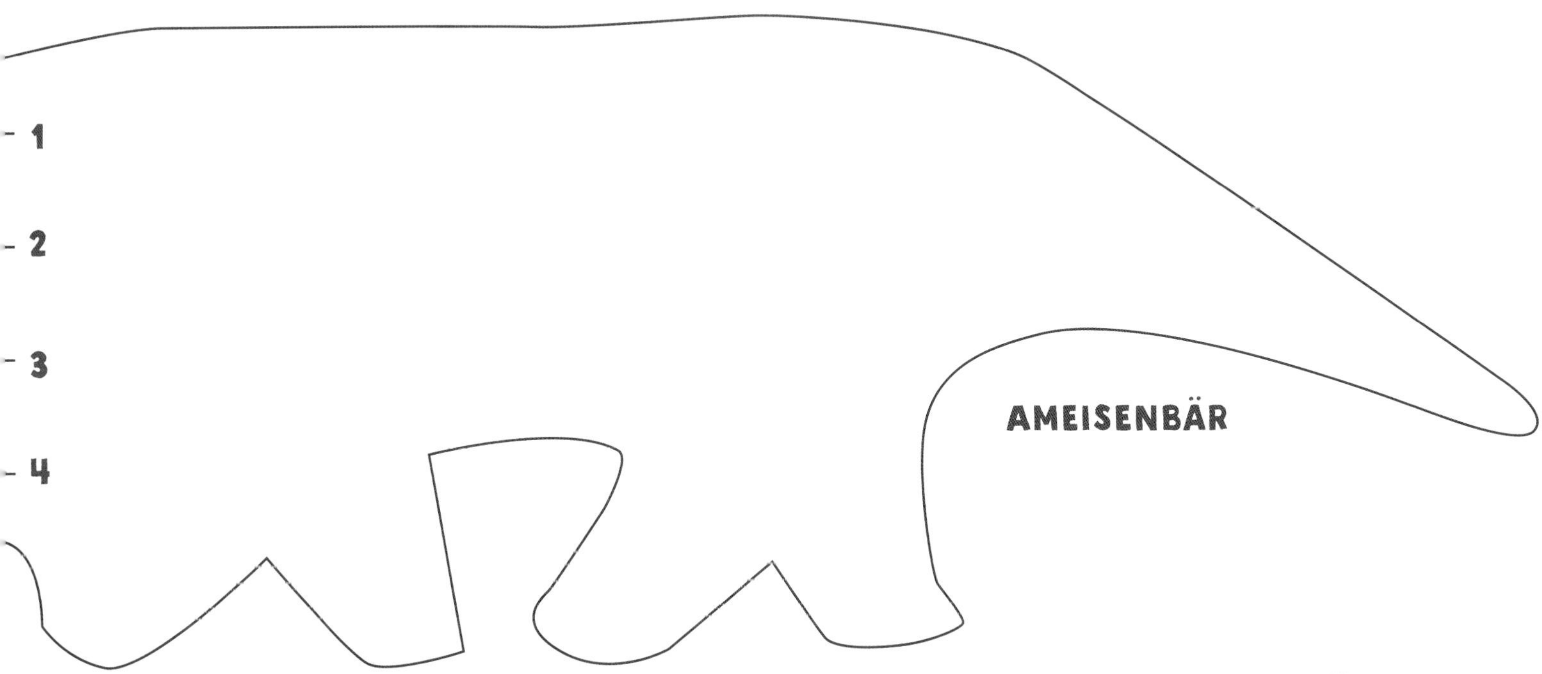
1
2
3
4
AMEISENBÄR

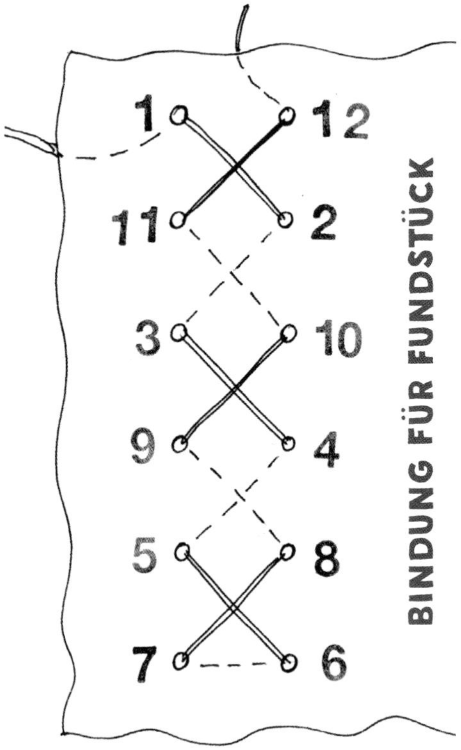


**BINDUNG FÜR FUNDSTÜCK**

vorne
hinten

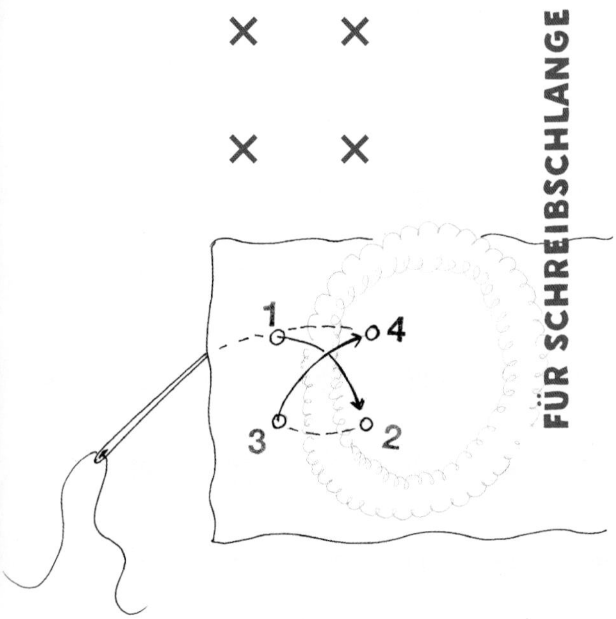


**FÜR SCHREIBSCHLANGE**

**RÜCKENSTICH-HEFTUNG FÜR TASCHENHEFT MIT HASE**

**RÜCKENSTICHHEFTUNG DIN A4 QUER, HEFT MIT LESEBÄNDCHEN, TREPPENSTUFEN-HEFT, SPIONAGEHEFT „FUGU“**

**FIRLEFANZ AM SPIESS, LIRUM, LARUM LÖFFELSTIEL**

schneiden
falten
✕ lochen

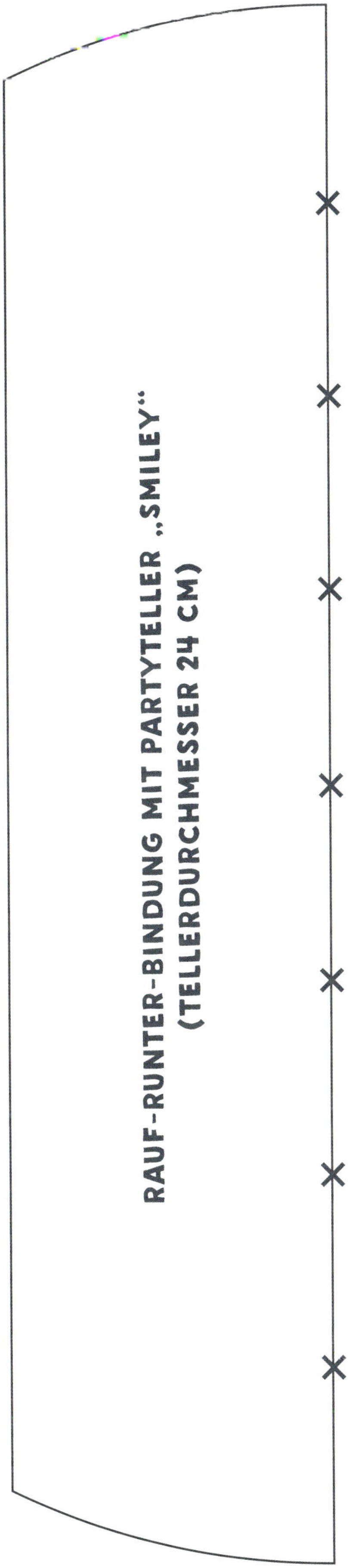


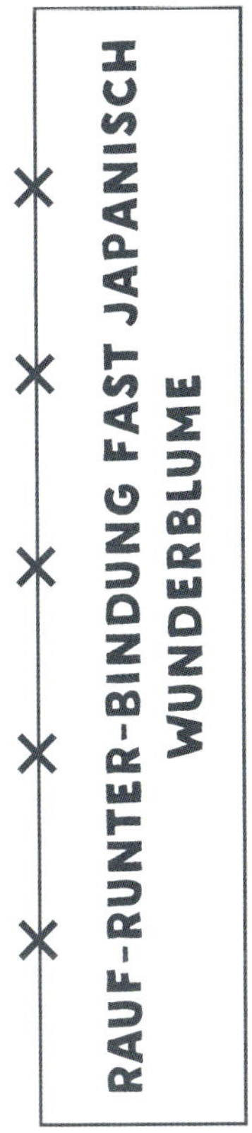


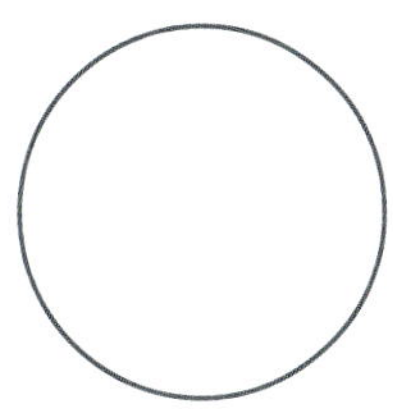

SPIONAGELOCH,
CA. 2,5 CM

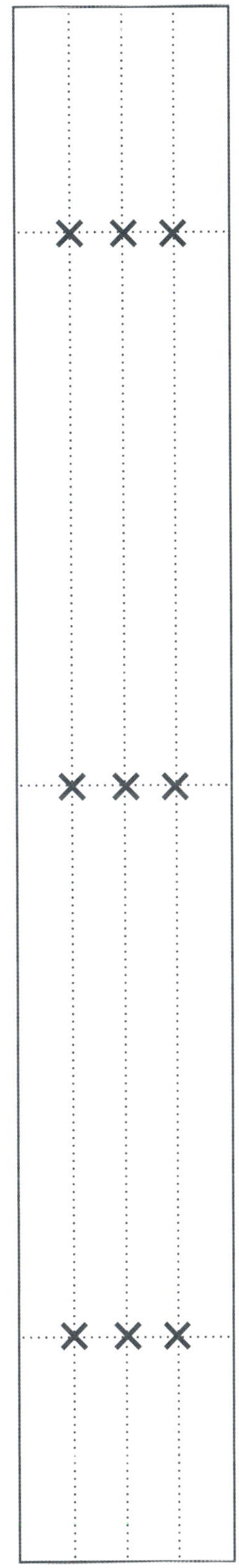

EINBÄNDE SUCHEN UND ER-FINDEN

Beispiel für ein Buch im DIN-A5-Format mit 3 cm breitem Rücken

SCHABLONEN ZUM HERUNTERLADEN GIBT ES UNTER: WWW.HAUPT.CH/BUCHBINDEN-FUER-KINDER

## DAS EXPERTENTEAM

DIE SACHEN AUS DEM BUCH BASTELN, MACHT GUTE LAUNE!

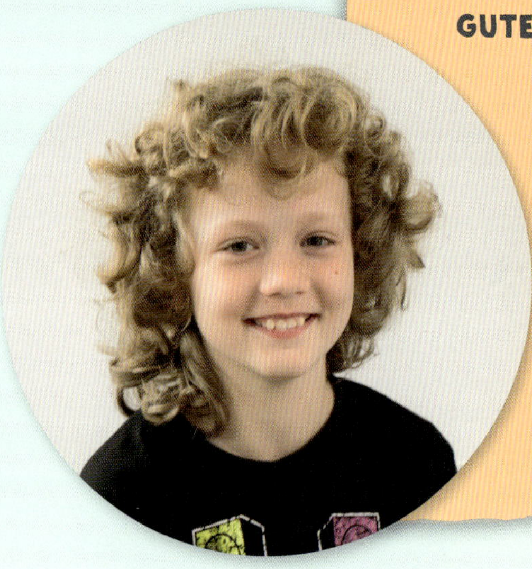

Annika Schraml, 8 Jahre

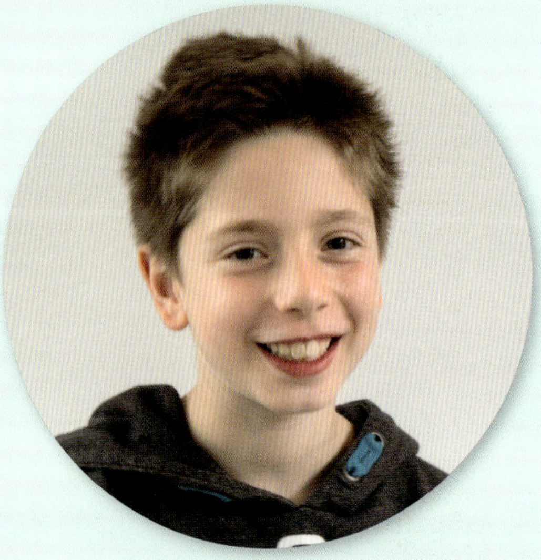

Janis Wustrack, 9 Jahre

WENN MAN SOLCHE TOLLEN BÜCHER BASTELT, KRIEGT MAN LUST, DORT REIN ZU MALEN, WEIL MAN WEISS, DASS MAN DIES MIT SEINEN EIGENEN HÄNDEN GEMACHT HAT!

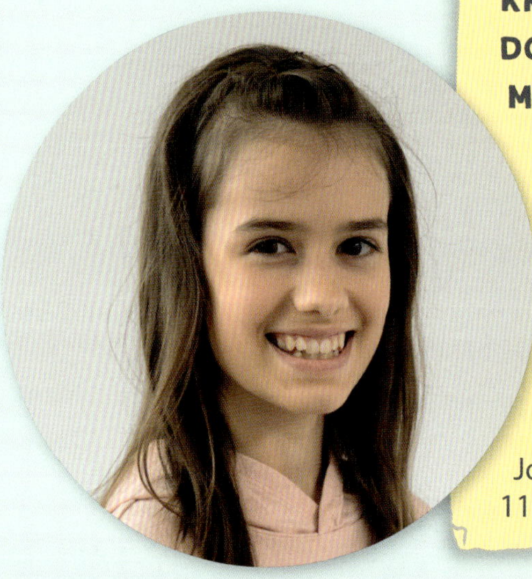

Joelle Bendler-Martin, 11 Jahre

MIR HAT DAS SPASS GEMACHT, OBWOHL ICH KRANK WAR!

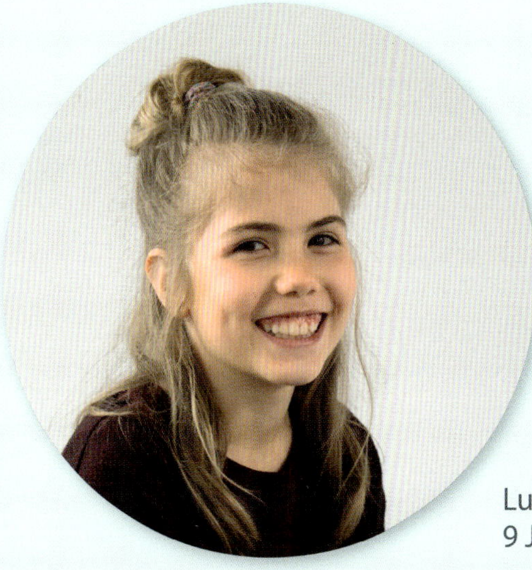

Lucia Bendler-Martin, 9 Jahre

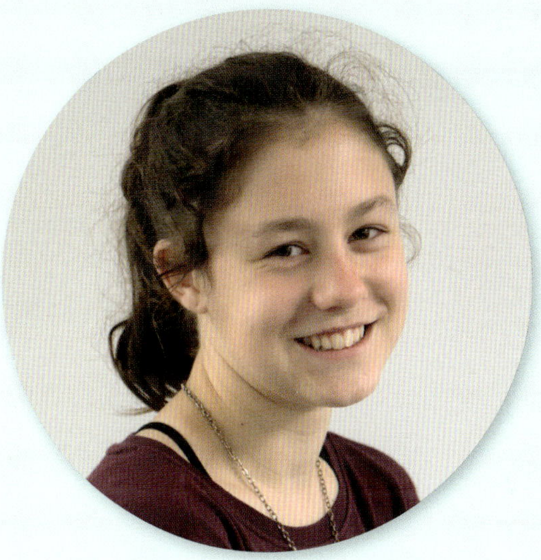

Lilly Hopp, 13 Jahre

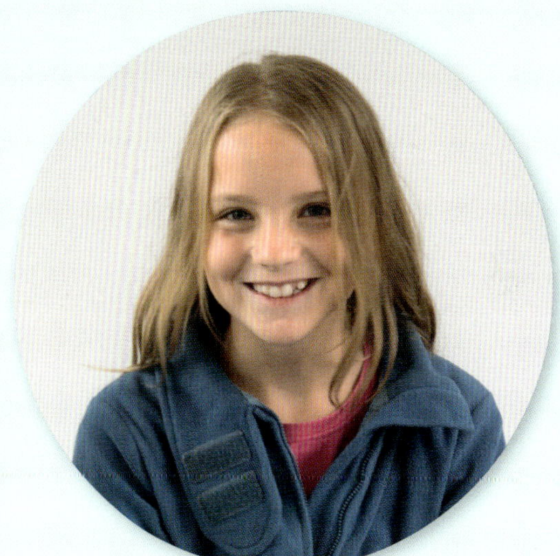

Juliane Prumbaum, 8 Jahre

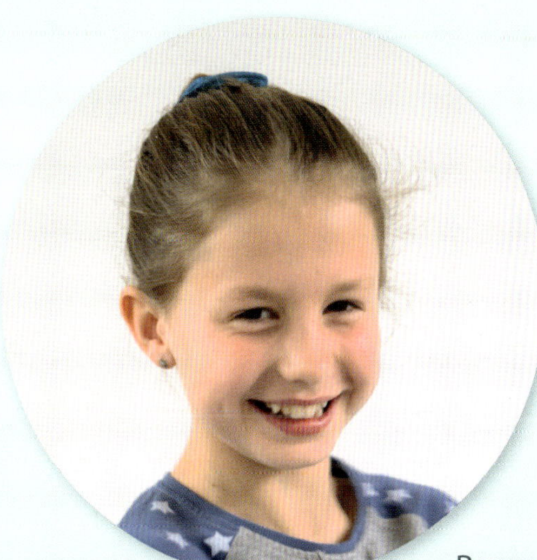

Romy Hopp, 9 Jahre

## BEZUGSQUELLEN

Johannes Gerstäcker Verlag GmbH
Wecostraße 4, 53783 Eitorf
Telefon: +49 (0)243 88995
www.gerstaecker.de

Buchbinder-, Papiermacher- und Kalligrafiebedarf
Buch–Kunst–Papier, Sascha Boßlet
Gerrenweg 58, 66440 Blieskastel
www.buch-kunst-papier.de

## BUCHEMPFEHLUNGEN

In folgenden HAUPT-Büchern stecken meiner Meinung nach viel Potenzial und viele Ideen, um kreative und einzigartige Einbände zu erfinden:

Bunkers, Traci: Stempel, Walzen und Schablonen.
52 Ideen für selbstgemachte Druckwerkzeuge. ISBN: 978-3-258-60027-7

Lach, Denise: Schriftspiele. Experimentelle Kalligraphie.
ISBN: 978-3-258-60085-7

Seddon, Tony: Buchstaben und Schriften.
30 Alphabete zum Selbstgestalten. ISBN: 978-3-258-60084-0

Brüggemann, Anka: Papierminis. Dekoratives und Kunstvolles aus alten Büchern.
ISBN: 978-3-258-60166-3

Müller, Michaela: Bunte Bücher.
Muster gestalten, Einbände drucken, Bücher binden.
ISBN: 978-3-258-60172-4

## DANKSAGUNG DEM EXPERTENTEAM:

Joelle Bendler-Martin, 11 Jahre
Lucia Bendler-Martin, 9 Jahre
Lilly Hopp, 13 Jahre
Romy Hopp, 9 Jahre
Juliane Prumbaum, 8 Jahre
Annika Schraml, 8 Jahre
Janis Wustrack, 9 Jahre

Schreibideen auf Seite 89:
Isa Schikorsky, Köln, www.schikorsky.de

Vielen Dank auch meinen Freundinnen Kristina Körner und Michaela Müller.